산업/시장/제품 수요예측 실무

– 초급편 –

산업/시장/제품 수요예측 실무 - 초급편 -

발행일/ 2016년 12월 17일
저 자/ 김윤종
발행인/ 김종호
발행처/ 도서출판 지샘
주 소/ 서울특별시 노원구 광운로 3길 5, 5층
전 화/ 02) 461-5858
팩 스/ 02) 462-9428
ISBN/ 89-94534-15-2
정 가/ 18,000원

머리말

어느덧 한 해가 저무는 12월이 되었다. 창밖의 추위를 느끼며 따뜻한 차를 마시니 어릴 적 따뜻한 아랫목에서 이불을 덮었을 때처럼 포근하다.

예측은 참으로 어렵다는 생각이 든다. 30여 년간 수많은 예측을 수행했다. 이제는 제품명이나 기술명만 들어도 예측에 얼마나 어려움이 있을지 짐작이 간다. 예측의 어려움 중에서 가장 큰 어려움은 인간적인 신뢰를 어떻게 쌓아야 하는 어려움이다.

예측결과가 정보로서 가치가 있고, 또 예측과정의 어려움에 보람이 있으려면 고객이 예측결과에 대하여 신뢰하여야 하는데 이 신뢰를 얻는 것이 참으로 어렵다.

간단한 예측모형으로 예측하면 너무 쉽다고 믿지 않으려 하고 복잡한 예측모형으로 예측하면 이해하기 어렵다고 믿지 않는다. 사실 예측을 수행하는 나도 예측이 맞을지 모르는 것이 현실이기 때문에 강하게 주장하지는 못한다,

그러나 인간의 욕구가 있는 한, 조금은 부족하더라도 그것을 충족시키는 제품이 개발되듯이 인간이 존재하는 한 미래에 대한 정보욕구는 있으므로 이에 대한 적절한 정보제공이 필요하다. 특히 기업의 운명이 달린 수요예측에 대한 정보는 필히 제공되어야 한다.

기업의 실무팀과 함께 수요예측을 수행하면서 느낀 문제점은 부서의 입장에 따라 예측방법이나 심지어 결과까지도 유리한 방향으로 해석·적용하려고 한다는 점이다.

본서는 기업의 실무담당자나 연구개발서비스업 종사자가 과학적이고 객관적인 수요예측방법을 습득하여 실무적으로 산업/시장/제품 수요예측을 수행할 수 있도록 돕고자 저술되었다. 따라서 취업을 앞둔 대학생들이 기업에 입사하기 전에 습득해야 할 지식이기도 하다.

본서의 구성은 주제별로 제1장「수요예측의 개념」, 제2장「예측정보」, 제3장「수요예측실무」, 제4장「KESS 활용 수요예측방법」, 제5장 「KMAPS 활용 수요예측방법」으로 구성되어 있고, 부록에서 실제 실무사례를 소개하였다. 특히 제3장의 수요예측실무에서는 이론적인 내용을 언급하여 전문적인 수식을 사용하여 설명하였다. 그러나 각 예측방법에 대한 예제를 널리 사용되고 있는 소프트웨어인 Excel을 활용하여 분석하는 절차를 단계적으로 자세히 설명하였다.

본서가 수요예측에 관심이 있는 기업 혹은 독자들에게 도움이 되는 좋은 교재가 될 수 있도록 독자 여러분의 아낌없는 조언을 바라며, 부족한 부분은 계속 수정·보완할 것을 약속드린다. 끝으로 이 책을 출판하는 데 도움을 아끼지 않은 지샘출판사의 김종호사장님과 관계자 여러분께 감사드린다.

2016년 12월

부아산 자락의 용인대학교 연구실에서

저자 김 윤 종

younkim@yongin.ac.kr

목 차

CHAPTER

1 수요예측의 개념

1. 수요와 매출액

1.1 수요의 정의

수요란 어떤 재화나 용역을 갖고 싶은 욕구이다. 멋진 자동차를 타고 싶다는 욕구가 실세 수요로 실현되기 위해서는 일정한 가격을 지불할 수 있는 돈이 있어야 한다. 즉 축적된 소득으로 지불할 능력이 있을 때 비로소 수요가 된다. 이 수요를 유효수요라 한다.

일반적으로 자동차의 수요는 한 개인 이나 집단의 수요가 아니고 시장 전체의 수요량을 의미한다. 따라서 특정한 제품이 반드시 필요한 한 개인의 경우에는 좀 비싸더라도 살 경우가 있지만, 시장 전체의 개인을 모두 생각한다면 가격이 오르면 수요량은 적어지고 가격이 내리면 수요량은 많아지게 된다.

수요(demand)란 일반적으로 정해진 어떤 상품에 대하여 소비자가 구입하고자 하는 수량, 즉 수요량을 말한다. 유효수요란 재화(財貨)와 용역(用役)을 구입하기 위한 금전적 지출을 수반한 수요이다. 유효수요와 대비되는 말로 잠재수요(潛在需要)가 있으며, 이는 지불할 능력 즉 구매력의 뒷받침 없이 단지 욕구만 있는 수요이다. 수요예측 실무에서 예측하고자 하는 것은 유효수요이지만 구매력이 없는 잠재수요도 소득이 증가하거나, 가격이 하락하는 경우 유효수요로 바뀔 수 있다. 수요는 소비자의 욕구, 소득, 가격, 인구 등에 의하여 결정된다. 그러나 가장 중요한 소비자의 욕구는 판매자의 마케팅 활동에 의하여 변하게 된다. 따라서 수요도 판매자의 마케팅 활동이나 상황의 변화, 새로운 기술의 출현 등으로 변하며 인위적인 방법으로 수요를 움직일 수 있다.

1.2 수요의 수준

수요는 실제로 구입할 수 있는 경제력이 있는 수요자가 구매하고자하는 양을 지칭하는 것으로 구매된 양이나 판매된 양을 지칭하는 것은 아니다. 수요가 구매에 이르기까지의 단계를 일반적으로 다음의 세 가지 수준으로 구분할 수 있다.

(1) 잠재 수요

잠재 수요는 제품을 '갖고 싶다고 생각하는' 수요이다. 이것은 단지 갖고 싶다고 생각하는 것뿐으로서, 경제적인 뒷받침 등의 여건이 허락하지 않으면 실제의 구매 행동으로 실현되지 않는다.

잠재수요는 일반적으로 새로운 제품의 수요를 예측하는 경우 수요의 상한을 파악하기 위하여 확인할 필요가 있는 수요이다. 또한 잠재수요를 파악할 경우 제품의 수요자 보다는 제품의 구매의사결정권자의 의향이 더 중요하다.

(2) 현재화 가능 수요

'경제적으로 여유가 있으면 갖고 싶다'라든가, '기회가 있으면 구입하고 싶다', '제품에 어떤 점이 개선된다면 구입하고 싶다'와 같은 조건부 의향의 수요이다.

이러한 수준의 수요는 즉각적으로 현재화되는 경우는 적지만, 장기적으로 볼 때 제품의 수요로서 현재화될 가능성을 갖고 있는 수요이다.

(3) 현재화 수요

이는 제품 발표 후 일정 기간 내에 구입할 의향을 가지고 있는 수요이다. 이러한 수요자는 제품 가격이나 기능에 만족하여 구매 의욕을 보인다. 일반적으로 신제품의 수요 예측에 있어서는 이 현재화 수요를 예측하고자 하는 데 주안을 둔다.

제품의 수요는 그것에 대한 욕구 수준과 이것을 구입하기 위한 경제적 여유에 따라 <표 1-1>와 같이 구분할 수 있다.

<표 1-1> 수요 수준과 경제적 능력

구매수준경제적 능력	강	중	무
경제적 능력이 있다	I	II	비수요
경제적 능력이 없다	III	IV	

자료: 이창걸·박현우, 신제품 개발을 위한 수요예측, 산업기술정보원, 1992, 8.

제품을 시장에 투입하는 경우, 가장 먼저 현재화하는 것은 I의 수요이다. V의 수요는 광고 선전 전략이나 상품 기능의 부분적인 개량 등으로 공급 측에서 전략적으로 현재화시킬 수 있는 수요이다.

Ⅲ과 Ⅳ의 경제적 능력이 없는 수요의 현재화에는 시간이 걸리는 것이 일반적이다. 제품의 가격이 내려가거나 가처분 소득의 증가 등에 따라 실질적으로 경제적 능력이 향상되면서 현재화되어 갈 가능성이 있다.

제품의 수요예측을 할 경우, 단지 I 수준의 수요를 예측하는 것만이 아니고, Ⅱ 수준의 수요나 Ⅲ~Ⅳ 수준의 수요도 염두에 둘 필요가 있다. 물론, 이들 수준이 다른 수요를 혼용하여 예측하는 것은 위험하다.

1.3 매출액과 수요

일반적으로 수요예측이란 용어를 많이 사용하지만, 엄밀한 의미에서 유효수요를 의미하지 않는 경우가 많다. 시장조사를 기반으로 예측하는 경우를 제외하면 우리가 접하게 되는 산업/시장/제품 통계는 수요와 공급이 균형을 이루는 매출액(판매량×가격)이다. 수요 예측 체계, 어떻게 구축하나(LG Business Insight 2008,

김옥남)에 의하면 예를 들어, 공급이 부족해서 시장의 판매량이 업계의 공급능력에 의해 제약을 받아온 산업에서는 공급능력이 곧 판매량이 된다고 생각하는 경우가 많고, 또한 현업에 종사하는 사람들 가운데는 주요 생산업체들의 판매 목표치를 집계하면 산업 전체의 수요예측치가 된다고 착각하는 이들이 적지 않다. 실제로는 수요량에 따라 재고가 쌓이기도 하고, 생산량이 부족하기도 하면서 업체들은 생산능력을 늘리거나 줄이며, 단순히 공급량만 조절하기도 한다. 수요는 업체의 공급 계획에 따라서가 아니라 시장에서의 필요에 의해 결정된다. 시장의 요구와 업계 공급량의 균형점에서 판매량이 결정되는 것이다. 말하자면 이 판매량은 '현실화된 수요'라고 해석할 수 있다. 실무에서 예측하고자 하는 것은 시간의 흐름에 따른 판매량의 변화이며, 이를 주로 '수요 예측'이라고 하기 때문에 판매량 예측(sales forecast)을 수요 예측(demand forecast)이라고 한다.

2. 예측

2.1 예측의 정의

최근에 제주도의 땅값이 치솟았다. 언젠가 아름다운 제주에 가서 살겠다고 계획했지만, 이젠 어렵게 됐다. 5년 전에 제주 땅을 사자고 한 친구의 제안을 거절한 것이 후회가 된다. 바로 미래에 대한 예측을 하지 못해 크게 후회할 일이 생긴 것이다. 미래에 대한 예측은 항상 인간의 가장 큰 관심사가 되어 왔다. 역사가 시작되기 전부터 점쟁이와 예언가들은 예측을 통해 미래에 대한 불확실성을 줄이려는 인간의 욕망을 최대한 이용하고 또 충족시켜 왔으며, 현재에도 미래를 보다 더 합리적이고 과학적으로 예측하기 위해 꾸준히 노력하고 있다.

내일 혹은 다음 주에 대한 일기예보나 경기변동의 전망이 TV방송이나 신문을 통해서 발표되는 것을 보면, 예측이 우리들의 생활과 얼마나 밀접한 관계를 갖고 있는가를 알 수 있다. 그 외에도 공공기관이나 연구소에서는 미래의 경제 상황에 대한 예측을 주기적으로 발표하고 있고, 명절 귀향길이나 출근길의 교통 방송에서는 각 도로별로 예상되는 교통 혼잡지역을 방송하고 있다.

예측(forecasting)이란 특정한 미래의 알려지지 않은 사실에 대한 설명이다. 특정한 미래는 시간(연도, 월, 일, 시 등)이 정해져 있다는 것이다. 따라서 'A라는 사람은 언젠가 죽는다'는 설명은 시간이 정해져 있지 않기 때문에 예측이라 할 수 없으며, '내일은 해가 뜬다'는 알려져 있는 사실이므로 예측이 아니다. 보다 정확한 예측을 하고자 하는 이유는 미래에 발생할 사실에 대한 정보가 우리들이 현재 수행하여야만 되는 의사결정에 매우 중요한 역할을 하기 때문이다.

수요예측이란 특정상품에 대한 미래의 수요를 예측하는 것으로 기업경영계획뿐만 아니라 국가정책 및 연구개발계획, 투자계획 등의 여러 가지 부문에서 기초가 되고 있다.

수요예측은 모든 경제주체의 활동 계획을 수립하기 위한 기반이 되기 때문에 대단히 중요하다. 예측은 무슨 제품을 생산하여야 하며, 고객이 얼마만큼 구매하고자 할 것인가, 그리고 이러한 수요가 언제 발생할 것인가에 대한 방향을 제시하는 것이다.

기업에서의 수요예측은 기획, 예산 편성, 판매 계획, 생산 및 재고 계획, 인력 계획, 구매 계획 등의 근거로 이용된다. 즉, 예측은 경영자가 미래를 예감할 수 있게 하고, 이에 따라 계획 수립을 가능하게 하기 때문에 계획 수립 과정에서 대단히 중요한 역할을 담당한다.

예측을 위하여 컴퓨터와 복잡한 수학적 모형들이 사용되곤 하지만, 예측은 정확한 과학이 아니다. 예측은 미래의 상황에 대한 주장이므로 대부분의 경우 주장된 사실이 실제로 발생할 것인가는 확실하지 않다. 일반적으로 미래에 대한 주장은 일정한 확률을 바탕으로 이루어진다. 따라서 내년의 GDP 성장률이 3%가 되리라는 것은 반드시 3%가 된다는 주장이 아니고 일정한 확률로 이렇게 되리라는 주장이다. 이와 같은 예측은 일기예보에서 볼 수 있다. 내일 비가 올 확률이 95%라는 것은 반드시 비가 온다는 것이 아니고, 비가 올 가능성이 매우 높다는 것이다.

이러한 예측을 수행하고자 할 때 성공적인 예측은 과학과 경험의 조화가 필요하다. 경험이나 판단력, 기술적인 전문적 지식 등이 유용한 예측을 전개함에 있어서 더욱 중요한 역할을 하기도 한다.

2.2 예측방법의 분류

<**표** 1-2> **예측방법의 분류**

예측방법의 분류	내 용	예
직관적 예측방법	직관적 판단을 근거로 예측결과를 수렴해 가는 방법.	델파이법 시나리오법
탐색적 예측방법	과거의 자료에 근거하여, 과거의 패턴이 미래에도 지속된다는 가정 하에 이루어지는 예측방법으로서, 수동적 예측방법이라고도 함.	시계열분석 회귀분석
규범적 예측방법	먼저 목표를 정하고 그 목표를 달성하기 위한 방법(규범)을 찾는 방법. 능동적 예측방법이라고도 함.	우주계획 등
피드백 방법	탐색적 예측방법과 규범적 예측방법의 중간적 기법으로서, 탐색적 예측방법의 결과를 피드백하면서 달성해야 할 목표를 수정해 가는 방법.	경영계획 등

예측은 여러 가지 범주에서 구분할 수 있다. 예측이 과거의 경험적 법칙이나 이론에 의해 수행되었는가에 따라 과학적 예측과 비과학적 예측으로 구분할 수 있다. 예측의 결과가 증명될 수 있고, 예측방법의 절차가 객관적일 경우 과학적 예측이 된다. 또한 예측결과가 결정적이냐, 확률적이냐에 따라 결정적 예측과 통계적 예측으로 구분된다. 예를 들어 '당선이 된다', '되지 않는다'로 예측하면 결정적 예측이 되지만, 당선될 확률이 80%라고 예측하면 통계적 예측이 된다. 우리가 예측하고자 하는 대부분의 것들은 통계적 예측으로 이루어지지만,

우리가 원하는 예측 결과는 결정적이기를 희망하고 있다. 또한 한 점으로 예측하느냐, 구간으로 예측하느냐에 따라 점예측과 구간예측으로 분류된다. 예를 들면 2020년 우리나라 1인당 국민소득이 40,000$이 될 것이라고 예측하는 것은 점예측이며 35,000$~45,000$이 될 것이라고 예측하는 것이 구간예측이다. 또한 예측기간의 길고 짧음으로 단기, 중기, 장기 예측으로 구분한다.

여기에서는 얀츠에 의해 예측기법으로 활용되는 기법들을 조사하여 분류된 수요예측방법에 대하여 설명하기로 한다.

(1) 직관적 예측방법

미래를 예측하기 위하여 그 분야 전문가들의 주관적 견해를 사용하는 방법을 직관적 예측방법이라고 한다. 이러한 방법들은 예측하려는 대상에 관한 과거 정보가 없거나, 불충분한 경우에 주로 사용된다. '직관적'이라고 하는 말은 '직감적'이라는 것을 뜻하는 것은 아니다. 즉, 감각적으로 느끼는 것이 아니고, 대상 분야에 정통한 오랜 세월의 경험과 전문적 지식으로 장래를 예측하는 방법이다.

예를 들어 한 회사에서 새로운 상품이 개발되었다고 하자. 이 회사에서는 신상품이 앞으로 얼마나 판매될 것인가를 예측해야 할 것이다. 이 경우에 이 상품에 대한 과거의 판매 자료가 없기 때문에 경영자는 판매량을 예측하기 위해서 판매부서나 시장조사팀에 참가하고 있는 전문가들의 견해에 의존할 수밖에 없을 것이다. 마찬가지로 핵융합에너지 개발은 언제 이루어 질 것인가? 등의 예측에서는 과거의 자료가 없기 때문에 각 방면의 전문가들의 주관적 견해에 의존하게 된다. 혹은 과거 자료 패턴의 변화를 예측할 때도 직관적 예측방법이 가끔 이용된다.

예측을 위해 과거의 자료를 사용하는 것은 주로 과거의 패턴이 미래에도 지속될 것이라는 가정 하에 이루어진다. 그런데 자료 패턴의 변화는 과거자료를 사용해서는 예측할 수 없으므로 이때는 직관적 예측방법을 사용하게 된다.

이러한 방법에는 새로운 상품이 개발되었을 때 시장조사 및 판매 분야의 전문가들이 주관적 견해에 의해서 추정되는 '상품의 사이클'(product life cycle)

을 이용하여 예측하는 주관적 곡선 접합(subjective curve fitting)방법, 예측하고자 하는 사상에 대한 전문가들의 개인적 판단인 주관적 확률에 의한 예측방법인 델파이(Delphi)방법, 미래에 일어날 수 있는 여러 상황의 순서를 가설적으로 전개시켜서 여기에 주관적 확률을 도입하여 예측하는 방법인 시나리오(scenario) 방법 등이 있다.

(2) 탐색적 예측방법

탐색적 예측방법은 관측된 과거 자료를 이용하여 예측에 필요한 경험적 법칙(패턴)을 추정하여 예측하는 방법으로, 다음과 같은 조건들이 만족될 때 적용된다.

① 과거에 대한 정보가 존재한다.
② 이 정보는 양적인 자료로 나타낼 수 있다.
③ 과거의 패턴은 미래에도 지속될 것이라는 가정이 성립된다.

탐색적 예측방법 모형에는 설명모형(explanatory model))과 시계열 모형(time series model)이 있다. 설명모형(explanatory model)은 예측될 변수가 하나 또는 그 이상의 변수들과 인과관계(cause and effect relationship)를 갖는다고 가정하는 모형이며 인과모형(cause model)이라고도 한다. 시계열 모형(time series model)은 예측값은 예측의 대상이 되고 있는 변수에 대해 과거의 자료나 오차에만 의존된다고 가정하는 모형이다.

설명모형은 <그림 1.1>에서 보는 것처럼 산출변수(output variable)는 투입변수(input variable)와의 인과관계를 통해서 나타나게 되는 반면에, 시계열 모형은 <그림 1.2>에서처럼 산출변수는 투입변수의 자체생성과정을 통하여 나타나게 되는 것을 가정한다.

시계열모형에 의한 예측은 예측될 변수자체에 대한 과거의 자료에서 어떠한 패턴을 발견하여 미래에도 그러한 패턴이 특성을 잃지 않고 반복될 것이라는 가정 하에, 모형을 확립하여 예측하는 방법이다. 그러므로 확립된 시계열모형은 특정한 자료의 집합에 모형이 얼마나 잘 적합한가에 의해 전적으로 평가된다.

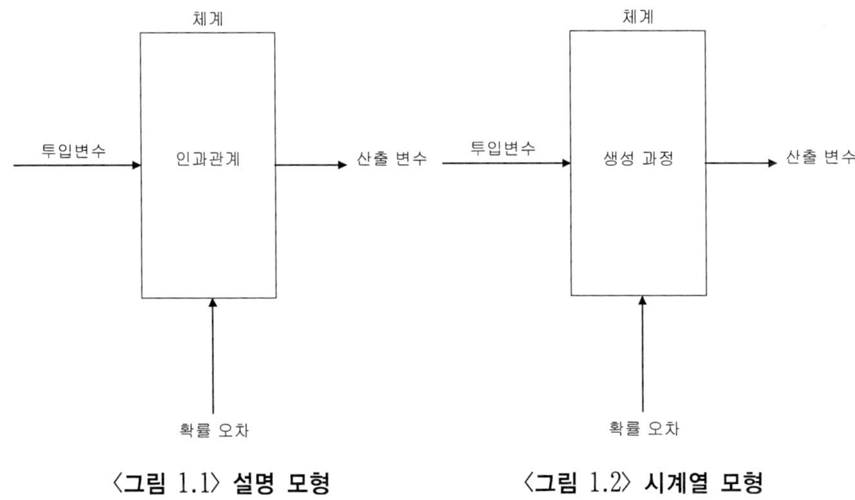

〈그림 1.1〉 설명 모형 **〈그림 1.2〉 시계열 모형**

시계열모형에 의한 예측방법에는 평활법(smoothing method), 분해법(decomposition method) 등과 같은 고전적 방법과 확률적 시계열모형에 의한 방법이 있다. 이때 확률적 시계열모형은 ARIMA(Autoregressive Integrated Moving Average)모형으로 대변되는 시간영역분석(time domain analysis)방법과 「퓨리어」 분석(Fourier analysis)개념에 기초를 둔 주파수영역분석(frequency domain analysis)방법이 있다.

또한 설명모형에 의한 예측방법은 예측되어야 할 변수를 하나 이상의 설명변수들과 인과관계가 존재한다고 가정하고, 과거의 자료에서 변수들 간의 인과적 연관성을 추정하여 미래에도 그러한 관련성이 지속될 것이라는 가정 하에 미래의 값을 예측하는 방법이다.

이러한 인과적 모형에는 회귀모형, 계량경제모형, 투입산출모형이 있다. 그런데 설명모형에서 변수들 간의 인과관계는 모형의 설정이나 추정에서 직접적으로 영향을 미치거나 확인되지는 않는다. 또 변수들 간에 관련성이 존재할 때도 어느 변수가 원인변수인지, 혹은 결과변수인지 규명할 수가 없다. 따라서 이러한 판단은 사전정보에 의하여 주관적으로 이루어질 수밖에 없다.

(3) 규범적 예측방법

규범적 예측은 예측보다는 계획에 가깝다. 먼저 목표를 세워 놓고 그 목표를 달성하기 위하여 각 시점에서 해야 할 것들을 결정해 가는 방법이다. 10년 후에 바람직한 자기 자신에 대한 구체적인 목표를 세우고, 그것을 달성하기 위한 계획을 작성하는 것이다.

신제품의 예측에 있어서도 이러한 규범적 예측이 이용될 수 있다. 예를 들면, '××제품의 초기년도 매상을 ○○억 원으로 한다.' 등의 목표를 설정하고, 그것을 달성하기 위한 제품개발 및 마케팅계획을 세우는 것 등이다.

(4) 피드백(feed-back) 방법

이것은 탐색적 예측방법과 규범적 예측방법의 중간적인 것으로서, 탐색적 예측방법의 결과와 목표 사이에 피드백을 할 수 있는 방법을 준비하고, 탐색적 예측 결과를 행동으로 결정해 가는 방법이다. 경영계획 등에는 이 피드백 기법이 많이 이용된다. 이러한 예측은 다음의 조건들이 충족되어야 한다.

첫째는 정량적인 자료로 구체적인 예측이어야 한다.
둘째는 직감적 예측이 아니라 직관적, 논리적 결과에 의한 것이어야 한다.

효과적인 수요예측방법과 사례(삼성경제연구소, 2012)에 의하면, 수요예측 기법의 종류를 예측에 활용되는 변수와 시스템 활용여부에 따라 <표 1-3>과 같이 분류하였다.

수요 예측 체계, 어떻게 구축하나(LG Business Insight 2008, 김옥남)의 자료에서 재인용하면 2004 IBF(Institute of Business Forecast)에서 주최한 컨퍼런스 및 교육 참가자 316개사를 대상으로 실무에서 사용하고 있는 예측기법을 조사한 결과는 <그림 1.3>과 같다.

<표 1-3> **예측방법의 분류**

구분		활용환경
정성적 예측	전문가 의견활용	데이터 확보가 어려울 경우, 전문가 확보가능
	컨조인트 분석	신제품의 구매자 반응 파악, 소비자 조사비용
	인덱스 분석	선택 예측에 적합, 선택요소에 대한 사전연구
정량적 예측	회귀분석	인과관계 파악 적합, 자료확보
	시계열 분석	패턴분석에 적합, 예측력 우수, 과거 데이터 확보
	확산모형	신제품/신기술 예측, 초기 데이터 활용
시스템 예측	정보 예측 시장	상황에 따른 변화 파악, 시장 참여자 확보
	시스템 다이내믹스	내생변수에 주로 영향 받는 경우, 변수 모형화 가능
	인공신경망	인과관계가 복잡한 경우 적합, 설명력이 부족

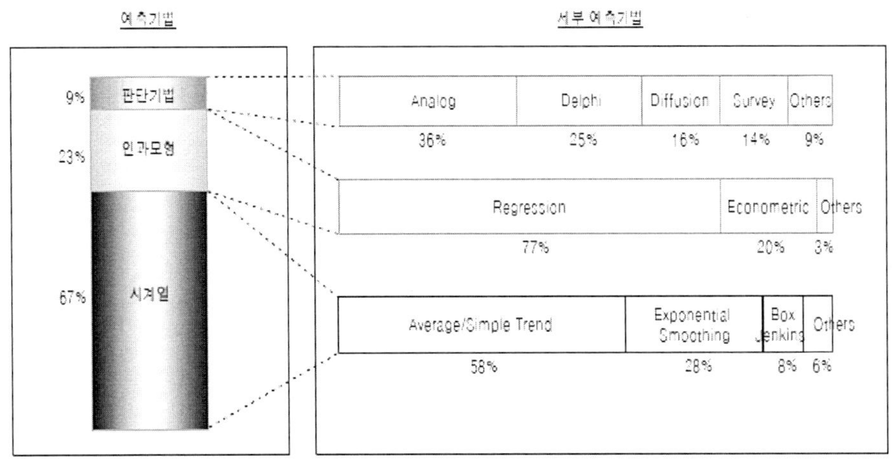

〈그림 1.3〉 **미국기업들이 실무에서 사용하는 예측기법**

미국기업들이 실무에서 사용하는 예측기법은 시계열모형이 67%이고, 인과모형은 23%, 판단기법은 9%로 나타났다. 이들 중에서 세부예측기법의 비중을 순서대로 보면, 평균/단순 추세법 38.9%, 지수평활법 18.8%, 회귀분석 17.7%, 박스젠킨스법 5.4%, 계량경제법 4.6%로 조사되었다. 따라서 본 교재에서는 이들 예측기법에 대하여 중점적으로 설명하기로 한다.

3. 예측방법의 활용과 문제점

지금까지 기술된 예측방법들을 적용대상에 따라 요약하면 다음과 같다. 탐색적 예측방법들은 유용한 과거의 자료들이 있는 경우에 이용될 수 있다. 이때 시계열모형은 관심을 갖는 변수에 대한 과거의 패턴을 기초로 하여, 그러한 패턴이 미래에도 지속될 것이라는 가정 하에 미래의 값을 예측한다. 또 설명모형은 그 변수와 다른 변수들 간의 관련성을 기초로 하여 관심을 갖는 변수의 미래의 값을 예측하게 된다.

직관적 예측방법은 과거의 자료가 부족하거나 없는 경우에 사용되며, 미래의 사상을 주관적으로 예측하는 전문가들의 견해에 의존하는 방법이다. 그런데 실제적 분석에서 대부분의 예측체계는 탐색적 방법과 직관적 방법이 둘 다 고려되어야 한다. 예를 들어 기존의 자료의 패턴이 지속될 것으로 기대할 때는 탐색적 예측방법이 적용되지만, 기존의 자료의 패턴이 변화된다면 직관적 방법이 적용되어야 한다.

이제 일반적으로 예측을 하고자 할 때 사용되는 특정 예측방법의 선택에 관하여 살펴보자. 예측방법의 선택에서 예측전문가들은 대체로 다음과 같은 요인들을 고려해야 한다.

① 요구되는 예측의 형태,
② 시간프레임
③ 자료의 패턴

④ 예측의 비용
⑤ 요구되는 정확도
⑥ 자료의 유용성
⑦ 적용된 예측방법에 대한 이해도와 적용의 편의성

즉, 예측방법의 선택에서 고려되어야 할 사항들로는 점 예측을 할 것인가, 구간예측으로 해야 할 것인가, 예측시간 기준을 일별, 월별 혹은 연도별로 할 것인가, 기존의 자료의 패턴이 추세성, 계절성, 혹은 순환성을 갖는가, 그렇지 않으면 이들이 복합적으로 작용하고 있는가 등과 함께, 또 각 방법들을 적용했을 때의 방법들 간의 비용, 정확도 그리고 요구되는 자료의 이용가능성 및 예측방법의 적용상의 편의성과 이해도 등이 종합적으로 고려되어야 한다. 대체로 비용이 많이 투입되면 예측의 정확도는 높아지게 되고, 투입될 비용이 제한되면 예측의 정확도는 낮아진다. 따라서 예측의 목적에 따라서 최소한의 비용으로 요구되는 정확도를 만족시킬 수 있는 방법의 선택이 가장 중요하게 된다.

특히 수요예측의 경우 첫째, 예측 대상 제품과 시장에 대한 객관적인 정보검색과 이에 대한 정확한 분석으로 제품 및 시장 환경에 대하여 파악해야 한다.

둘째, 신뢰할 수 있는 기관의 해당산업/시장에 대한 예측/전망 정보를 검색하고 그 예측/전망에 대한 분석을 통하여 산업/시장의 향후 흐름을 파악해야 한다.

셋째, 활용 가능한 여러 가지 예측기법 중에서 가장 적합한 예측기법을 선택하고, 이를 검증할 수 있도록 차선의 예측기법의 결과와 비교할 필요가 있다.

또한 시계열자료를 이용하여 모형을 추정한 후 예측할 때 이론과 실제 간의 차이에서부터 발생하는 다음과 같은 문제들이 제기될 수 있다.

첫째, 사회현상의 예측에서는 반복실험의 불가능성과 자료의 역사적 성격으로 말미암아 경험적 법칙을 얻는데 한계를 갖게 되고, 이러한 빈약한 법칙에 대한 지식은 정확한 예측을 매우 어렵게 한다.

둘째, 자료의 수집 혹은 관측과정에서 발생할 수 있는 오차나 경제변수인 경우, 변수의 이론적 의의와 자료사이의 차이로 인하여 발생되는 측정오차 등으로 자료의 신빙성이 결핍될 수 있고, 이때 이를 측정하거나 교정할 방법이 없다.

셋째, 과거의 시계열 자료를 이용하는 경우 예측을 위하여 사용되는 자료들은 대부분의 경우 표본추출의 결과로 생각할 수 없다. 따라서 일정기간 동안의 주어진 시계열자료를 가지고 그 자료가 속하고 있는 모집단 분포의 특성을 통계적으로 추정한다는 것은 문제가 된다.

넷째, 사회현상으로부터 관측된 자료들의 오차의 분포는 흔히 정규분포의 형태를 취하지 않을 수 있고, 또 시계열모형을 사용할 경우 자료 자체의 패턴을 발견하기 위해서 필요한 많은 자료를 수집하기 어렵다.

다섯째, 경제모형에서 고려된 변수 중에는 가끔 적절히 측정될 수 없는 변수들이 포함될 수 있다. 이 경우 대리변수 (proxy variables)들을 사용함으로써 발생하는 오차들은 불가피하게 된다.

여섯째, 인과적 모형을 설정할 경우 변수들 간의 인과적 관련성은 주관적 판단이고, 인과성의 가정은 모형 속에 포함되지 않으며, 이러한 인과성을 객관적으로 측정할 수 없다. 또한 관련성의 크기를 나타내는 계수는 고정된 것으로 간주하나 실제로는 시간의 흐름에 따라 변동될 수 있다.

일곱째, 인과적 모형의 경우, 특히 경제변수들 간에는 상호 의존성이 높으므로 독립변수와 오차 간에 밀접한 상관관계가 발생할 가능성이 높고, 또한 미래를 예측할 경우 독립변수 역시 예측되어져야 하는 미지수이므로 상대적으로 예측력은 낮아지게 된다.

CHAPTER

2 예측정보

정보란 무엇인가? 누구나 아는 용어이지만, 쉽게 설명하기 어려운 정보의 개념을 설명하기로 하자. 학자에 따라서는 여러 가지로 해석하는 면이 있는데, 예를 들면 미국의 정보과학자 Allen W. Dulles는 "정보란 행동의 방침을 정하는 데 있어서 미리 알아두어야 할 일체의 사항을 망라한 것" 이라고 했고, 일본의 전중청정은 "정보란 불확실성을 제거하거나 감소시키는 것"이라고 했다. 이는 정보에 대해 많은 연구를 한 분들의 학술적인 의미이다. 이러한 학술적인 해석을 우리가 생활하는 환경과 관련하여 좀 더 쉽게 표현하면 "정보는 미래에 이득을 얻기 위하여 현재의 의사결정에 필요한 것"이라고 설명할 수 있다. 만약 내일 야외행사를 계획한다고 할 때 가장 먼저 얻어야 하는 정보는 내일의 일기예보이며 이를 위하여 우리는 신문, 라디오, TV, 스마트폰 등을 이용한다. 즉 내일 실시되는 야외행사의 성공은 바로 미래의 이득이며, 이를 위하여 신문, 라디오, TV, 스마트폰을 이용하는 행위가 정보획득행위이다.

만약 어떤 기업에서 새로운 사업을 결정하는데 필요한 정보들이 정확했다면 새로운 사업에 대한 투자의 위험을 줄일 수 있으며 이는 바로 사업의 성공확률을 높이는 것과 직결된다. 이와 같이 정보는 새로운 재화를 창조하기 위한 기업 생산요소의 하나가 되었다.

새로운 사업에 투자하려면 그 사업과 관련된 정확한 정보를 얼마나 많이 가지고 의사결정 하느냐에 따라 사업의 성패는 달라지듯이, 교수와 연구원들도 보다 정확하고 많은 정보를 얼마나 많이 가지고 있느냐에 따라 발표되는 논문의 질이 달라질 것이다. 우리들 주변에서 의사결정에 필요한 정보를 필요로 하지 않는 곳이 없고, 이를 획득하기 위해서는 비용(노력, 돈)이 필요하다.

(1) 정보의 발생형태에 의한 분류

정보는 발생형태에 따라 인간과 인간 사이에 인위적으로 전달되는 인공정보와 자연적으로 발생하는 자연정보로 나누어진다. 인공정보는 손짓, 대화, 그림, 글자, TV, 얼굴표정과 같이 사람이 인공적으로 만들어서 인간의 표현방법으로 전달되고, 자연정보는 생체에 관한 정보, 지구, 우주, 물, 본능 등과 같이 인간의 힘이 미치지 못하는 자연의 힘에 의하여 자연발생적으로 생긴 정보를 말한다. 즉 일기예보는 인공정보며, 벼 이삭이 누렇게 변하는 것은 자연정보다.

(2) 정보의 전달형태에 의한 분류

정보는 전달형태에 따라 개인이나 학교, 기업, 국가 등과 같은 하나의 조직 내에서 정보가 발생되어 전달되는 내부정보와 조직과 조직 간에 전달되는 외부정보로 분류된다.

기업을 예로 들면 생산력, 상품의 재고량, 매출액, 자금사정, 인사문제 등과 같은 것이 내부정보며 이는 통제 가능하지만, 소비자 성향, 국가경제, 투자환경, 국제정세 등과 같은 것은 외부정보며 이는 통제 불가능하다. 기업이 발전하려면 내부정보 뿐만 아니라 외부정보가 동시에 필요한 것과 같이 모든 조직은 의사결정에서 내부정보와 외부정보가 모두 필요하다.

(3) 정보의 획득형태에 의한 분류

정보는 획득형태에 따라 어떠한 매체도 통하지 않고 정보발생원에서 직접 정보를 획득하는 직접정보 혹은 1차정보와 인터넷, 데이터베이스, 신문, 잡지, 서적, 라디오, TV 등과 같은 매체를 통해서 정보를 획득하는 경우를 간접정보 혹은 2차정보로 분류된다. 직접정보는 정보제공자의 직접적인 체험이나 경험에서 또는 어떤 현상을 보고 듣고 느껴서 얻는 정보이며, 이러한 정보는 많은 비용과 시간이 요구되지만 특정한 상황에 적절한 정보를 생산할 수 있다. 간접정보는 국가기관이나 다른 조직에서 생산된 정보이며, 이러한 정보는 많은 비용과 시간이 요구되지 않고, 공신력도 있지만 특정한 상황에 적절한 정보를 생산하는 데는 한계가 있다.

(4) 정보의 용도에 의한 분류

정보가 어느 분야에 어떤 용도로 사용되는가를 기준으로 분류하는 것으로 여기에는 정치정보, 경제정보, 기상정보, 기업정보, 시장정보, 인물정보, 상품정보, 학술정보, 기술정보, 오락정보, 국제정보, 군사정보 등의 다양한 정보들과 같이 인간의 의사결정 용도에 따라 필요한 정보를 분류할 수 있다.

자료와 정보 그리고 지식의 차이점을 검토하면 다음과 같다. 자료는 과거의 경험·사실을 코드화하여 나열한 것이고, 정보는 특정한 상황에서 의사결정에 도움이 될 수 있는 자료를 요약·정리한 것이며, 지식은 특정한 상황에서의 의사결정이 최선의 선택 즉 미래의 이익을 창출할 수 있도록 정보를 분석하여 추론된 결과를 뜻한다.

지식이란 어느 특정분야의 광범위한 이해력을 나타내는 말로써 각종 자료와 정보 및 개인 혹은 조직의 경험에 의하여 형성된다. 예를 들면 기업에서 매출액은 자료이며, 이 자료가 영업부서에 축적되어 과거 2년간의 분기별 매출액의 표나 그래프로 표현되면, 그것을 이용하여 현 상황에 대한 평가가 가능하므로 정보가 되며, 이러한 정보를 이용하여 미래의 매출액을 적절히 예측한 결과는 바로 지식인 것이다. 지식이라는 단어를 간단히 정의하면 "지식이란 정보를 활용하여 미래에 이익을 창출할 수 있는 능력이다."라고 정의할 수 있다.

1. 산업/시장 정보

산업/시장 정보는 산업/시장 분석의 용도로 사용되는 정보이다. 산업/시장 정보는 대상 산업 혹은 시장에 따라서 범위가 크게 다르므로 본 교재에서는 산업/시장/제품 예측 실무에서 일반적으로 활용할 수 있는 정보를 소개하고, 활용방법에 대하여 설명하기로 한다.

1.1 산업/시장 통계정보

산업/시장 통계정보는 검색하려면 가장 먼저 통계청의 국가통계포털(KOSIS)를 검색해야 한다. 국가통계포털(KOSIS, Korean Statistical Information Service)은 국내·국제·북한의 주요 통계를 한 곳에 모아 이용자가 원하는 통계를 한 번에 찾을 수 있도록 통계청이 제공하는 One-Stop 통계 서비스이다. 현재 300여 개 기관이 작성하는 경제·사회·환경에 관한 900여 종의 국가승인통계를 수록하고 있으며, 국제금융·경제에 관한 IMF, Worldbank, OECD 등의 최신 통계도 제공하고 있다. 쉽고 편리한 검색기능, 일반인들도 쉽게 이해할 수 있는 다양한 콘텐츠 및 통계설명자료 서비스를 통해 이용자가 원하는 통계자료를 쉽고 빠르고 정확하게 검색할 수 있다. KOSIS가 제공하는 주요 서비스는 다음과 같다.

· 국내통계: 경제·사회·환경 등 16개 분야에 걸쳐 주요 국내통계를 제공(인구·가구, 환경, 교통·정보통신, 재정·금융·보험, 고용·노동·임금, 농림·어업, 도소매·서비스, 무역·국제수지, 물가·가계, 광공업·에너지, 경기·기업경영(사업체), 교육·문화·과학, 보건·사회·복지, 건설·주택·토지, 국민계정·지역계정·국가자산(국부), 행정)

· 지역통계: 통계를 행정구역별 공표범위에 따라 시·도별, 시·군·구별 및 읍·면·동별로 구분하여 제공

· 국제통계: 국제경제 및 사회의 흐름을 파악할 수 있는 주요 국제지표 및 통계자료 제공

· 북한통계: 국·내외 산재한 북한관련 통계정보를 체계적으로 수집하여 서비스

· 맞춤통계: 일상생활과 관련한 흥미로운 자료를 선정하여 일반 이용자들이 쉽게 이용할 수 있는 통계

· 시각화콘텐츠: 시각화기법을 활용하여 딱딱한 통계수치를 다양한 이야기로 풀어내는 서비스

· 공유 서비스(OpenAPI): KOSIS에 수록된 통계정보를 이용하여 공공 및 민간 등에서 자체적으로 서비스를 개발할 수 있도록 국가통계통합 DB에 접근하기 위한 인터페이스(API)를 제공하는 서비스

통계법 제18조(또는 제20조)에 의거 승인받은 통계는 총 983종으로서 지정통계 94종, 일반통계 889종이다. 작성방법별로는 조사통계는 433종, 보고통계는 456종, 가공통계는 94종이며, 정부기관에 의하여 작성되고 있는 통계는 809종(통계청은 59종)이며, 지정기관에서 작성하고 있는 통계는 174종이다.

<표 2-1> **국내통계작성현황**

통계부문	작성통계 수		통계종류별		작성방법별		
	통계수	구성비	지정	일반	조사	보고	가공
계	983	100	94	889	433	456	94
인구	41	4.2	4	37	3	25	13
고용·임금	38	3.9	8	30	30	7	1
물가·가계소비(소득)	16	1.6	9	7	15	1	
보건·사회·복지	216	22	6	210	154	53	9
환경	31	3.2	4	27	12	16	3
농림·수산	56	5.7	9	47	36	17	3
광공업·에너지	31	3.2	3	28	21	8	2
건설·주택·토지	40	4.1	2	38	13	20	7
교통·정보통신	49	5	4	45	22	24	3
도소매·서비스	16	1.6	6	10	14	2	
경기·기업경영	94	9.6	26	68	65	5	24
국민계정·지역계정	21	2.1	5	16			21
재정·금융	19	1.9	2	17	3	16	
무역·외환·국제수지	11	1.1	3	8		4	7
교육·문화·과학	58	5.9	3	55	42	15	1
기타(시도기본통계포함)	246	25		246	3	243	

983종의 통계 중에서 분석자가 필요한 통계를 검색하기 쉽지 않고, 또한 조사 발표된 통계가 분석자에게 적합하고, 해석에 문제가 없는가를 검토하기 위하여 주제별 통계로 접근하여 검색하고, 승인통계 소재정보안내를 이용하여 확인하는 것이 바람직하다.

주제별 통계는 983종의 통계를 주제별로 정리한 것으로 주제는 가계소비, 건설, 경기, 고용, 과학, 광공업, 교육, 교통, 국민계정, 국제수지/외환, 금융, 기업경영, 기타, 농림, 도소매, 무역, 문화, 물가, 보건, 복지, 사회, 서비스, 수산, 시도기본통계, 에너지, 인구, 임금, 재정, 정보통신, 주택, 지역계정, 토지, 환경으로 구분되어 있다.

승인통계 소재정보안내 KOSIS

광업제조업조사

승인번호	101009
통계명칭	광업제조업조사 통계목록바로가기
최초실시연도	1968년
작성기관	통계청 산업통계과
전화번호	042-481-2139~42
통계분야	광공업
통계종류	지정통계 - 조사통계
조사범위	전국
조사단위	사업체
조사방법	전수-면접조사
조사주기	1년
작성체계	사업체→조사원→구·시·군→시·도→통계청 사업체→조사원→지방통계청(사무소)→통계청
조사목적	광업·제조업 부문에 대한 구조와 분포 및 산업활동실태를 파악하여 각종 경제정책 수립 및 산업 연구 분석에 필요한 기초자료 생산 - GDP 및 GRDP추계, 산업연관표 등의 작성을 위한 기초자료 - 광공업동태조사 등의 모집단자료 - 기업 경영계획 수립의 참고자료 - 대학, 연구소 등의 연구활동 자료 - OECD 등 국제기관과의 자료교환을 위한 통계 자료
조사내용	사업체명, 대표자명, 창설연월, 소재지, 사업자등록번호, 조직형태, 종사자수 및 연간급여액, 연간 출하액(매출액) 및 수입액, 연간 제조원가 및 판매비와 관리비, 유형자산, 연간 제품별 출하액 및 재고액, 연간품목별 임가공(수탁제조)수입액, 재고액, 비고1~3

〈그림 2.1〉 승인통계 소재정보안내

산업/시장 통계 중에서 많이 사용하는 것이 광업제조업 조사인데 이 조사는 광공업의 주제에 위치하고 있으며, 승인통계 소재정보안내는 <그림 2.1>과 같다.

그림에서 보는 바와 같이 1968년부터 조사하였고, 조사주기는 1년이며, 조사단위는 사업체이며, 조사내용에 연간 출하액(매출액) 및 수입액, 연간 제조원가 및 판매비와 관리비, 유형자산, 연간 제품별 출하액 및 재고액 등이 포함되어 있어 산업/시장/제품의 규모를 파악할 수 있다.

실무에서는 어떻게 통계정보를 검색하고 정리해야 하는가를 설명하기로 한다. 예를 들어 커피음료의 수요예측을 위하여 통계정보를 검색하고 분석하는 과정을 소개하기로 한다.

먼저 인터넷에서 국가통계포털(KOSIS) 창을 연다. 커피음료를 제조하는 업체는 제조업에 속하므로 주제별통계에서 광공업에너지를 선택한다. 필자는 통합검색 활용하는 것을 권장하지 않는다. 검색결과에서 해당되는 자료를 찾는 데 시간이 많이 걸리고, 통계데이터베이스를 이해하는 데 도움이 되지 않기 때문이다.

〈그림 2.2〉 KOSIS 메인화면

[광공업 에너지]를 선택하고, [광공업]을 선택하면 다음과 같은 화면이 나타난다.

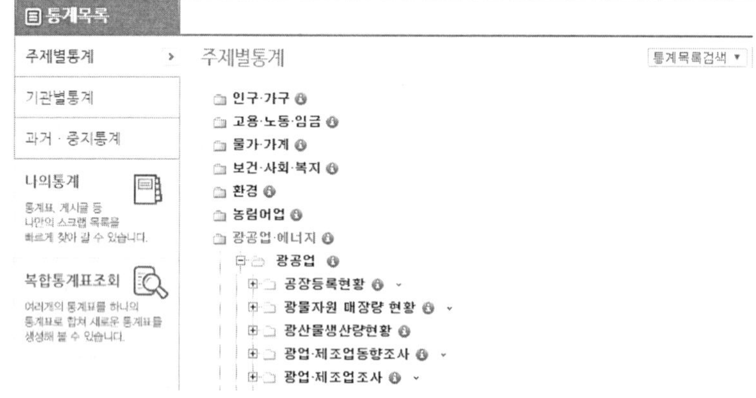

〈그림 2.3〉 **국내통계 주제별통계 화면**

<그림 2.3>에서 광업·제조업동향조사와 광업·제조업조사가 있는데 이들 통계는 서로 성격이 다르다. 각각 어떤 통계인가를 확인하려면 [i]를 선택하면 다음과 같은 설명이 나타난다.

광업·제조업동향조사 ×닫기

조사명	광업제조업동향조사
통계종류	지정통계 / 조사통계
계속여부	계속통계
법적근거	승인번호:101011, 승인일자:1970.03.23
조사목적	광공업 생산지수, 제조업 생산능력지수 및 가동률지수 등을 작성하여 국내경기 동향을 판단하는 기초자료로 활용, 국내총생산(GDP) 추계 및 경기종합지수 등의 기초자료로 활용
조사주기	월
조사체계	사업체→지방청 및 사무소(조사.온라인입력)→통계청
공표범위	시도
공표주기	월
연락처	통계청 경제통계국 산업동향과 (전화 : 042-481-2176)

〈그림 2.4〉 **광업·제조업동향조사 설명**

통계표 정보 ×닫기

통계표명	품목분류별 사업체수, 생산액, 출하 및 연말재고액(10명이상, 2014년)
수록기간	년 2014~2014
출처	통계청, 광업제조업조사 문의처 042-481-2139~42
분류 및 항목	행정구역별 (1개) 전 국 품목별 (2247개) 광업 및 제조업, 광업, 석탄, 원유 및 천연가스 광업, 무연탄(채굴), 유연탄 및 기타 석탄(채굴), 원유(채굴한 것), 천연가스(채굴한 것), 금속 광업, 철광(채굴 및 정광), 우라늄광 및 토륨광(채굴 및 정광)..... 항목 (4개) 사업체수, 생산액, 출하금액, 완제품 연말재고액
갱신일자	2016-10-28

〈그림 2.5〉 **통계표 정보**

그림의 설명에서 광업·제조업동향조사는 국내경기 동향을 판단하는 기초자료로 활용하기 위하여 조사주기가 월이며 생산량이 많은 일부기업을 조사한다. 광업·제조업조사는 종업원 10명 이상의 사업체를 전수조사하며, 조사주기는 1년이며 품목 수는 2,247개이다.

따라서 커피음료의 수요예측을 위해서는 광업·제조업조사의 자료를 활용하기로 한다.

[광업·제조업조사]를 선택하면 [산업편], [품목편], [기업체편], [2010년 기준 조사편]이 하부메뉴로 나타나는데 [산업편]은 산업분류별 통계, [품목편]은 품목별 통계, [기업체편]은 기업분류별 통계, [2010년 기준 조사편]은 5년에 한 번은 광업제조업조사를 실시하지 않고 경제총조사를 실시하여 통계작성된 것이다. 커피음료는 음료산업에 속하므로 음료산업 통계를 검색하기 위해서는 [산업편]을 선택하고, 커피음료 통계를 검색하려면 [품목편]을 선택한다.

[품목편]을 선택하면 [9차 개정]과 [8차 개정]이 나타나는데 [9차 개정]은 종업원 10이상 사업체를 전수 조사한 결과이며 [8차 개정]은 종업원 5명이상 사업체를 전수 조사한 결과이다. 2007년부터 최근의 통계자료는 [9차 개정]을 선택해야 한다. 2007년 이전의 [8차 개정]자료와 2007년 이후 [9차 개정]자료를 함께 활용하려면 조사대상이 다르므로 통계적 추정방법으로 수정하여 활용하여야 한다. 가급적 2007년 이후 [9차 개정]자료만을 활용하는 것을 권장한다.

[9차 개정]을 선택하면 다음의 화면과 같이 2007년부터 2014년까지의 통계자료를 검색할 수 있다.

9차 개정

- 품목분류별 사업체수, 생산액, 출하 및 연말재고액(10명이상, 2014년.. 수록기간 년 2014~2014
- 임가공품목별 사업체수 및 수입액(10명 이상, 2014년) 수록기간 년 2014~2014
- 품목분류별 사업체수, 생산액, 출하 및 연말재고액(10명이상, 2013년.. 수록기간 년 2013~2013
- 임가공품목별 사업체수 및 수입액(10명 이상, 2013년) 수록기간 년 2013~2013
- 품목분류별 사업체수, 생산액, 출하 및 연말재고액(10명이상, 2012년.. 수록기간 년 2012~2012
- 임가공품목별 사업체수 및 수입액(10명 이상, 2012년) 수록기간 년 2012~2012
- 품목분류별 사업체수, 생산액, 출하 및 연말재고액(10명이상, 2011년.. 수록기간 년 2011~2011
- 임가공품목별 사업체수 및 수입액(10명 이상, 2011년) 수록기간 년 2011~2011
- 임가공품목별 사업체수 및 수입액(10명 이상) 수록기간 년 2009~2009
- 품목분류별 사업체수, 생산액, 출하 및 연말재고액(10명이상) 수록기간 년 2009~2009
- 품목분류별 사업체수, 생산액, 출하액 및 연말재고액(10명 이상, 2.. 수록기간 년 2008~2008
- 임가공품목별 사업체수 및 수입액(10명 이상, 2008년) 수록기간 년 2008~2008
- 품목분류별 사업체수,생산액,출하 및 연말재고액(10명 이상, 2007.. 수록기간 년 2007~2007
- 임가공품목별 사업체수 및 수입액(10명 이상, 2007년) 수록기간 년 2007~2007

〈그림 2.6〉 9차 개정 하부메뉴

좀 번거롭지만 각 연도별로 통계자료를 검색하여 정리해야 한다. 여기서는 2014년만 검색하는 과정을 설명한다. [품목분류별 사업체수, 생산액, 출하 및 연말재고액(10명 이상, 2014년. 수록주기 년 2014~2014]을 선택하면 <그림 2.7>과 같은 화면이 나타난다.

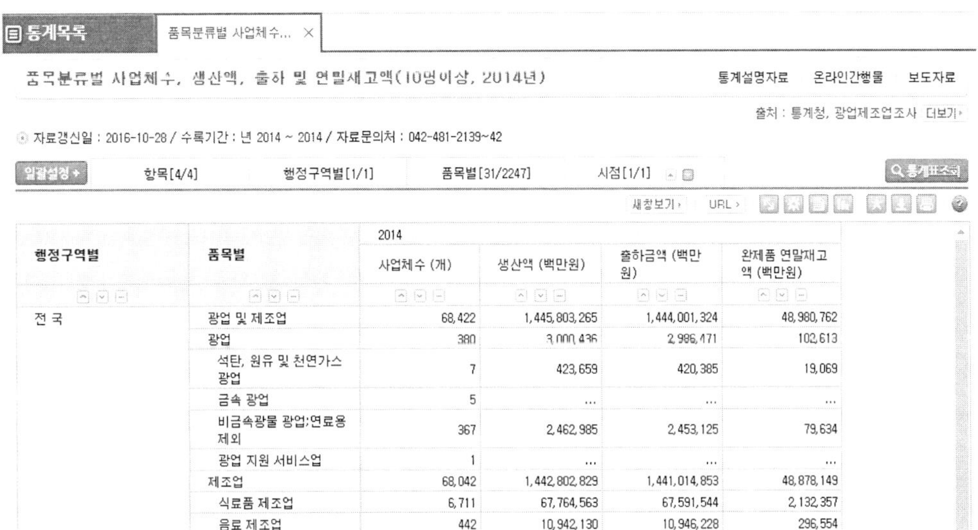

행정구역별	품목별	2014 사업체수 (개)	2014 생산액 (백만원)	2014 출하금액 (백만원)	2014 완제품 연말재고액 (백만원)
전 국	광업 및 제조업	68,422	1,445,803,265	1,444,001,324	48,980,762
	광업	380	3,000,436	2,986,471	102,613
	석탄, 원유 및 천연가스 광업	7	423,659	420,385	19,069
	금속 광업	5	...	...	...
	비금속광물 광업;연료용 제외	367	2,462,985	2,453,125	79,634
	광업 지원 서비스업	1	...	...	...
	제조업	68,042	1,442,802,829	1,441,014,853	48,878,149
	식료품 제조업	6,711	67,764,563	67,591,544	2,132,357
	음료 제조업	442	10,942,130	10,946,228	296,554

〈그림 2.7〉 항목 선택화면

화면에 2014년 4개 항목에 대하여 2247개 품목 통계가 나타난다. 이 통계자료 중에서 커피음료와 음료제조업만을 선택하는 과정을 소개한다. 그림의 화면에 [일괄설정]을 선택하고 다음의 화면과 같이 선택한다.

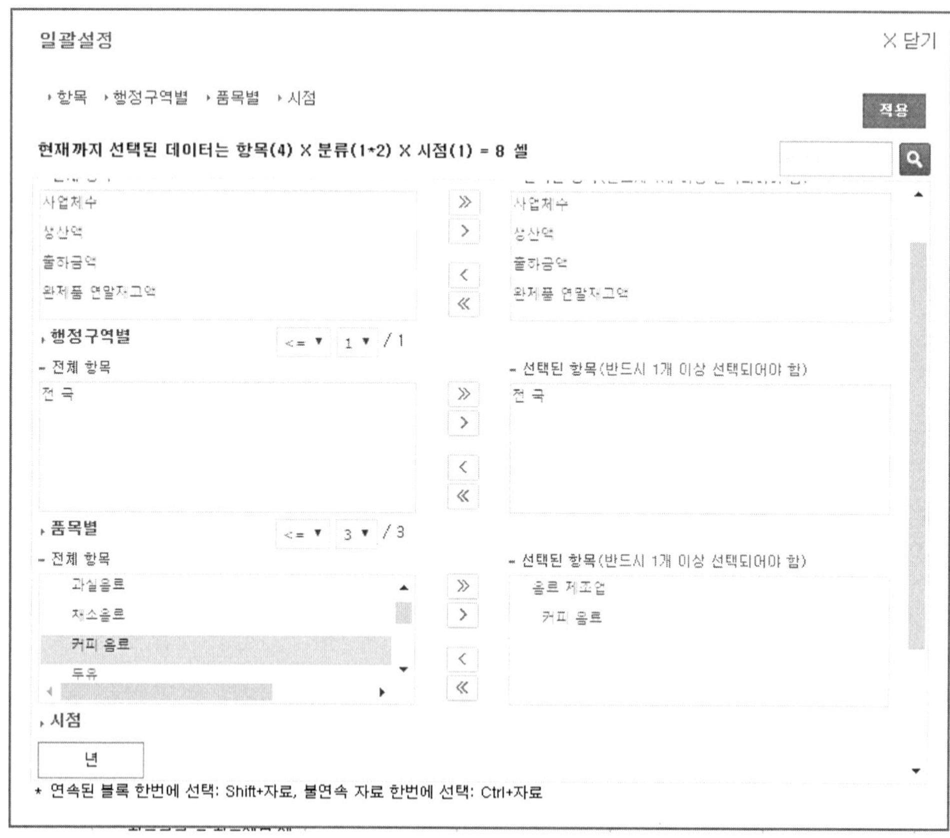

〈그림 2.8〉 **일괄설정 화면**

<그림 2.8>에서 적용을 선택하면 다음의 화면과 같이 2014년의 음료제조업과 커피음료 통계자료가 검색된다. 연도별 데이터를 모아서 예측에 활용하기 위해서 엑셀파일로 다운받는다.

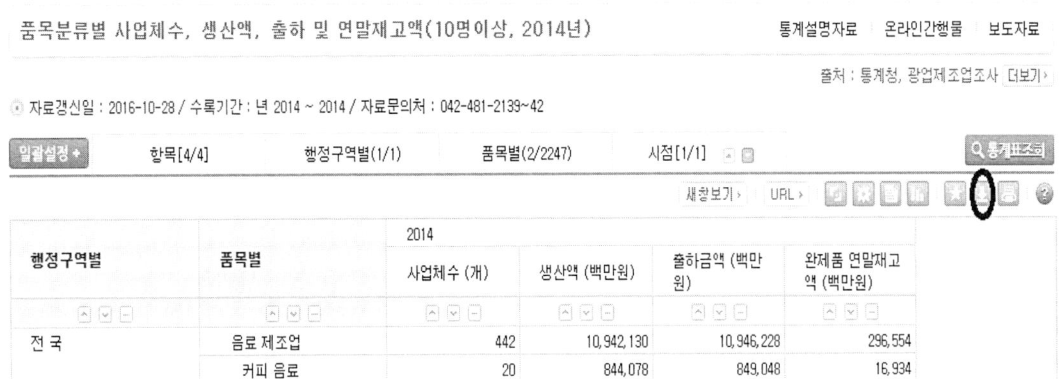

품목분류별 사업체수, 생산액, 출하 및 연말재고액(10명이상, 2014년)

통계설명자료 온라인간행물 보도자료

출처 : 통계청, 광업제조업조사 더보기›

자료갱신일 : 2016-10-28 / 수록기간 : 년 2014 ~ 2014 / 자료문의처 : 042-481-2139~42

일괄설정 + 항목[4/4] 행정구역별(1/1) 품목별(2/2247) 시점[1/1] 통계표조회

새창보기› URL›

행정구역별	품목별	2014			
		사업체수 (개)	생산액 (백만원)	출하금액 (백만원)	완제품 연말재고액 (백만원)
전 국	음료 제조업	442	10,942,130	10,946,228	296,554
	커피 음료	20	844,078	849,048	16,934

〈그림 2.9〉 **통계자료 다운로드 화면**

<그림 2.9>에서 동그라미 표시된 부분을 선택하면 다운로드화면이 나타나는데 [EXCEL(xlsx)]을 선택하고 [다운로드]를 클릭하면 엑셀파일로 다운로드된다.

각 연도별 통계자료를 다운로드하여 엑셀파일로 정리하여 다음의 화면과 같이 분석할 수 있다.

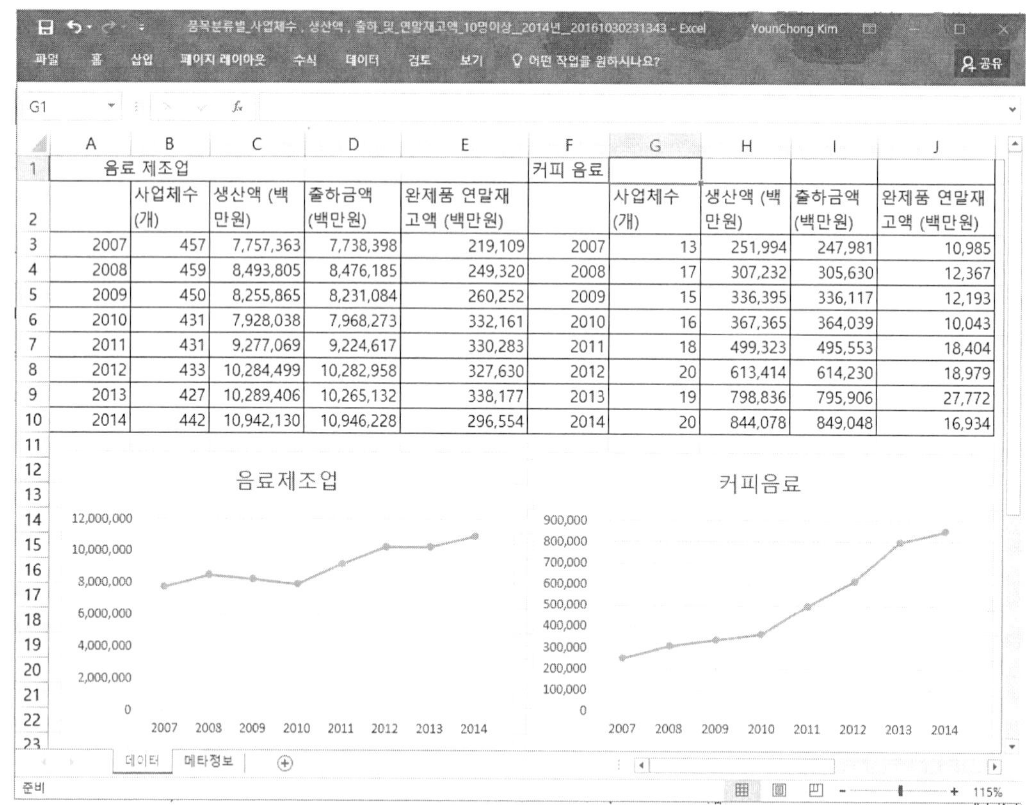

	음료 제조업				커피 음료				
	사업체수 (개)	생산액 (백만원)	출하금액 (백만원)	완제품 연말재고액 (백만원)		사업체수 (개)	생산액 (백만원)	출하금액 (백만원)	완제품 연말재고액 (백만원)
2007	457	7,757,363	7,738,398	219,109	2007	13	251,994	247,981	10,985
2008	459	8,493,805	8,476,185	249,320	2008	17	307,232	305,630	12,367
2009	450	8,255,865	8,231,084	260,252	2009	15	336,395	336,117	12,193
2010	431	7,928,038	7,968,273	332,161	2010	16	367,365	364,039	10,043
2011	431	9,277,069	9,224,617	330,283	2011	18	499,323	495,553	18,404
2012	433	10,284,499	10,282,958	327,630	2012	20	613,414	614,230	18,979
2013	427	10,289,406	10,265,132	338,177	2013	19	798,836	795,906	27,772
2014	442	10,942,130	10,946,228	296,554	2014	20	844,078	849,048	16,934

〈그림 2.10〉 **연도별 통계데이터 엑셀 정리화면**

<그림 2.10>과 같이 연도별 데이터를 정리하고 꺾은선 그래프로 표현하면 예측에서 중요한 과거의 패턴을 눈으로 확인할 수 있다. 그림과 같이 음료제조업의 출하금액은 2007년에서 2014년까지 연평균 5% 로 성장하였고, 커피음료는 2007년에서 2014년까지 연평균 19.2%로 빠르게 성장하였다. 특히 커피음료 시장은 2010년부터 2013년까지 매우 빠른 성장을 보였다.

좋은 예측을 위해서는 먼저 공인된 객관적인 자료를 근거로 예측해야 하고, 가능한 많은 과거 자료를 확보하여 과거의 패턴을 읽을 수 있어야 한다. 여기에서 매우 중요한 사실은 인간의 예측력이 우수하다는 것이다. 즉 과거의 자료를 모으고 이것을 시도표(time-plot)로 그리면 그래프가 향후 어떻게 움직일 것인가를 추측할 수 있다.

국가통계포털에서 통계자료를 얻지 못하였다면, 검색하고자 하는 통계가 정부부처의 어디에서 관리하는가를 생각하여 정부부처의 홈페이지와 그 홈페이지에 연결된 기관을 검색하면 대부분 통계자료를 얻을 수 있다. 그럼에도 불구하고 검색에 실패한다면 품목 보다 상위의 제품군에 대하여 통계자료를 검색한 후에 추정해야 한다. 이 부분은 예측사례에서 다루기로 한다.

1.2 산업/시장 동향정보

산업/시장 동향정보를 검색하기는 쉽지 않다. 꽤 많은 시간을 투자하여 검색해야 하지만 검색된 정보가 꼭 적합한 정보가 아닌 경우가 많다. 그러나 수요예측에서 산업/시장 동향 정보의 파악이 중요하다. 본 교재에서는 산업/시장 동향 정보를 검색하기 위하여 최우선으로 검토할 필요가 있는 정보를 소개한다.

먼저 금융감독원의 전자공시시스템을 활용한다. 전자공시시스템(DART; Data Analysis, Retrieval and Transfer System)은 상장법인 등이 공시서류를 인터넷으로 제출하고, 투자자 등 이용자는 제출 즉시 인터넷을 통해 조회할 수 있도록 하는 종합적 기업공시 시스템으로 기업의 재무제표뿐 아니라 사업내용 시장개황 등의 보고 자료를 포함하고 있어 산업/시장 동향정보를 검색할 수 있다.

먼저 인터넷에서 전자공시시스템 창을 연다.

〈그림 2.11〉 전자공시시스템 화면

산업/시장 동향을 검색하기 위하여 검색하고자 하는 산업/시장의 상장기업을 알아보고 상장기업들 중에서 선도기업을 선택하여 검색한다. 산업/시장 동향에 관한 내용은 정기공기의 사업보고서 혹은 반기보고서의 사업의 내용 부분에 설명되어 있다.

예로서 커피음료 산업/시장 동향은 커피음료를 제조 판매하는 롯데칠성음료, 남양유업, 매일유업 등을 검색하면 된다. 롯데칠성음료의 사업내용을 검색하는 과정을 설명하기로 한다.

전자공시시스템의 검색 창에서 다음의 그림과 같이 입력하고 검색한다.

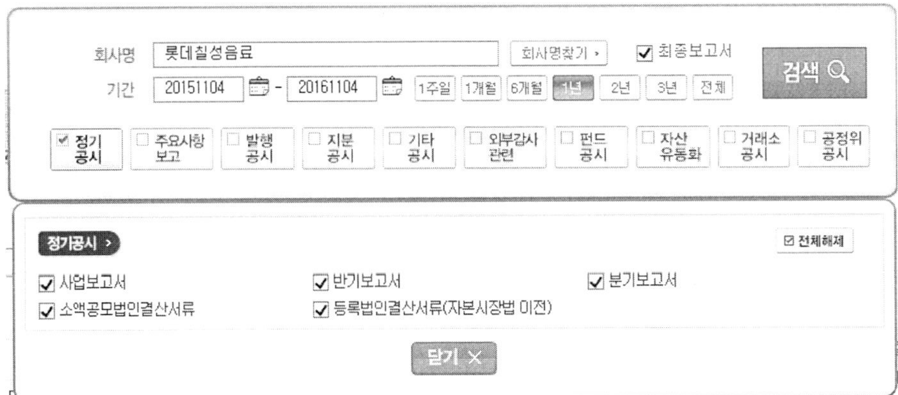

〈그림 2.12〉 **사업보고서 검색화면**

다음의 그림과 회사별 검색창이 나타난다.

번호	공시대상회사	보고서명	제출인	접수일자	비고
1	유 롯데칠성음료	반기보고서 (2016.06)	롯데칠성음료	2016.08.16	
2	유 롯데칠성음료	[기재정정]분기보고서 (2016.03)	롯데칠성음료	2016.06.08	
3	유 롯데칠성음료	[기재정정]사업보고서 (2015.12)	롯데칠성음료	2016.06.08	연
4	유 롯데칠성음료	분기보고서 (2015.09)	롯데칠성음료	2015.11.16	

1 [1/1] [총 4 건]

〈그림 2.13〉 **회사별 검색화면**

회사별 검색화면에서 최근에 공시된 반기보고서를 선택하면, 롯데칠성음료/반기보고서/2016.08.16. 화면이 나타난다. 여러 가지 정보를 얻을 수 있으나, 왼쪽의 문서 목차에서 사업의 내용을 선택하면 <그림 2.14>와 같은 산업의 특성, 산업의 성장성, 경기 변동의 특성, 경쟁요소, 관련법령, 자원조달상의 특성 등으로 구성된 내용을 얻을 수 있다.

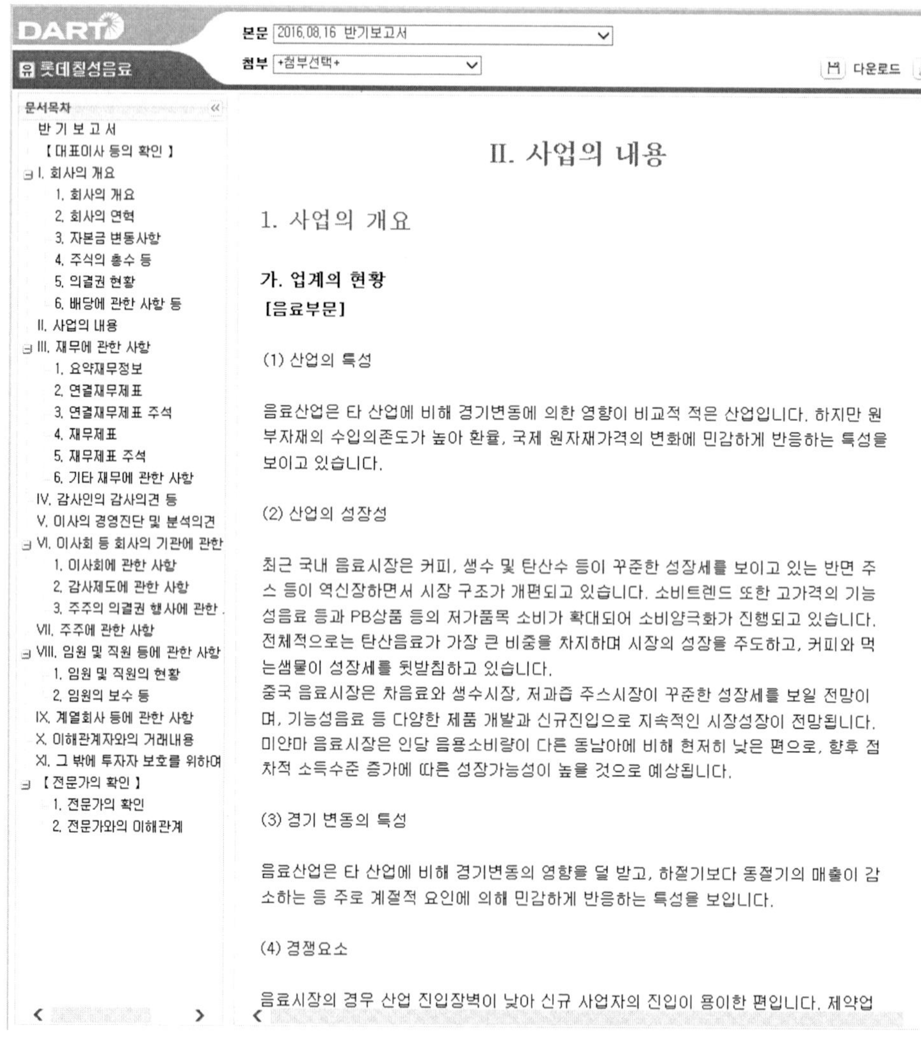
DART
본문 2016.08.16 반기보고서
첨부 +첨부선택+
다운로드
유 롯데칠성음료

문서목차
반 기 보 고 서
【 대표이사 등의 확인 】
I. 회사의 개요
1. 회사의 개요
2. 회사의 연혁
3. 자본금 변동사항
4. 주식의 총수 등
5. 의결권 현황
6. 배당에 관한 사항 등
II. 사업의 내용
III. 재무에 관한 사항
1. 요약재무정보
2. 연결재무제표
3. 연결재무제표 주석
4. 재무제표
5. 재무제표 주석
6. 기타 재무에 관한 사항
IV. 감사인의 감사의견 등
V. 이사의 경영진단 및 분석의견
VI. 이사회 등 회사의 기관에 관한
1. 이사회에 관한 사항
2. 감사제도에 관한 사항
3. 주주의 의결권 행사에 관한
VII. 주주에 관한 사항
VIII. 임원 및 직원 등에 관한 사항
1. 임원 및 직원의 현황
2. 임원의 보수 등
IX. 계열회사 등에 관한 사항
X. 이해관계자와의 거래내용
XI. 그 밖에 투자자 보호를 위하여
【 전문가의 확인 】
1. 전문가의 확인
2. 전문가와의 이해관계

II. 사업의 내용

1. 사업의 개요

가. 업계의 현황
[음료부문]

(1) 산업의 특성

음료산업은 타 산업에 비해 경기변동에 의한 영향이 비교적 적은 산업입니다. 하지만 원부자재의 수입의존도가 높아 환율, 국제 원자재가격의 변화에 민감하게 반응하는 특성을 보이고 있습니다.

(2) 산업의 성장성

최근 국내 음료시장은 커피, 생수 및 탄산수 등이 꾸준한 성장세를 보이고 있는 반면 주스 등이 역신장하면서 시장 구조가 개편되고 있습니다. 소비트렌드 또한 고가격의 기능성음료 등과 PB상품 등의 저가품목 소비가 확대되어 소비양극화가 진행되고 있습니다. 전체적으로는 탄산음료가 가장 큰 비중을 차지하며 시장의 성장을 주도하고, 커피와 먹는샘물이 성장세를 뒷받침하고 있습니다.
중국 음료시장은 차음료와 생수시장, 저과즙 주스시장이 꾸준한 성장세를 보일 전망이며, 기능성음료 등 다양한 제품 개발과 신규진입으로 지속적인 시장성장이 전망됩니다.
미얀마 음료시장은 인당 음용소비량이 다른 동남아에 비해 현저히 낮은 편으로, 향후 점차적 소득수준 증가에 따른 성장가능성이 높을 것으로 예상됩니다.

(3) 경기 변동의 특성

음료산업은 타 산업에 비해 경기변동의 영향을 덜 받고, 하절기보다 동절기의 매출이 감소하는 등 주로 계절적 요인에 의해 민감하게 반응하는 특성을 보입니다.

(4) 경쟁요소

음료시장의 경우 산업 진입장벽이 낮아 신규 사업자의 진입이 용이한 편입니다. 제약업

〈그림 2.14〉 사업의 내용 검색화면

둘째, 검색하고자 하는 산업/시장이 정부부처의 어디에서 관리하는가를 생각하여 정부부처의 홈페이지와 그 홈페이지에 연결된 기관을 검색하면 「산업백서」 혹은 「기술로드맵」 등에서 산업/시장 동향정보를 얻을 수도 있다. 특히 대기업에 비해 연구개발 역량이 부족한 중소기업의 기술역량 강화를 위해 유망기술 신성장 아이템 제시 및 중소기업 미래 먹거리 발굴, 전략적이고 지속적인 미래 기술개발 가이드라인을 제시해 주는 중소기업 기술로드맵(smroadmap.smtech. go.kr)에서 필요한 정보를 검색가능하다.

〈그림 2.15〉 중소기업 기술로드맵 자료실 화면

중소기업 기술로드맵은 정부의 중소기업 육성정책과 기술의 미래성장 방향성을 고려, 타 부처 기술로드맵과 달리 중소기업의 수요조사 및 공급망 분석 등을 통해 중소기업 맞춤형 단기(3년 이내)상용화 기술로드맵을 수립하고, 기술시장 동향 및 중소기업 실태 분석과 미래 예측을 통해 중소기업 기술개발 방향 제시하며, 중소기업청 R&D사업의 전략적 투자방향 및 투자 시스템의 효율성 개선, 중소기업 기술로드맵과 R&D 사업의 연계 강화 및 유망기술분야별 선진국 대비 우리나라 중소기업의 기술경쟁력 분석 등의 내용을 포함하고 있다.

셋째, 한국과학기술정보연구원의 KMAPS(http://kmaps.kisti.re.kr) 활용을 적극적으로 추천한다. 산업시장 인텔리전스 시스템(K-MAPS: KISTI Market Analysis and Prediction System. http://kmaps.kisti.re.kr)은 중소·중견기업들이 사업의 기회를 창출하기 위하여 산업시장과 관련된 핵심정보를 획득할 수 있게 도움을 주고 공공기관에서 제공하는 산업·시장 정보를 DB를 통해 제공하는 시스템이다.

K-MAPS 시스템은 지식창고, 산업·시장분석, 사업전략분석 메뉴로 구성되어 있다.「지식창고」는 한국과학기술정보연구원이 생산하거나 공개된 산업·시장 분석보고서를 데이터베이스로 검색할 수 있어 관련분야의 보고서를 이용하여 관심대상의 산업/시장 동향정보를 얻을 수 있다.「산업·시장분석」은 표준산업분류의 출하액 정보와 수출입 상품정보를 검색할 수 있고, 3,000여개 산업/시장/제품의 시장규모 정보를 검색할 수 있다.「사업전략분석」은 SWOT분석과 PEST분석 기능을 제공한다.

<그림 2.16>과 같이 KMAPS의 지식창고에는 한국과학기술정보연구원(KISTI)이 제작한 KISTI 마켓리포트가 305건, 공공기관에서 제공하는 산업시장보고서가 1,725건이 제공되고 있다.

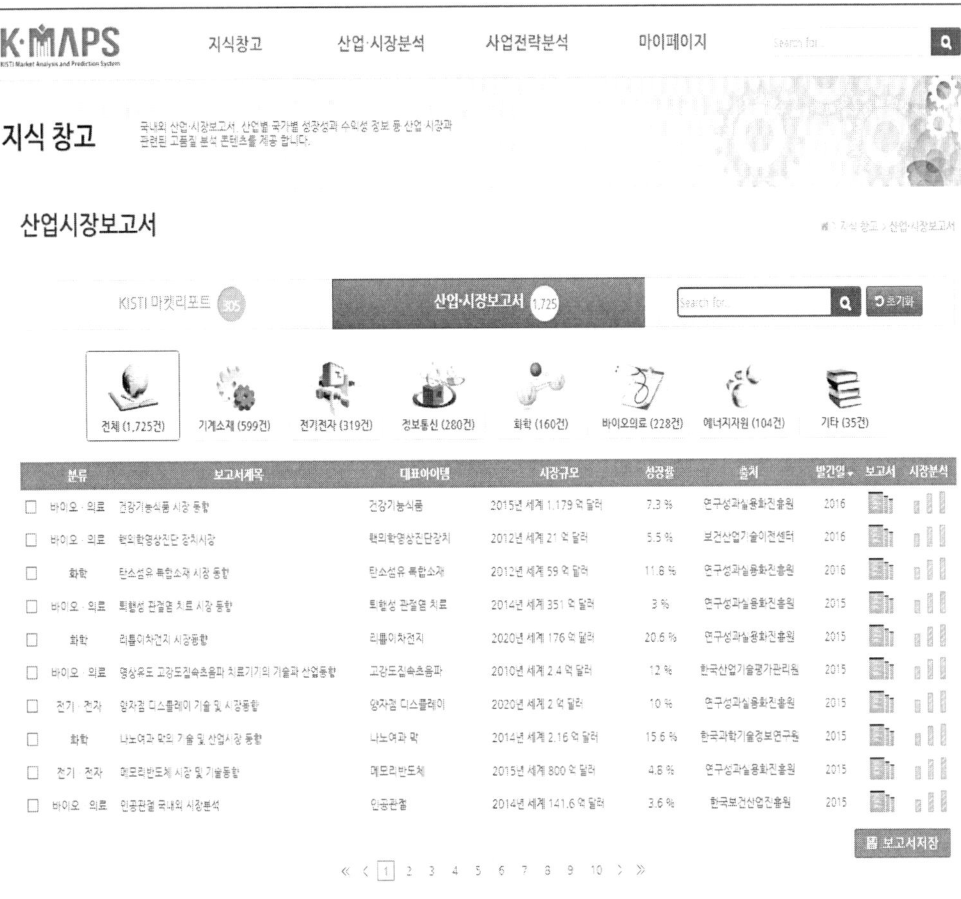

〈그림 2.16〉 KMAPS 지식창고_산업시장 보고서 자료실 화면

1.3 산업/시장 예측정보

산업/시장 예측정보는 시장조사기관이나 컨설팅기관에서 제공되지만, 유료로 제공되고 가격이 비싸며, 정확하다는 보장이 없어 일반인들은 활용하기 어렵다. 그러나 간단한 전망에 대한 자료는 뉴스, 사업보고서의 사업내용(전자공시시스템), 그리고 산업/시장 동향정보의 원천인 중고기업기술로드맵, 산업기술로드맵, 지식창고(KMAPS)에서 간혹 검색되는 경우도 있다.

국내에는 산업/시장 전망/예측정보를 제작·제공하는 기업은 거의 없고, 대부분 해외기업에서 제작한 보고서를 판매한다. 산업/시장 전망정보를 제공하는 해외기업은 Frost & Sullivan, MarketResearch, Datamonitor, Gartner 등이 있다.

산업/시장 예측 정보는 쉽게 검색되지 않지만, 한국과학기술정보연구원(KISTI)의 KMAPS를 활용하는 방법을 소개한다.

KMAPS(http://kmaps.kisti.re.kr)에서 산업시장분석을 선택하고, 통계분석을 선택한 후에 관심의 대상인 커피음료를 검색하기 위하여 분류선택→대분류선택_음료→중분류선택_비알콜음료 및 얼음→소분류선택_비알콜음료 및 얼음→상세분류선택_기타 비알콜음료→상품분류선택_커피음료를 선택한다.

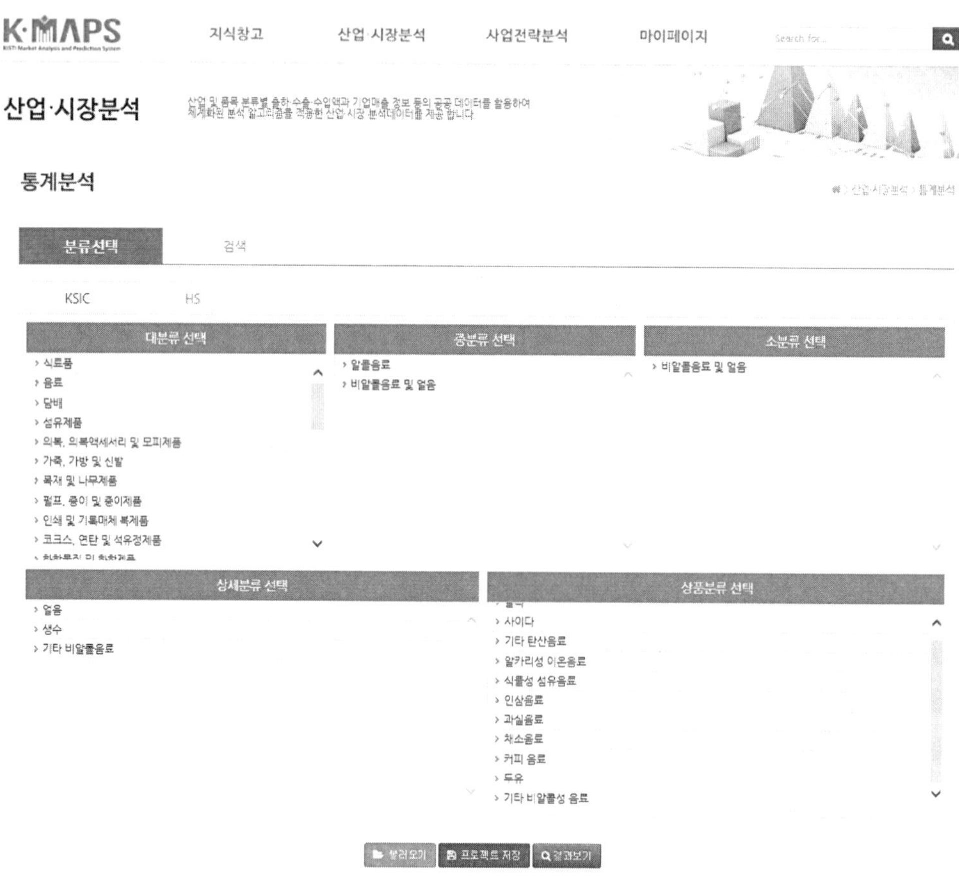

〈그림 2.17〉 KMAPS **산업시장분석_통계분석 선택화면**

<그림 2.17>에서 결과보기를 선택하면 다음의 화면과 같이 커피음료에 대한 통계자료와 내수시장에 대한 예측정보도 얻을 수 있다.

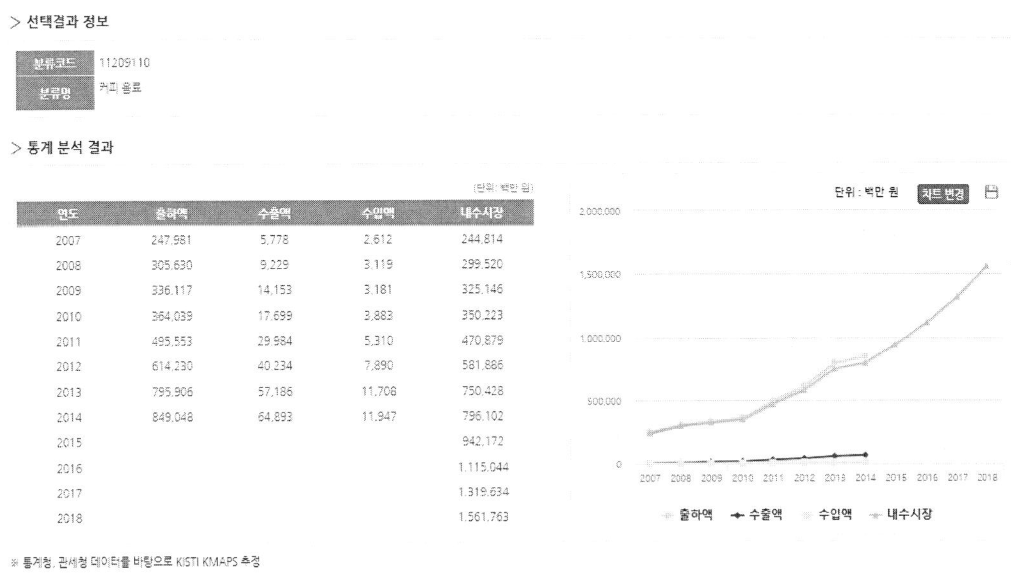

> 선택결과 정보

분류코드	11209110
분류명	커피 음료

> 통계 분석 결과

(단위: 백만 원)

연도	출하액	수출액	수입액	내수시장
2007	247,981	5,778	2,612	244,814
2008	305,630	9,229	3,119	299,520
2009	336,117	14,153	3,181	325,146
2010	364,039	17,699	3,883	350,223
2011	495,553	29,984	5,310	470,879
2012	614,230	40,234	7,890	581,886
2013	795,906	57,186	11,708	750,428
2014	849,048	64,893	11,947	796,102
2015				942,172
2016				1,115,044
2017				1,319,634
2018				1,561,763

※ 통계청, 관세청 데이터를 바탕으로 KISTI KMAPS 추정

〈그림 2.18〉 KMAPS **산업시장분석_통계분석 결과 화면**

2. 매출액 정보

수요예측은 과거 매출액 자료를 근거로 미래의 매출액을 예측하는 과정이므로 매출액 정보가 가장 중요하다. 매출액 정보는 기업에서 제공받아야 하지만, 기업에서 제공받을 수 없는 경우에는 기업의 재무제표인 손익계산서에 있는 매출액 자료를 이용한다.

상장기업이나 외감법인(회사의 투명성과 신뢰성을 높여 건전한 기업으로 유지하게 하고, 투자자들의 피해를 막기 위해서 주식회사 중 자산총액이 120억 원이 넘는 회사는 회계법인으로부터 의무적으로 회계감사를 받아야 한다.)인 경우에는 금융감독원의 전자공시시스템에 공시되어있는 재무제표를 검색하여 연도별 매출액 자료를 집계하면 된다.

상장기업이나 외감법인이 아닌 경우에는 중소기업간 협업 및 정책기관 업무 지원을 위해 중소기업 일반현황, 우수중소기업 DB, 중소기업확인정보를 제공하는 중소기업청의 중소기업현황정보시스템(http://sminfo.smba.go.kr/)을 활용하면 매출액 자료를 검색할 수 있다.

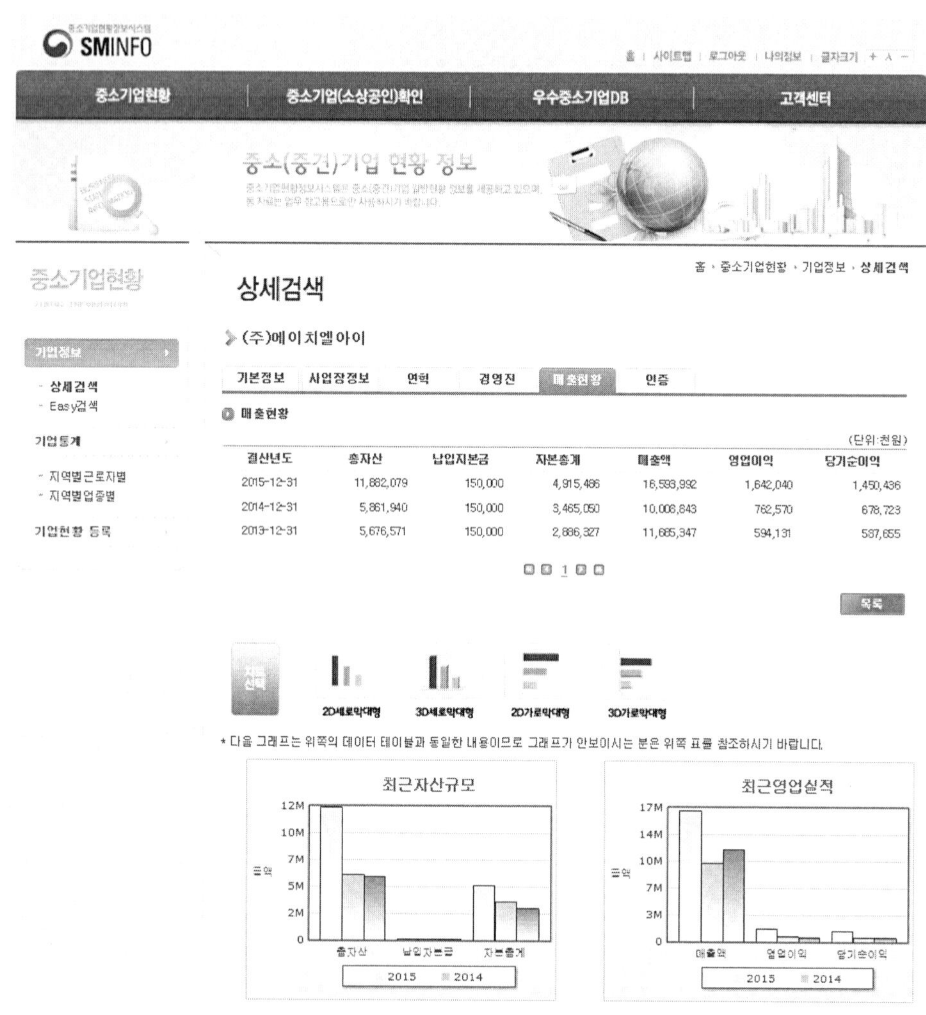

결산년도	총자산	납입자본금	자본총계	매출액	영업이익	당기순이익
2015-12-31	11,882,079	150,000	4,915,486	16,593,992	1,642,040	1,450,436
2014-12-31	5,861,940	150,000	3,465,050	10,006,843	762,570	678,723
2013-12-31	5,676,571	150,000	2,886,327	11,685,347	594,131	587,655

그림 2.19 중소기업현황정보 시스템 기업정보 화면

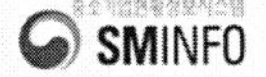

홈 | 사이트맵 | 로그아웃 | 나의정보 | 글자크기 + A −

중소기업현황	중소기업(소상공인)확인	우수중소기업DB	고객센터
기업정보 기업통계 기업현황 등록	중소기업 범위 확인서발급절차안내 온라인자료제출하기 중소기업(소상공인)확인서 발급 제출서류조회하기 중소기업여부 알아보기	우수중소기업이란 검색센터 우수유형통계 우수기업 등록	서비스안내 자주하는질문 공지사항 이용문의

우수중소기업DB

우수중소기업이란

검색센터

- 상세검색(우수DB)
- 간편검색

우수유형통계

- 기업유형분석
- 기업규모별분석

우수기업 등록

홈 › 우수중소기업DB › 우수중소기업이란

우수중소기업이란?

우수중소기업이란?

중소기업청에서는 구직자와 중소기업의 인력수급 미스매치 해소를 위하여 분기별로 분야별 우수중소기업을 선정하여 공지하고 있습니다.

우수중소기업 세부선정기준

1) 종업원수 5명이상
2) 업력 3년이상인 기업
3) 신용등급 BB- 이상인 기업(등급기준)
4) 최근 3년간 자본잠식이 없는 기업
5) 최근 3년간 금융불량이 없는 기업
6) 현재 정상 운영중이 중소기업(대기업제외, 휴폐업기업 제외)

분야별 상위기업

구직자에게 유용한 중소기업 정보제공을 위해 **성장성, 수익성, 안정성, 활동성, 생산성** 등 분야를 대표하는 지표를 선정하여, 우수중소기업 중 각 분야별 상위기업 1,000개 업체 씩 선별하여 제공하고 있습니다.
(단 근로조건, 근무환경 등과 같은 항목은 반영되지 않음)

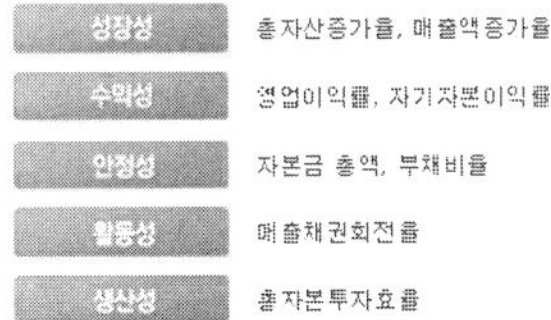

성장성	총자산증가율, 매출액증가율
수익성	영업이익률, 자기자본이익률
안정성	자본금 총액, 부채비율
활동성	매출채권회전율
생산성	총자본투자효율

〈그림 2.20〉 중소기업현황정보 시스템 우수중소기업DB 화면

중소기업현황정보시스템은 개별중소기업에 대한 기본정보, 사업장정보, 연혁, 경영진, 매출현황, 인증 관련정보를 검색하여 얻을 수 있고, 지역별/업종별/근로자별 기업통계와 성장성, 수익성, 안정성, 활동성, 생산성 기준 상위 1,000개 업체의 우수중소기업DB를 검색할 수 있다.

중소기업현황정보시스템(http://sminfo.smba.go.kr/)의 기업현황_상세검색화면에서 관심대상제품을 제조하는 회사명이나 대표자 이름 등으로 검색하여 해당기업을 선택하면 기업정보가 제공되고, 매출현황을 선택하면 다음의 그림과 같이 연도별 총자산, 납입자본금, 자본총계, 매출액, 영업이익, 당기순이익 등의 정보를 얻을 수 있다.

중소기업현황정보시스템(http://sminfo.smba.go.kr/)의 우수중소기업DB_상세검색화면에서 관심대상제품을 제조하는 회사명이나 대표자 이름 등으로 검색하여 해당기업을 선택하면 우수중소기업 분석보고서 제공되어 기업프로필, 채용정보, 재무제표, 사업장현황, 종업원현황, 연혁, 인증현황 등의 보고서가 제공된다.

3. 산업/시장 규모 추정방법

산업/시장/매출액에 대한 과거자료(통계)가 있는 경우에는 3장에서 소개하는 예측방법 중에서 적절한 예측기법을 선택하여 예측하면 되지만, 새로운 아이디어 제품 혹은 신제품이거나 국내에 처음으로 소개되는 제품이어서 과거자료(통계)가 없거나 부족한 경우에는 예측하기 어렵다. 이와 같은 경우 실무에서 활용하는 시장규모 추정/예측방법을 소개한다.

(1) 과거 5개년 이상의 과거자료(통계)가 있는 경우

분석하고자 하는 산업/시장/매출액에 대한 과거자료(통계)를 활용하여, 3장에서 소개되는 단순선형추세법, 단순평균성장률법, 선형지수평활법, 회귀분석법, 델파이법, 확산모형법으로 예측한 결과를 숫자와 그래프로 표현하고, 과거자료의 패턴과 예측결과의 패턴을 비교하여 최적의 결과를 선택한다.

(2) 과거 시장규모 자료가 있으나 5개년 미만임

분석하고자 하는 산업/시장/매출액에 대한 과거자료(통계)가 부족하여 시계열 패턴을 분석하기 어려우므로, 유사한 시계열 패턴을 갖는(혹은 가질 것이라고 생각되는) 과거 산업/시장/매출액에 대한 과거자료(통계)가 충분한 제품의 시계열 패턴을 분석대상 산업/시장/매출액에 적용한다. 단순선형추세법, 단순평균성장률법, 선형지수평활법, 델파이법, 확산모형법으로 향후의 산업/시장/매출액을 예측한 결과를 숫자와 그래프로 표현하여 분석자가 예측결과를 비교하여 최적의 결과를 선택한다.

(3) 과거 자료가 없으나 유사/경쟁제품의 시장규모 자료가 있음

분석하고자 하는 산업/시장/매출액에 대한 과거자료(통계)가 없으나 유사제품 혹은 경쟁제품, 또는 기존제품을 대체하는 경우는, 관련 제품에 대한 과거 산업/시장/매출액에 대한 과거자료(통계)를 활용하여, 단순선형추세법, 단순평균성장률법, 선형지수평활법, 델파이법, 확산모형법으로 향후의 산업/시장/매출액을 추정한 결과를 숫자와 그래프로 표현하여 분석자가 예측결과를 비교하여 최적의 결과를 선택한다.

이 경우는 관련 제품의 산업/시장/매출액에 대한 과거자료(통계)를 통한 추정이므로, 분석대상 제품의 출현 시기 등 시차와 시장패턴을 고려하여 분석자가 예측결과를 조정하여 활용하여야 한다.

(4) 과거 자료가 없고, 유사/경쟁제품의 자료도 없음

분석하고자 하는 산업/시장/매출액에 대한 과거자료(통계)가 전무할 경우, 먼저 사슬비율법 또는 수출입환산법을 이용하여 연도별 시장규모를 추정하고, 추정된 시장자료를 활용하여, 단순선형추세법, 단순평균성장률법, 선형지수평활법, 델파이법, 확산모형법으로 향후의 산업/시장/매출액 추정한 결과를 숫자와 그래프로 표현하여 분석자가 예측결과를 비교하여 최적의 결과를 선택한다. 시장자료의 추정이 과학적이고 합리적이어야 하므로 관련 전문가의 자문과 주의가 필요하다.

사슬비율법이란 예를 들면 휴대폰의 시장규모가 100이고, 휴대폰 제조원가에서 차지하는 소프트웨어비용이 10%라고 가정하면 휴대폰용 소프트웨어 시장규모는 100×0.1=10으로 추정하는 방법이다.

수출입환산법이란 분석대상 제품 및 서비스의 5개년 수출입통계에 산업 분야별 수출입액 대비 국내 산업/시장/매출액 규모 환산율을 곱하여 국내 산업/시장/매출액을 추정하는 방법이다.

CHAPTER

3 수요예측실무

수요예측은 사업의 규모와 상관없이 모든 사업 주체, 개인들이 관심을 갖는 분야로 판매 목표 설정, 설비투자, 생산 계획, 재고 조절, 공급사슬 관리, 마케팅 전략, 입사할 회사의 선택, 투자대상선택 등의 기반이 된다.

하지만, 특정 산업 혹은 서비스에 대한 미래의 수요를 예측하는 것은 대단히 불확실하고 어려운 작업에 속하며, 미래의 수요예측에는 불가피하게 오차가 존재할 수밖에 없다.

인간의 지적 능력 한계, 자신의 희망과 실제 현실과의 혼동, 편견(예 : 지방자치단체의 전국규모행사로 수요가 증가할 것으로 기대하지만, 실제로는 소폭의 증가에 그칠 경우가 많다.) 등으로 오차가 발생할 수도 있으며, 수요예측은 완전경쟁시장을 가정하지만 실제 현실은 과점인 경우가 대부분이고 수요에 따라서 공급이 이루어지기 위해서는 일정한 시차가 존재하기 때문에 수요예측과 현실에는 차이가 있다.

따라서 수요예측은 어차피 틀리기 때문에 상황에 신속하게 적응하면 된다고 주장하는 기업의 임원도 만난 적이 있다. 그럼에도 불구하고 결국 수요예측을 기반으로 상황에 신속하게 적응하려고 노력한다. 따라서 수요예측의 정확도를 제고하기 위해서 과거 데이터를 충분히 활용 및 분석하여 최선의 예측모델을 선택하고 모델 적용에 오류가 발생하지 않도록 객관적이고 공인된 자료를 활용하여야 하며, 전문가들의 의견으로 합리적인 결과임을 검증해야 한다.

1. 시계열 분해법

시계열(time series)이란 시간의 흐름에 따라 일정한 간격으로 조사하여 기록한 자료를 말한다. 예를 들면 매일 변동하는 기온, 환율, 종합주가지수, 제품의 매출액 등을 일정한 간격으로 측정한 값들이 시계열에 속한다.

이와 같은 시계열은 경제현상이나 자연현상에 대하여 시간의 움직임에 따라 변화하므로 어느 한 시점의 시계열자료는 그 이전까지 이루어진 결과에 의존하게 된다. 따라서 시계열 분석을 통한 예측에서는 과거의 자료들을 분석하여 패턴을 발견하고, 이를 모형화하여 추정한 후, 이 자료들의 과거의 패턴이 미래에도 변화하지 않고 지속될 것이라는 가정 하에 미래를 예측하게 된다.

예를 들어 커피음료의 매출액을 생각해 보면 추운 겨울보다는 여름에 더 많이 소비하므로 계절에 따라서 변하고, 소득이 변화에 따라 혹은 기호의 변화에 따라 커피음료의 매출액은 증가하거나 감소하게 된다. 이와 같이 많은 경제현상은 시간이 경과함에 따라 거의 규칙적으로 변동하게 되는데 이러한 사실을 바탕으로 한 분석 및 예측방법이 시계열 예측방법이다.

1.1 시계열의 변동과 모형

시계열을 시도표(time plot)으로 보면 일정한 패턴이 있다는 것을 알 수 있는 경우가 많다. 특히 경제·경영 자료의 경우에는 더욱 쉽게 패턴을 발견할 수 있다.

이와 같은 패턴을 4가지 형태로 가정하여 시계열에서 나타나는 변동을 정의하고 측정한다. 일반적으로 한 시점에서 관측된 변화를 설명하는 요인, 즉 시계열의 변동요인은 다음과 같은 4가지의 형태로 가정한다.

첫째, 장기적으로 변화하는 추세 혹은 경향변동(trend variation: T_t)으로 일반적으로 15년 이상 지속되는 것으로 전체로서의 대세가 어떤 방향인가를 장기적인 경향을 의미한다.

둘째, 3년 내지 10년의 주기로 나타나는 순환변동(cyclical variation: C_t)으로 경기의 호황과 불황이 반복적으로 나타나는 경기변동이 대표적인 경우가 된다.

셋째, 매년 규칙적으로 반복되는 계절 변동 (seasonal variation: S_t)으로 분기별 혹은 월별 특성을 나타내게 된다.

넷째, 앞의 세 가지 변동이외의 변동인 불규칙변동(irregular variation: I_t)으로 우연적 혹은 불규칙적으로 나타나는 변동이다.

이때 시점 t에서 관측된 시계열을 Z_t라고 하면, Z_t는 일반적으로 이들 네 가지 성분들의 곱이나 합으로 나타나는 것을 가정한다. 합의 관계를 가정하는 모형은 가법모형 (additive model)이라고 하고, 곱의 관계를 가정하는 모형을 승법모형(multiplicative model)이라고 한다. 즉, 시계열 자료는 다음과 같은 모형으로 나타낼 수 있다.

승법모형: $Z_t = T_t \cdot C_t \cdot S_t \cdot I_t$

$$\ln Z_t = \ln T_t + \ln C_t + \ln S_t + \ln I_t$$

가법모형: $Z_t = T_t + C_t + S_t + I_t$

이와 같은 분석의 목적은 이 변동요인들의 특징을 밝히고 이를 바탕으로 예측모형을 설정하는 데 있다. 따라서 관측된 시계열 Z_t를 변동요인별로 즉, 추세변동, 계절변동 그리고 순환변동으로 분해하여 예측한다. 이러한 방법은 고전적인 접근방법이지만, 시계열을 이해하는 데 가장 좋은 예측방법이다.

(1) 추세변동

추세변동이란 시계열이 장기간에 걸쳐 점진적으로 지속하는 상향 또는 하향 변동을 나타내는 경향을 의미한다.

예를 들어 연도별 국민소득, 커피음료 매출액, 자동차등록대수 등은 이러한 추세변동을 갖고 있다.

대부분의 경제현상에 관한 시계열은 추세변동을 나타내므로 경제정책이나 경영계획 혹은 자신의 진료계획의 수립을 위해서는 추세변동의 예측이 필요하게 된다. 또 제품을 제조하는 데 대형의 생산설비가 요구된다면 투자비용과 이윤을 회수하기 위해서는 이 제품수요의 추세변동 예측이 필요하므로 경영계획을 수립하기 위해서 추세변동의 예측은 필수적이다. 이때 예측의 기초가 되는 자료는 해당제품의 과거의 매출액, 또는 신제품인 경우 이 제품과 유사한 제품 혹은 대체제품의 과거 매출액 자료를 분석하여 예측한다.

과거의 자료에서 일정한 패턴(이 경우에는 추세변동)이 발견되면 이 패턴이 지속된다는 가정 하에 발견된 패턴을 근거로 예측한다. 이때 추세변동의 형태, 즉, 패턴은 대체로 다음과 같은 함수들로 나타낼 수 있다.

(1) 선형함수 : $T_t = b_0 + b_1 t$

(2) 이차함수 : $T_t = b_0 + b_1 t + b_2 t^2$

(3) 지수함수 : $T_t = b_0 e^{b_1 t}$ 혹은, $\ln T_t = \ln b_0 + b_1 t$

(4) 「로지스틱」 함수 : $T_t = \dfrac{c}{1 + b_0 e^{b_1 t}}$

(5) 역함수 : $T_t = b_0 + \dfrac{1}{b_1} t$

이때 지수함수(exponential function)는 일정한 성장률로 성장하는 과정을 표현하는데 사용되는 반면, '로지스틱' 함수(logistic function)는 성장의 한계를 갖고 있는 성장과정을 나타내는 추세를 예측하는데 사용된다. 특히 로지스틱함수는 제품의 라이프사이클에 적합하다. 위에서 설명된 대표적인 5가지 추세함수의 형태 외에도 다른 함수들이 추세를 예측하는 데 사용될 수 있지만, 어느 함수가 예측에 가장 적절한 함수인가를 결정하는 데는 시계열자료가 갖고 있는 실제의 추세가 어느 함수에 가장 잘 적합 되는가라는 점뿐만 아니라, 예측하려는 상황의 성격이 어느 함수를 선택해야 하는가라는 점도 고려해야 한다. 이와 같은 경우 결정하는 방법은 시도표(꺾은선 그래프)를 그리고 눈으로 확인하는 것이 바람직하다. 위의 각 함수들을 '그래프'로 나타내면 다음과 같다.

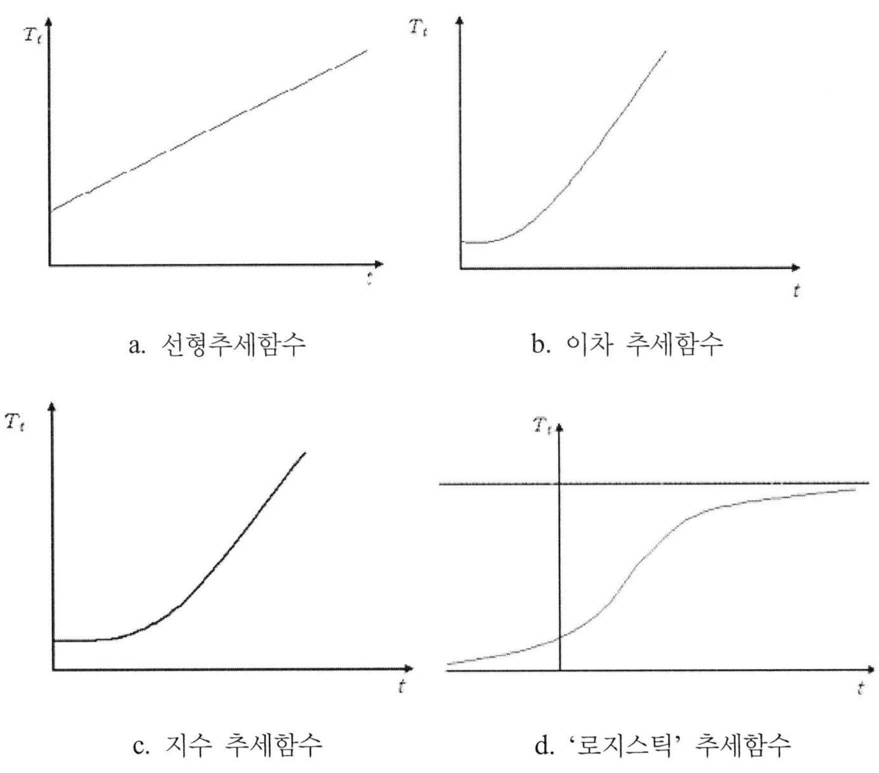

a. 선형추세함수 b. 이차 추세함수

c. 지수 추세함수 d. '로지스틱' 추세함수

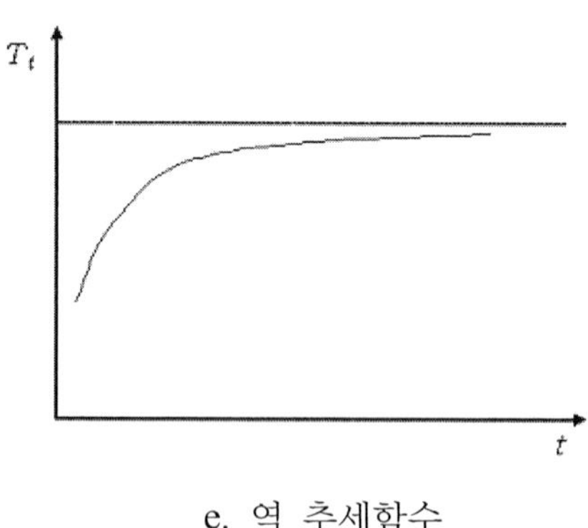

e. 역 추세함수

추세변동을 추정할 수 있는 가장 간단한 방법으로는 시계열을 그림으로 나타낸 후 자료에 가장 적합하다고 생각되는 추세선을 위의 5가지 함수형태와 비교하는 방법이다. 구체적인 방법은 실무사례에서 설명하기로 한다.

추세선을 추정하는 데 일반적으로 가장 많이 사용되는 방법은 최소제곱법(least squares method)이다.

시계열 Y_t의 변동을 시간 t의 변동으로 설명될 수 있다고 가정하면 다음과 같은 선형추세 모형을 설정할 수 있다.

$$Y_t = \beta_0 + \beta_1 t + \varepsilon_t \qquad (t=1,\ 2,\ \ldots,\ T)$$

이때 β_0 와 β_1의 최소제곱추정량 b_0 ,b_1은 다음과 같이 된다.

$$b_1 = \frac{\sum_{t=1}^{T}(Y_t - \overline{Y})(t - \overline{t})}{\sum_{t=1}^{T}(t - \overline{t})^2}$$

$$b_0 = \overline{Y} - b_1 \cdot \overline{t}$$

(2) 계절변동

계절변동은 일반적으로 1년을 주기를 나타내는 주기변동을 말하며 기본적인 측정단위는 분기별, 월별 또는 일별 등이 될 수 있다.

일반적으로 계절변동은 계절에 따른 생산량의 변화 혹은 소비욕구의 변화에 따라 1년을 주기로 변동하게 된다. 수박의 가격은 생산량의 변화에 의하여 여름에는 싸고, 겨울에는 비싸다. 또한 아이스크림 매출액은 수요욕구의 변화에 의하여 여름에는 매출액이 많고, 겨울에는 적다. 이러한 계절변동은 안정적인 형태와 변동적인 형태로 구분될 수 있다. 변동적인 계절변동은 생활수준의 상승에 따른 생활습관 및 기호의 변화 혹은 공격적인 마케팅의 출현 등 때문에 계절변동의 형태가 시간이 경과함에 따라 변하는 것을 말하며 그렇지 않은 계절변동을 안정적인 계절변동이라 말한다.

일반적으로 계절변동의 변화는 장기적으로 나타나므로 장기예측의 경우 계절변동의 변화가능성을 고려해야 한다. 본 교재에서는 계절변동의 변화는 다루지 않는다.

(3) 순환변동

순환변동은 경기순환(business cycle)에 따라 확장과 수축의 기간이 반복되는 주기적인 변동이다. 이때 순환의 주기는 3~10년으로 알려져 있지만 최근에는 세계경제가 융합되어 함께 경제정책을 수행하게 되면서 순환변동의 폭도 줄어들고 주기도 감소하는 경향이 있다.

일반적으로 경기의 순환은 저점에서 다음 저점까지를 1주기로 하여 회복기와 번영기를 포함하는 확장기와 후퇴기와 침체기를 포함하는 수축기를 반복하며 순환한다.

순환변동이 계절변동과 다른 점은 그 주기가 1년 보다 길고, 특정 부문의 변동이 여타부문에 확산, 파급되는 특징을 갖고 있다는 점이다. 그런데 순환변동은 주기가 장기적이기 때문에 추세의 일부로 취급하여 분석하는 경우가 많다.

(4) 불규칙변동

불규칙 변동은 위의 세 가지 변동요인으로 설명되지 않는 변동으로 다음과 같은 두 가지의 형태가 있다. 첫째로 지진, 파업 등과 같이 예상할 수 없는 특수한 사건에 의하여 발생되는 변동과, 둘째로 설명할 수 없는 요인에 의하여 발생되는 우연적 변동이다. 대부분의 시계열에서는 특수한 사건들에서부터 초래되는 불규칙 변동은 그 원인을 쉽게 규명할 수 있다. 그러나 명확히 알 수 없는 요인에 기인되는 우연변동은 장기간을 평균하면 변동이 없어지는 경향이 있다. 이와 같은 변동은 평균하는 방법으로 시계열에서 제거할 수 있다.

1.2 시계열 분해법에 의한 예측_이동평균법

시계열의 패턴을 계절변동, 추세변동, 순환변동으로 분해하여 시계열의 특성을 분석하고, 또 분해된 각 변동을 예측한 후 이들을 다시 결합하여 예측하는 방법을 시계열 분해법이라고 한다.

본 교재에서는 시계열의 패턴을 계절변동과 추세변동으로 분해하여 예측(순환변동은 없거나, 추세변동에 포함된다고 가정)하는 방법을 엑셀을 활용하여 설명한다.

국가통계포털의 통계자료에서 비교적 추세변동과 계절변동이 잘 나타나는 커피음료의 분기별 출하량으로 시계열 분해법에 의한 예측을 엑셀로 예측하는 과정을 자세히 설명하기로 한다.

(1) 커피음료 분기별 출하량 검색

국가통계포털에서 월별 혹은 분기별 자료는 동향조사에서 검색할 수 있다. 따라서 커피음료의 분기별 출하량은 국가통계포털 > 국내통계 > 주제별통계 > 광공업·에너지 > 광공업 > 광업·제조업동향조사 > 생산, 출하, 재고 > 품목별 광공업 생산·출하·재고·내수·수출량을 선택하면 다음과 같은 화면이 나타난다.

〈그림 3.1〉 **품목별 광공업 생산·출하·재고·내수·수출량 검색 화면**

<그림 3.1>에서 일괄설정을 선택하면 다음의 화면과 같이 검색조건을 설정 화면이 나타나는데 다음의 화면과 같이 선택한다.

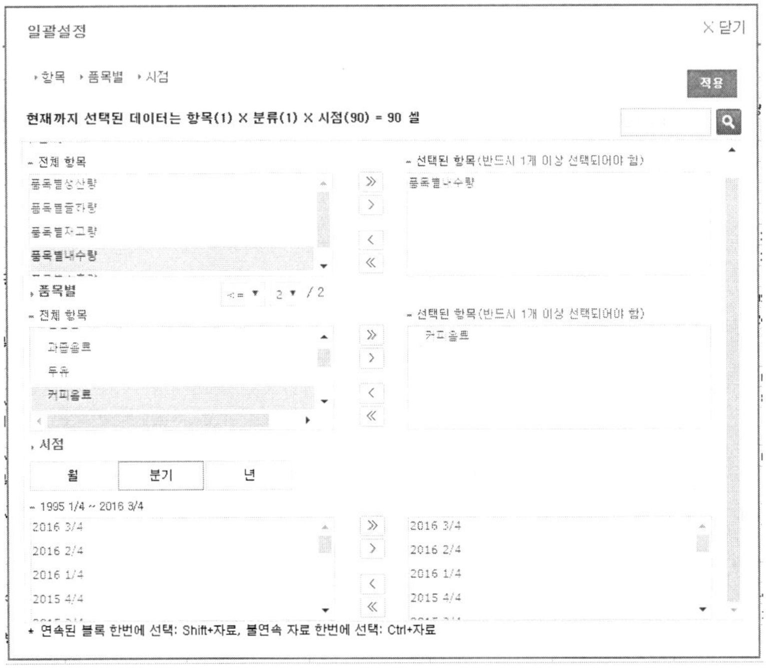

〈그림 3.2〉 **검색조건 일괄설정 화면**

<그림 3.2>에서 적용을 선택하면 다음의 화면과 같이 분기별 커피음료 내수량 통계자료가 나타난다.

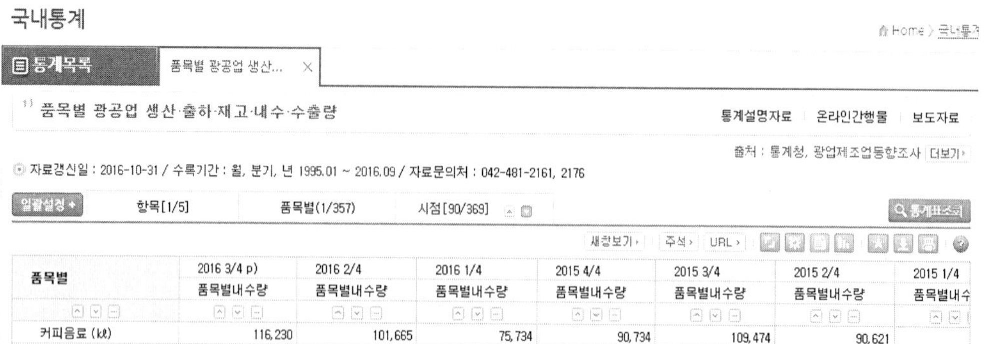

국내통계

1) 품목별 광공업 생산·출하·재고·내수·수출량

자료갱신일 : 2016-10-31 / 수록기간 : 월, 분기, 년 1995.01 ~ 2016.09 / 자료문의처 : 042-481-2161, 2176

출처 : 통계청, 광업제조업동향조사

품목별	2016 3/4 p) 품목별내수량	2016 2/4 품목별내수량	2016 1/4 품목별내수량	2015 4/4 품목별내수량	2015 3/4 품목별내수량	2015 2/4 품목별내수량	2015 1/4 품목별내수
커피음료 (kℓ)	116,230	101,665	75,734	90,734	109,474	90,621	

〈그림 3.3〉 **분기별 커피음료 내수량 화면**

<그림 3.3>에서 통계자료를 엑셀파일로 다운로드하여 다음의 그림과 같이 정리하자.

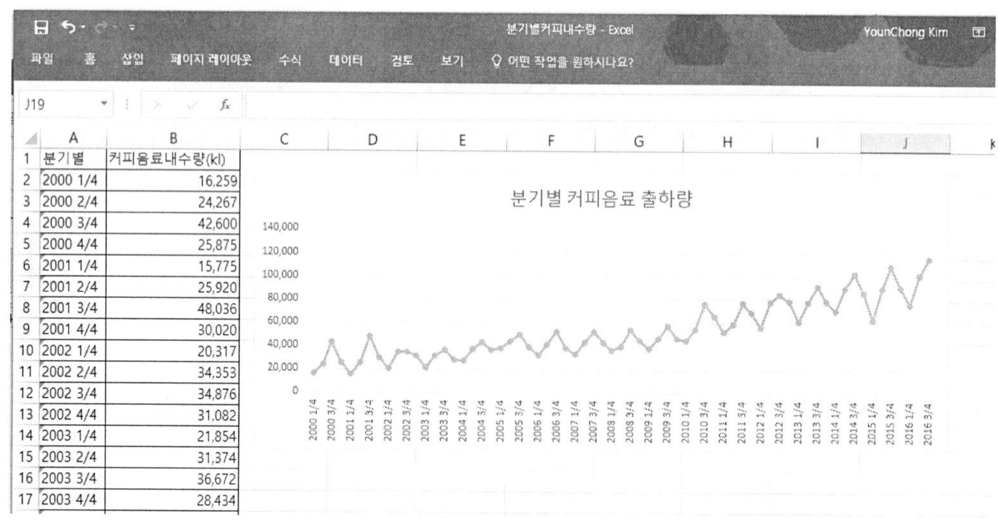

	A	B
1	분기별	커피음료내수량(kl)
2	2000 1/4	16,259
3	2000 2/4	24,267
4	2000 3/4	42,600
5	2000 4/4	25,875
6	2001 1/4	15,775
7	2001 2/4	25,920
8	2001 3/4	48,036
9	2001 4/4	30,020
10	2002 1/4	20,317
11	2002 2/4	34,353
12	2002 3/4	34,876
13	2002 4/4	31,082
14	2003 1/4	21,854
15	2003 2/4	31,374
16	2003 3/4	36,672
17	2003 4/4	28,434

〈림 3.4〉 **분기별 커피음료 내수량 엑셀 정리 및 시도표(꺾은선 그래프)**

<그림 3.4>에서 그래프를 살펴보면 분기별 자료이므로 4분기마다 저점이 나타나는 것을 알 수 있고 또한 점차 증가하면서 계절변동의 폭도 커지는 것을 알 수 있다. 따라서 변동의 폭이 일정하다고 가정하는 가법모형보다 승법모형이 더 적절한 모형이 될 수 있지만, 쉽게 설명하기 위하여 먼저 가법모형으로 예측하는 과정을 설명하기로 한다.

(2) 가법모형으로 예측

가. 추세변동 분리

먼저 계절변동과 불규칙변동을 제거하여 추세변동(순환변동은 추세변동에 포함되었다고 가정)을 도출하는 과정을 설명한다.

계절변동은 1년을 주기로 나타나는 현상이므로 1년을 평균하면 계절변동은 사라지게 된다. 또한 평균하는 과정에서 불규칙변동도 일부 사라진다. 그러나 평균을 이용하는 데에는 한가지 더 고려해야한다. 추세변동이 있는 경우 시점의 문제이다. 즉, (1분기+2분기+3분기+4분기)/4 인 경우 평균이지만 어느 분기에 해당하느냐의 문제이다. 추세가 있으므로 평균은 2.5분기에 해당한다. 그러므로 정확한 분기에 맞추기 위하여 [(1분기+2분기+3분기+4분기)/4 + (2분기+3분기 +4분기+다음해 1분기)/4]/2를 계산하여 3분기에 맞추게 된다. 이와 같은 방법을 이동평균법이라 한다. 즉 시점을 이동하면서 평균한다는 뜻으로 사용된다.

엑셀화면에서 이동평균법으로 추세변동을 도출하는 과정은 다음과 같다.

<그림 3.5>에서와 같이 C3셀에 =(B2+B3+B4+B5)/4을 입력하면 1차 이동평균이 계산되고, 이를 드래그하여 원자료 끝에서 3번째 줄의 셀까지 계산한다. 원자료 끝에서 3번째 줄의 셀까지 계산하는 이유는 빈칸을 계산하여 평균하지 않기 위해서 이며, 이 때문에 이동평균법은 자료의 수를 (n-1)개 감소시킨다. 다음은 시점을 맞추기 위한 작업으로 2000년 1분기, 2분기, 3분기, 4분기를 평균한 결과는 시점으로는 2000년 2.5분기에 해당하므로, 2000년 2분기, 3분기, 4분기, 2001년 1분기를 평균하면 2000년 3.5분기가 계산되므로 이를 평균하여 2000년 3분기에 시점을 맞춘다. 이 과정에서 자료의 수는 (2-1)개 감소한다.

만약 이동평균을 3개, 5개, 7개 등 홀수로 이동평균 하였다면 2차 이동평균은 할 필요가 없다. 이동평균의 결과가 시점들의 중앙에 맞추어지기 때문이다.

파일 홈 삽입 페이지 레이아웃 수식 데이터 검토

C3 f_x =(B2+B3+B4+B5)/4

	A	B	C	D
1	분기별	커피음료내수량(kl)	1차이동평균	
2	2000 1/4	16,259		
3	2000 2/4	24,267	27250.25	
4	2000 3/4	42,600	27129.25	
5	2000 4/4	25,875	27542.5	
6	2001 1/4	15,775	28901.5	
7	2001 2/4	25,920	29937.75	
8	2001 3/4	48,036	31073.25	
9	2001 4/4	30,020	33181.5	
10	2002 1/4	20,317	29891.5	

파일 홈 삽입 페이지 레이아웃 수식 데이터 검토 보기

IF f_x =(C3+C4)/2

	A	B	C	D	E
1	분기별	커피음료내수량(kl)	1차이동평균	2차이동평균	
2	2000 1/4	16,259			
3	2000 2/4	24,267	27250.25		
4	2000 3/4	42,600	27129.25	=(C3+C4)/2	
5	2000 4/4	25,875	27542.5	27335.875	
6	2001 1/4	15,775	28901.5	28222	
7	2001 2/4	25,920	29937.75	29419.625	
8	2001 3/4	48,036	31073.25	30505.5	
9	2001 4/4	30,020	33181.5	32127.375	
10	2002 1/4	20,317	29891.5	31536.5	

〈그림 3.5〉 **계절변동과 불규칙변동 제거를 위한 이동평균**

<그림 3.5>에서 2차 이동평균한 결과는 다음의 그림과 같이 계절변동과 불규칙변동이 제거되었다.

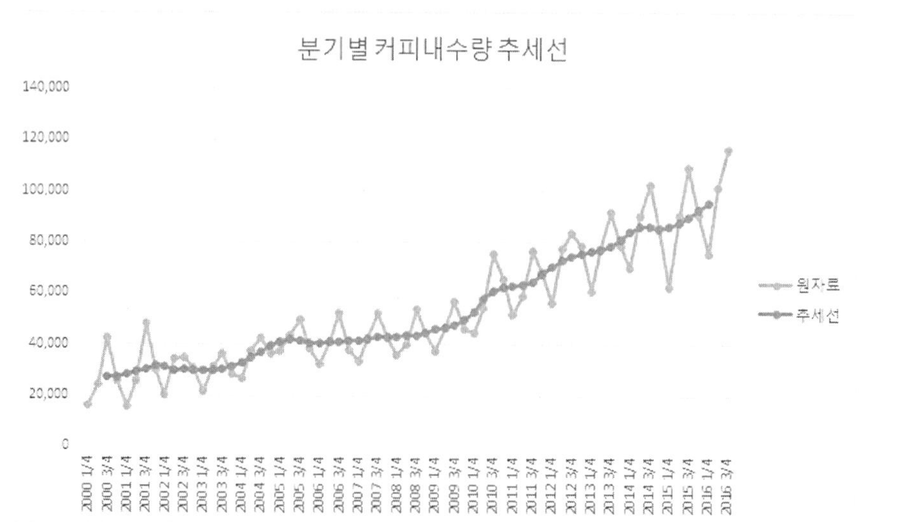

〈그림 3.6〉 **분기별 커피음료 추세선**

나. 추세선 예측

<그림 3.6>에서 추세선이 선형인가, 아니면 2차함수인가, 혹은 지수함수인가를 판단해야 한다. 먼저 선형으로 가정하고 추세선을 최소 제곱법으로 연장하는 방법을 엑셀로 설명하기로 한다. 엑셀에서는 추세라는 뜻의 trend함수를 제공하여 쉽게 선형으로 추세선을 그려 넣을 수 있다.

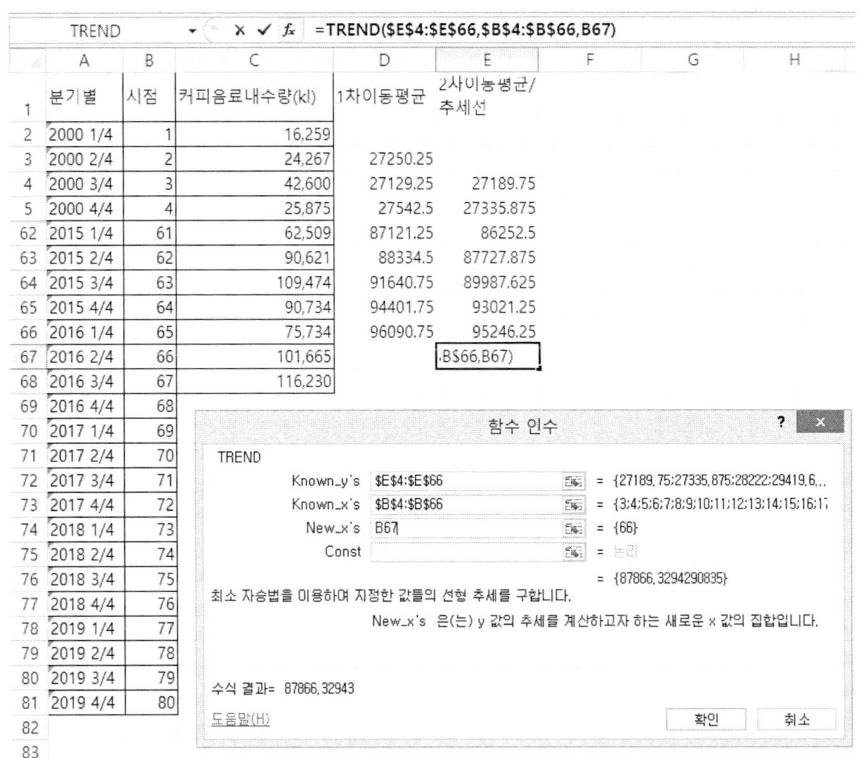

	A	B	C	D	E
1	분기별	시점	커피음료내수량(kl)	1차이동평균	2차이동평균/추세선
2	2000 1/4	1	16,259		
3	2000 2/4	2	24,267	27250.25	
4	2000 3/4	3	42,600	27129.25	27189.75
5	2000 4/4	4	25,875	27542.5	27335.875
62	2015 1/4	61	62,509	87121.25	86252.5
63	2015 2/4	62	90,621	88334.5	87727.875
64	2015 3/4	63	109,474	91640.75	89987.625
65	2015 4/4	64	90,734	94401.75	93021.25
66	2016 1/4	65	75,734	96090.75	95246.25
67	2016 2/4	66	101,665		,B$66,B67)
68	2016 3/4	67	116,230		
69	2016 4/4	68			
70	2017 1/4	69			
71	2017 2/4	70			
72	2017 3/4	71			
73	2017 4/4	72			
74	2018 1/4	73			
75	2018 2/4	74			
76	2018 3/4	75			
77	2018 4/4	76			
78	2019 1/4	77			
79	2019 2/4	78			
80	2019 3/4	79			
81	2019 4/4	80			

〈그림 3.7〉 **추세선 구하기 함수**(trend)

<그림 3.7>에서 한 화면에 표현하기 위하여 6행부터 61행까지는 숨기기 하였다. <그림 3.7>과 같이 먼저 B열을 삽입하여 시점이라는 시간의 움직임을 계산할 수 있는 일련번호를 입력한다. 그리고 E67 셀에 TREND함수를 화면과

같이 입력한다. 확인을 선택하면 E67에 최소제곱법으로 계산된 값이 나타난다. 이 값은 종속변수가 추세선이고 독립변수가 시점인 회귀분석의 결과에 의하여 산출된 추세선의 추정값이다.

셀 E67을 E81까지 드래그하면 추세선이 예측된다. 예측된 추세선을 꺾은선 그래프로 보면 얼마나 그럴듯한 예측인지를 직감할 수 있다.

<그림 3.8>을 살펴보면 시점 64까지의 추세선과 시점 67부터의 예측값에 차이가 있어 그럴듯하지 않다. 그 이유는 예측값이 시점1부터 시점 65까지의 전체 추세선에 근접하게 추정되어 최근(시점 40부터)의 추세를 제대로 반영하지 못하기 때문이다. 이러한 문제를 해결하는 방법은 추세함수를 지수함수 혹은 2차함수로 수정하여 추세선을 예측하는 방법과 최근의 추세만을 반영하는 방법이 있다. 그 중에서 가장 쉬운 방법은 예측값이 최근의 추세를 반영하도록 시점 40부터의 자료만을 이용하여 예측값을 산출하는 방법이다.

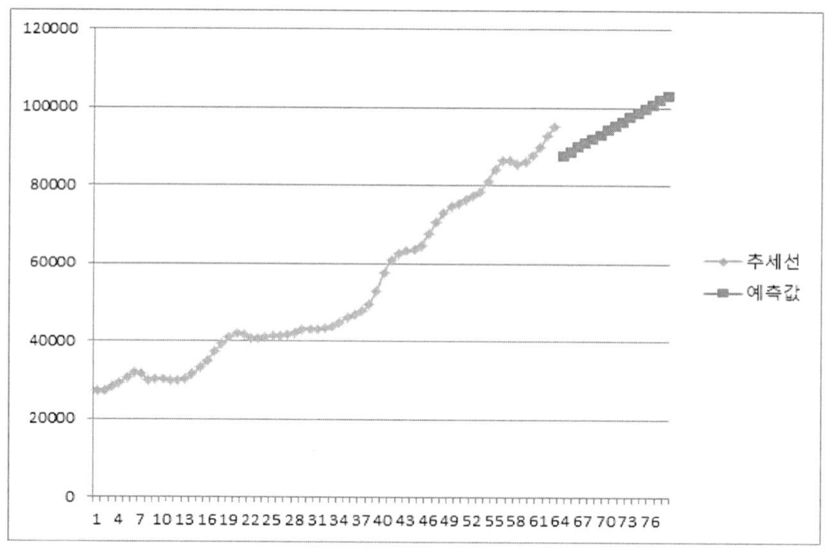

〈그림 3.8〉 추세선과 예측값의 비교

F67 =TREND($E$41:$E$66,$B$41:$B$66,B67)

	A	B	C	D	E	F
61	2014 4/4	60	85,881	85383.75	85384.875	
62	2015 1/4	61	62,509	87121.25	86252.5	
63	2015 2/4	62	90,621	88334.5	87727.875	
64	2015 3/4	63	109,474	91640.75	89987.625	
65	2015 4/4	64	90,734	94401.75	93021.25	
66	2016 1/4	65	75,734	96090.75	95246.25	
67	2016 2/4	66	101,665			96866.58077
68	2016 3/4	67	116,230			98501.51944
69	2016 4/4	68				100136.4581
70	2017 1/4	69				101771.3968
71	2017 2/4	70				103406.3355
72	2017 3/4	71				105041.2741
73	2017 4/4	72				106676.2128
74	2018 1/4	73				108311.1515
75	2018 2/4	74				109946.0902
76	2018 3/4	75				111581.0288
77	2018 4/4	76				113215.9675
78	2019 1/4	77				114850.9062
79	2019 2/4	78				116485.8449
80	2019 3/4	79				118120.7835
81	2019 4/4	80				119755.7222

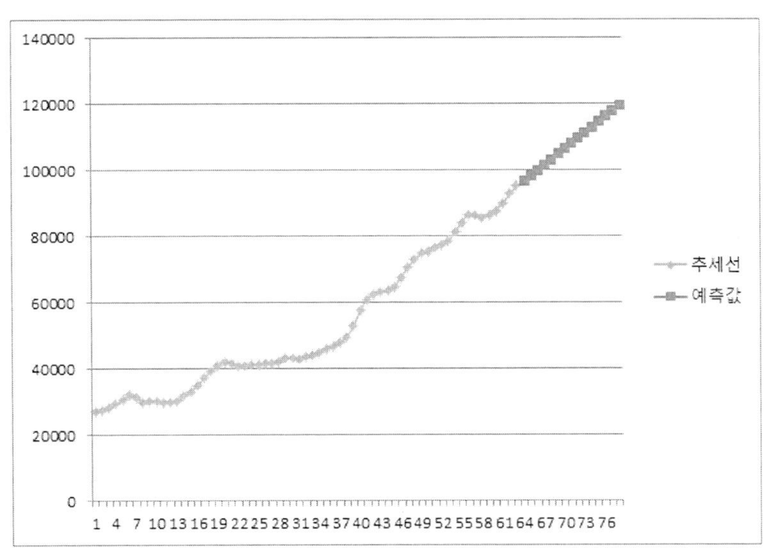

〈그림 3.9〉 최근의 추세선을 반영한 예측값

엑셀의 셀 F67에 함수 =TREND($E$41:$E$66,$B$41:$B$66,B67)를 입력하면 시점 40부터 추세선을 이용한 예측값이 산출되고 이것을 셀 F81까지 드래그하여 시점 80까지 예측값을 구하고, 이것을 꺾은 선 그래프로 그린 그림이 <그림 3.9>이다. <그림 3.9>의 예측값이 <그림 3.8>의 예측값보다 그럴 듯해 보인다. 그 이유는 근접한 미래는 최근의 추세에 더욱 민감하기 때문이다.

또 다른 방법으로 추세선을 지수함수로 추정하는 방법이다. 이 방법은 식 $\ln T_t = b_0 + b_1 t$을 이용하는 방법으로 먼저 추세선을 로그 변환하고 로그 변환된 값에 trend함수를 이용하여 추세를 구한 뒤, 다시 지수변환하는 것이다. 엑셀 화면으로 이 과정을 설명하면 다음과 같다.

G4 | =LN(E4)

	A	B	C	D	E	F	G	H
1	분기별	시점	커피음료내수량(kl)	1차이동평균	2차이동평균/추세선		LN(추세)	
2	2000 1/4	1	16,259					
3	2000 2/4	2	24,267	27250.25				
4	2000 3/4	3	42,600	27129.25	27189.75		10.21059534	
5	2000 4/4	4	25,875	27542.5	27335.875		10.21595522	
6	2001 1/4	5	15,775	28901.5	28222		10.24785709	
7	2001 2/4	6	25,920	29937.75	29419.625		10.28941725	

〈그림 3.10〉 **추세를 로그 변환**

셀 G4에 =LN(E4)를 입력한 후에 G66까지 드래그한다.

G67 | =TREND($G$4:$G$66,$B$4:$B$66,B67)

	A	B	C	D	E	F	G	H
1	분기별	시점	커피음료내수량(kl)	1차이동평균	2차이동평균/추세선		LN(추세)	
62	2015 1/4	61	62,509	87121.25	86252.5		11.36503432	
63	2015 2/4	62	90,621	88334.5	87727.875		11.38199497	
64	2015 3/4	63	109,474	91640.75	89987.625		11.40742744	
65	2015 4/4	64	90,734	94401.75	93021.25		11.44058324	
66	2016 1/4	65	75,734	96090.75	95246.25		11.46422092	
67	2016 2/4	66	101,665			96866.58077	11.46626097	95440.75502
68	2016 3/4	67	116,230			98501.51944	11.48711918	97452.38505
69	2016 4/4	68				100136.4581	11.50797739	99506.41473
70	2017 1/4	69				101771.3968	11.5288356	101603.7377
71	2017 2/4	70				103406.3355	11.54969381	103745.2666

〈그림 3.11〉 **로그 변환된 값에 TREND함수 적용**

셀 G67에 =TREND($G$4:$G$66,$B$4:$B$66,B67)를 입력하고 G81까지 드래그한다.

H67 =EXP(G67)

	A	B	C	D	E	F	G	H
1	분기별	시점	커피음료내수량(kl)	1차이동평균	2차이동평균/추세선		LN(추세)	
65	2015 4/4	64	90,734	94401.75	93021.25		11.44058324	
66	2016 1/4	65	75,734	96090.75	95246.25		11.46422092	
67	2016 2/4	66	101,665			96866.58077	11.46626097	95440.75502
68	2016 3/4	67	116,230			98501.51944	11.48711918	97452.38505
69	2016 4/4	68				100136.4581	11.50797739	99506.41473
70	2017 1/4	69				101771.3968	11.5288356	101603.7377
71	2017 2/4	70				103406.3355	11.54969381	103745.2666
72	2017 3/4	71				105041.2741	11.57055203	105931.933
73	2017 4/4	72				106676.2128	11.59141024	108164.6883
74	2018 1/4	73				108311.1515	11.61226845	110444.5041

〈그림 3.12〉 로그 변환된 추세를 지수함수로 환원

셀 H67에 =EXP(G67)을 입력하고 H81까지 드래그한다.

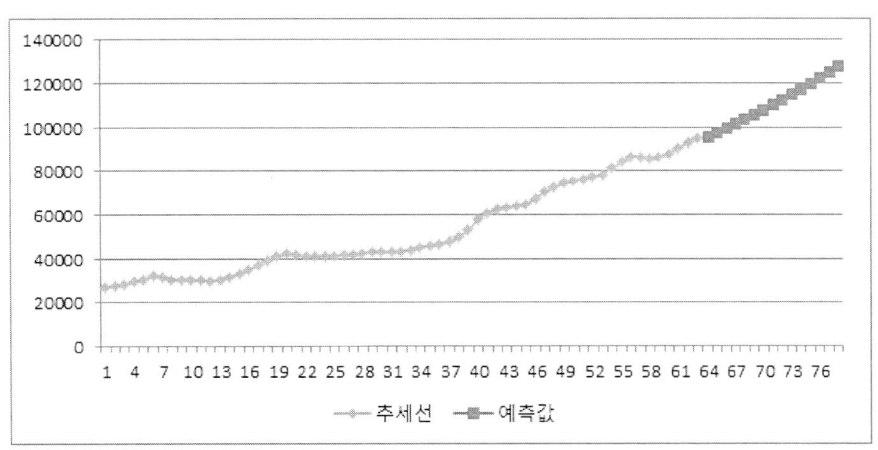

〈그림 3.13〉 지수함수로 예측된 값

(셀 E4에서 셀 E81)과 (셀 H4에서 셀 H81)를 동시에 선택하고 꺾은선 그래프를 그리면 위와 같은 그래프가 그려진다. 그럴듯한 예측이 되었다.

다. 계절변동 추정

추세선을 산출하기 위하여 원자료에 2차이동평균법을 활용하여 계절변동과 불규칙변동을 제거하였다. 그러면 원자료에서 추세를 빼면 계절변동과 불규칙변동이 남게 된다. 이것을 분기별로 모아서 평균한다면 이것이 바로 계절변동이 된다. 가법모형에서 계절변동의 합은 0이 되어야 한다.

계절변동을 산출하는 과정은 다음과 같다.

I4 =C4-E4

	A	B	C	D	E	F	G	H	I	J
1	분기별	시점	커피음료내수량(kl)	1차이동평균	2차이동평균/추세선		LN(추세)		계절+불규칙	계절+불규칙을 숫자로
2	2000 1/4	1	16,259							
3	2000 2/4	2	24,267	27250.25						
4	2000 3/4	3	42,600	27129.25	27189.75		10.21059534		15,410	
5	2000 4/4	4	25,875	27542.5	27335.875		10.21595522		-1,461	
6	2001 1/4	5	15,775	28901.5	28222		10.24785709		-12,447	

〈그림 3.14〉 **계절변동과 불규칙변동 분리**

<그림 3.14>에서와 같이 셀 I4에 =C4-E4를 입력하고 I66까지 드래그한다.

J4 15410.25

	A	B	C	D	E	F	G	H	I	J
1	분기별	시점	커피음료내수량(kl)	1차이동평균	2차이동평균/추세선		LN(추세)		계절+불규칙	계절+불규칙을 숫자로
2	2000 1/4	1	16,259							
3	2000 2/4	2	24,267	27250.25						
4	2000 3/4	3	42,600	27129.25	27189.75		10.21059534		15,410	15410.25
5	2000 4/4	4	25,875	27542.5	27335.875		10.21595522		-1,461	-1460.875
6	2001 1/4	5	15,775	28901.5	28222		10.24785709		-12,447	-12447
7	2001 2/4	6	25,920	29937.75	29419.625		10.28941725		-3,500	-3499.625
8	2001 3/4	7	48,036	31073.25	30505.5		10.32566227		17,531	17530.5
9	2001 4/4	8	30,020	33181.5	32127.375		10.37746375		-2,107	-2107.375

〈그림 3.15〉 **식으로 계산된 셀을 숫자로 복사**

셀 I4에서 I66까지의 영역을 복사하여 J4에 숫자로 붙이기 한다.

J	K	L	M	N	O	P	Q	R	S	T	U	V	W	X	Y	Z
계절+불규칙을 숫자로																
	-12447	-11219.5	-8167	-6183.5	-3292.625	-8322	-8320.875	-6919.75	-8419.5	-8157.125	-11201.125	-14602.25	-15295.25	-14048.25	-23743.5	-19512.25
	-3499.625	4328.75	1459.5	2598	1457.5	18.875	489.875	-3451.5	-42.75	-3220.125	-4631.5	4707	386.25	4228.75	2893.125	
15410.25	17530.5	4526.875	6448	5475.25	7967.375	11283.125	9075.5	10079.5	9252.875	14797.25	12128.125	9212.875	13317.5	16185.75	19486.375	
-1460.875	-2107.375	913.125	-3199.25	-2899.625	-2230.5	-3228.75	-257	-263.5	-3475.75	2839.25	1247.5	3500.125	-2468.25	496.125	-2287.25	

〈그림 3.16〉 같은 분기를 모은다.

셀 J4에서 J66까지 계산된 계절변동+불규칙변동을 같은 분기에 모은다.

AA2 f_x =AVERAGE(J2:Z2)

	M	N	O	P	Q	R	S	T	U	V	W	X	Y	Z	AA
1															
2	-8167	-6183.5	-3292.625	-8322	-8320.875	-6919.75	-8419.5	-8157.125	-11201.125	-14602.25	-15295.25	-14048.25	-23743.5	-19512.25	-11240.719
3	1459.5	2598	1457.5	18.875	489.875	-3451.5	-42.75	-3220.125	-4631.5	4707	386.25	4228.75	2893.125		514.808333
4	6448	5475.25	7967.375	11283.125	9075.5	10079.5	9252.875	14797.25	12128.125	9212.875	13317.5	16185.75	19486.375		11386.0703
5	-3199.25	-2899.625	-2230.5	-3228.75	-257	-263.5	-3475.75	2839.25	1247.5	3500.125	-2468.25	496.125	-2287.25		-930.125

〈그림 3.17〉 같은 분기를 평균하여 계절변동 산출

같은 분기에 모여진 계절변동+불규칙변동을 평균하여 불규칙변동을 제거한다. 즉, 셀 AA2에 =AVERAGE(J2:Z2)를 입력하고 셀 AA5까지 드래그한다.

AB2 f_x =AA2-SAAS6/4

	P	Q	R	S	T	U	V	W	X	Y	Z	AA	AB
1													
2	-8322	-8320.875	-6919.75	-8419.5	-8157.125	-11201.125	-14602.25	-15295.25	-14048.25	-23743.5	-19512.25	-11240.719	-11173.227
3	18.875	489.875	-3451.5	-42.75	-3220.125	-4631.5	4707	386.25	4228.75	2893.125		514.808333	582.299609
4	11283.125	9075.5	10079.5	9252.875	14797.25	12128.125	9212.875	13317.5	16185.75	19486.375		11386.0703	11453.5616
5	-3228.75	-257	-263.5	-3475.75	2839.25	1247.5	3500.125	-2468.25	496.125	-2287.25		-930.125	-862.63372
6												-269.9651	0

〈그림 3.15〉 계절변동의 합이 0이 되게 수정

계절변동의 합이 0이 되어야 하므로 이를 확인하기 위하여 셀 AA6에 =SUM(AA2:AA5)를 입력한다. 분기별 평균들의 합인 셀 AA6의 값은 -269.9651이다. 이를 0이 되게 조정하기 위하여 셀 AB2에 =AA2-$AA$6/4를 입력하고 셀 AB5까지 드래그한다.

AC2 fx -11173.2274739583

	P	Q	R	S	T	U	V	W	X	Y	Z	AA	AB	AC
1														
2	-8322	-8320.875	-6919.75	-8419.5	-8157.125	-11201.125	-14602.25	-15295.25	-14048.25	-23743.5	-19512.25	-11240.719	-11173.227	-11173.227
3	18.875	489.875	-3451.5	-42.75	-3220.125	-4631.5	4707	386.25	4228.75	2893.125		514.808333	582.299609	582.299609
4	11283.125	9075.5	10079.5	9252.875	14797.25	12128.125	9212.875	13317.5	16185.75	19486.375		11386.0703	11453.5616	11453.5616
5	-3228.75	-257	-263.5	-3475.75	2839.25	1247.5	3500.125	-2468.25	496.125	-2287.25		-930.125	-862.63372	-862.63372
6												-269.9651	0	
7														

〈그림 3.19〉 **수식으로 계산된 계절변동을 숫자로 복사**

수식으로 계산된 계절변동을 숫자로 복사하기 위하여 셀 AB2에서 셀 AB5까지의 영역을 복사하여 AC2에 숫자로 붙이기 한다. 즉 셀 AC2에서 셀 AC5까지가 가법모형으로 산출된 계절변동이다.

라. 추세선에 계절변동을 더하여 예측

<그림 3.19>에서 셀 AC2에서 셀 AC5까지의 계절변동을 셀 K69에서 셀 K81까지 각 분기에 해당되는 계절변동을 복사하여 붙이고, 예측결과인 셀 L69에 =H69+K69를 입력하고 셀 L81까지 드래그하면 <그림 3.20>과 같이 예측결과가 산출된다.

원자료인 커피음료내수량과 예측결과를 꺾은선 그래프로 함께 그려서 얼마나 그럴듯한 예측이 되었는지를 검토하면 <그림 3.21>과 같다.

검토한 결과 그럴듯하게 예측되었지만, 계절변동의 폭이 최근의 계절변동에 비하여 적은 것으로 분석된다. 따라서 가법모형보다 승법모형이 더 좋을 것으로 생각된다.

L69 | f_x =H69+K69

	A	B	C	D	E	F	G	H	I	J	K	L
1	분기별	시점	커피음료내수량(kl)	1차이동평균	2차이동평균/추세선		LN(추세)		계절+불규칙	계절+불규칙을 숫자로	계절변동	예측결과
58	2014 1/4	57	70,127	85512	84175.25		11.3406562		-14,048			
59	2014 2/4	58	90,630	87290.5	86401.25		11.3667574		4,229			
60	2014 3/4	59	102,524	85386	86338.25		11.366028		16,186			
61	2014 4/4	60	85,881	85383.75	85384.875		11.3549243		496			
62	2015 1/4	61	62,509	87121.25	86252.5		11.3650343		-23,744			
63	2015 2/4	62	90,621	88334.5	87727.875		11.381995		2,893			
64	2015 3/4	63	109,474	91640.75	89987.625		11.4074274		19,486			
65	2015 4/4	64	90,734	94401.75	93021.25		11.4405832		-2,287			
66	2016 1/4	65	75,734	96090.75	95246.25		11.4642209		-19,512			
67	2016 2/4	66	101,665			96866.5808	11.466261	95440.755				
68	2016 3/4	67	116,230			98501.5194	11.4871192	97452.385				
69	2016 4/4	68				100136.458	11.5079774	99506.4147			-862.63372	98643.781
70	2017 1/4	69				101771.397	11.5288356	101603.738			11173.227	90430.5103
71	2017 2/4	70				103406.335	11.5496938	103745.267			582.299609	104327.566
72	2017 3/4	71				105041.274	11.570552	105931.933			11453.5616	117385.495
73	2017 4/4	72				106676.213	11.5914102	108164.688			-862.63372	107302.055
74	2018 1/4	73				108311.151	11.6122684	110444.504			-11173.227	99271.2766
75	2018 2/4	74				109946.09	11.6331267	112772.372			582.299609	113354.672
76	2018 3/4	75				111581.029	11.6539849	115149.305			11453.5616	126602.867
77	2018 4/4	76				113215.968	11.6748431	117576.338			-862.63372	116713.704
78	2019 1/4	77				114850.906	11.6957013	120054.525			-11173.227	108881.298
79	2019 2/4	78				116485.845	11.7165595	122584.946			582.299609	123167.246
80	2019 3/4	79				118120.784	11.7374177	125168.701			11453.5616	136622.263
81	2019 4/4	80				119755.722	11.7582759	127806.915			-862.63372	126944.281

〈그림 3.20〉 추세선에 계절변동을 더하여 예측한 결과

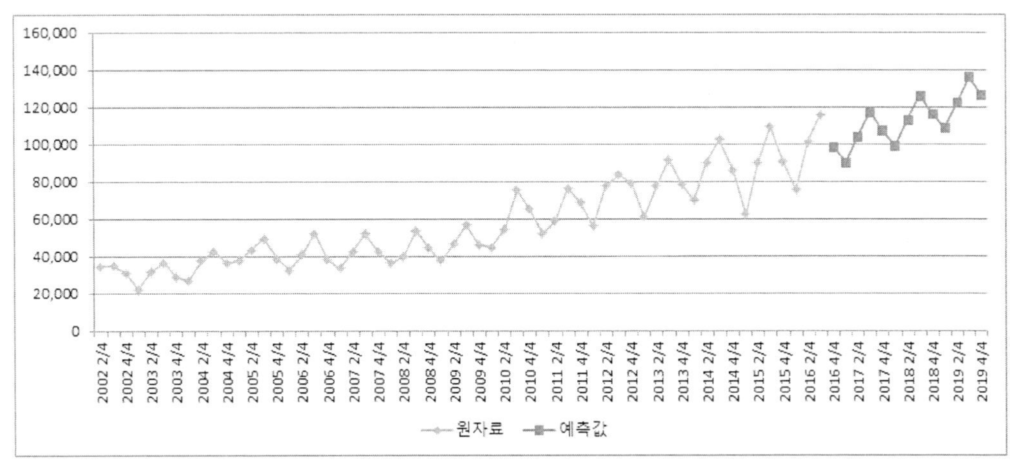

〈그림 3.21〉 원자료와 가법모형 예측결과의 비교

(3) 승법모형으로 예측

승법모형으로 예측하는 과정은 가법모형의 예측과정과 동일하다. 다만, 처음에 원자료를 로그로 변환하고 마지막으로 지수로 변환하는 과정만 추가되면 된다. 따라서 승법모형으로 예측하는 과정은 엑셀 화면으로만 설명하기로 한다.

D2 =LN(C2)

	A	B	C	D
1	분기별	시점	커피음료내수량(kl)	LN(커피음료내수량)
2	2000 1/4	1	16,259	9.696402
3	2000 2/4	2	24,267	10.09687
4	2000 3/4	3	42,600	10.65961
5	2000 4/4	4	25,875	10.16103
6	2001 1/4	5	15,775	9.666182
7	2001 2/4	6	25,920	10.16277
8	2001 3/4	7	48,036	10.77971
9	2001 4/4	8	30,020	10.30962
10	2002 1/4	9	20,317	9.919213

〈그림 3.22〉 커피음료 내수량을 로그변환

E3 =(D2+D3+D4+D5)/4

	A	B	C	D	E
1	분기별	시점	커피음료내수량(kl)	LN(커피음료내수량)	1차이동평균
2	2000 1/4	1	16,259	9.696402	
3	2000 2/4	2	24,267	10.09687	10.153
4	2000 3/4	3	42,600	10.65961	10.146
5	2000 4/4	4	25,875	10.16103	10.162
6	2001 1/4	5	15,775	9.666182	10.192
7	2001 2/4	6	25,920	10.16277	10.23
8	2001 3/4	7	48,036	10.77971	10.293

〈그림 3.23〉 로그 변환된 커피음료 내수량으로 4기 1차이동평균

F4 | fx =(E3+E4)/2

	A	B	C	D	E	F
1	분기별	시점	커피음료내수량(kl)	LN(커피음료내수량)	1차이동평균	2차 이동평균(추세)
2	2000 1/4	1	16,259	9.696402		
3	2000 2/4	2	24,267	10.09687	10.1535	
4	2000 3/4	3	42,600	10.65961	10.1459	10.149702
5	2000 4/4	4	25,875	10.16103	10.1624	10.154161
6	2001 1/4	5	15,775	9.666182	10.1924	10.177411
7	2001 2/4	6	25,920	10.16277	10.2296	10.210996
8	2001 3/4	7	48,036	10.77971	10.2928	10.261198
9	2001 4/4	8	30,020	10.30962	10.3632	10.328036
10	2002 1/4	9	20,317	9.919213	10.2832	10.323227
11	2002 2/4	10	34,353	10.44444	10.2919	10.287553

〈그림 3.24〉 1차 이동평균 값으로 2기 2차 이동평균(시점 맞춤)

G67 | fx =TREND($F$4:$F$66,$B$4:$B$66,B67)

	A	B	C	D	E	F	G
1	분기별	시점	커피음료내수량(kl)	LN(커피음료내수량)	1차이동평균	2차 이동평균(추세)	추세추정
65	2015 4/4	64	90,734	11.41569	11.4459	11.431513	
66	2016 1/4	65	75,734	11.23498	11.4609	11.453373	
67	2016 2/4	66	101,665	11.52944			11.465
68	2016 3/4	67	116,230	11.66333			11.4864
69	2016 4/4	68					11.5077
70	2017 1/4	69					11.5291
71	2017 2/4	70					11.5504
72	2017 3/4	71					11.5718
73	2017 4/4	72					11.5931
74	2018 1/4	73					11.6145
75	2018 2/4	74					11.6358
76	2018 3/4	75					11.6572
77	2018 4/4	76					11.6785

〈그림 3.25〉 2차 이동평균 값으로 향후 추세 예측(TREND 함수)

H4 =D4-F4

	A	B	C	D	E	F	G	H	I	J
1	분기별	시점	커피음료내수량(kl)	LN(커피음료내수량)	1차이동평균	2차 이동평균(추세)	추세추정	계절+불규칙	계절+불규칙 숫자로	
2	2000 1/4	1	16,259	9.696402						
3	2000 2/4	2	24,267	10.09687	10.1535					
4	2000 3/4	3	42,600	10.65961	10.1459	10.149702		0.5099	0.5099079	
5	2000 4/4	4	25,875	10.16103	10.1624	10.154161		0.0069	0.0068712	
6	2001 1/4	5	15,775	9.666182	10.1924	10.177411		-0.511	-0.511229	
7	2001 2/4	6	25,920	10.16277	10.2296	10.210996		-0.048	-0.048226	
8	2001 3/4	7	48,036	10.77971	10.2928	10.261198		0.5185	0.5185078	
9	2001 4/4	8	30,020	10.30962	10.3632	10.328036		-0.018	-0.018417	
10	2002 1/4	9	20,317	9.919213	10.2832	10.323227		-0.404	-0.404014	

〈그림 3.26〉 **로그 변환된 원자료에서 추세를 차감하여 계절변동과 불규칙변동을 분리**

Z2 =AVERAGE(I2:Y2)

	I	J	K	L	M	N	O	P	Q	R	S	T	U	V	W	X	Y	Z
1	계절+불규칙 숫자로																	
2		-0.511	-0.404	-0.302	-0.192	-0.078	-0.214	-0.209	-0.165	-0.192	-0.152	-0.185	-0.221	-0.214	-0.174	-0.3042	-0.2184	-0.2336
3		-0.048	0.1569	0.0649	0.0881	0.041	0.0155	0.0246	-0.072	0.0099	-0.036	-0.065	0.0742	0.0153	0.0576	0.05215		0.02532
4	0.5099079	0.5185	0.1585	0.2057	0.1455	0.1839	0.2563	0.2015	0.2173	0.185	0.2327	0.1813	0.1255	0.1643	0.1844	0.21029		0.23004
5	0.0068712	-0.018	0.0456	-0.097	-0.074	-0.044	-0.067	0.003	0.0031	-0.067	0.055	0.0269	0.0523	-0.025	0.0217	-0.0158		-0.0122
6																		
7																		

〈그림 3.27〉 **분리된 계절변동과 불규칙변동을 분기별로 모아서 평균을 구함**

AA2 | =Z2-$Z$6/4

	S	T	U	V	W	X	Y	Z	AA	AB	AC
1								계절변동	조정된 계절변동	계절변동 숫자로	
2	-0.152	-0.185	-0.221	-0.214	-0.174	-0.3042	-0.2184	-0.2336	-0.23599	-0.23599	
3	-0.036	-0.065	0.0742	0.0153	0.0576	0.05215		0.025322	0.022931	0.022931	
4	0.2327	0.1813	0.1255	0.1643	0.1844	0.21029		0.230036	0.227644	0.227644	
5	0.055	0.0269	0.0523	-0.025	0.0217	-0.0158		-0.0122	-0.01459	-0.01459	
6								0.009566			
7											
8											

〈그림 3.28〉 계절변동의 합이 0이 되게 조정하고 숫자로 붙이기

K69 | =G69+J69

	A	B	C	D	E	F	G	H	I	J	K
1	분기별	시점	커피음료내수량(kl)	LN(커피음료내수량)	1차이동평균	2차 이동평균(추세)	추세추정	계절+불규칙	계절+불규칙 숫자로	계절변동	추세+계절
65	2015 4/4	64	90,734	11.41569	11.4459	11.431513		-0.016			
66	2016 1/4	65	75,734	11.23498	11.4609	11.453373		-0.218		-0.236	
67	2016 2/4	66	101,665	11.52944			11.465			0.0229	
68	2016 3/4	67	116,230	11.66333			11.4864			0.2276	
69	2016 4/4	68					11.5077			-0.015	11.49313
70	2017 1/4	69					11.5291			-0.236	11.29308
71	2017 2/4	70					11.5504			0.0229	11.57336
72	2017 3/4	71					11.5718			0.2276	11.79942
73	2017 4/4	72					11.5931			-0.015	11.57854
74	2018 1/4	73					11.6145			-0.236	11.3785
75	2018 2/4	74					11.6358			0.0229	11.65877
76	2018 3/4	75					11.6572			0.2276	11.88483
77	2018 4/4	76					11.6785			-0.015	11.66396
78	2019 1/4	77					11.6999			-0.236	11.46391
79	2019 2/4	78					11.7212			0.0229	11.74418
80	2019 3/4	79					11.7426			0.2276	11.97025
81	2019 4/4	80					11.764			-0.015	11.74937

〈그림 3.29〉 예측해야 하는 시점에 추세추정값과 해당 분기의 계절변동을 더함

L69 | f_x | =EXP(K69)

	A	B	C	D	E	F	G	H	I	J	K	L
1	분기별	시점	커피음료내수량(kl)	LN(커피음료내수량)	1차이동평균	2차 이동평균(추세)	추세추정	계절+불규칙	계절+불규칙 숫자로	계절변동	추세+계절	지수로 변환/예측결과
62	2015 1/4	61	62,509	11.04307	11.3554	11.347218		-0.304				
63	2015 2/4	62	90,621	11.41444	11.3692	11.362288		0.0522				
64	2015 3/4	63	109,474	11.60344	11.4171	11.393149		0.2103				
65	2015 4/4	64	90,734	11.41569	11.4459	11.431513		-0.016				
66	2016 1/4	65	75,734	11.23498	11.4609	11.453373		-0.218		-0.236		
67	2016 2/4	66	101,665	11.52944			11.465			0.0229		
68	2016 3/4	67	116,230	11.66333			11.4864			0.2276		
69	2016 4/4	68					11.5077			-0.015	11.49313	98040.05843
70	2017 1/4	69					11.5291			-0.236	11.29308	80264.65811
71	2017 2/4	70					11.5504			0.0229	11.57336	106229.3954
72	2017 3/4	71					11.5718			0.2276	11.79942	133175.408
73	2017 4/4	72					11.5931			-0.015	11.57854	106781.8856
74	2018 1/4	73					11.6145			-0.236	11.3785	87421.52621
75	2018 2/4	74					11.6358			0.0229	11.65877	115701.432
76	2018 3/4	75					11.6572			0.2276	11.88483	145050.1091
77	2018 4/4	76					11.6785			-0.015	11.66396	116303.1854
78	2019 1/4	77					11.6999			-0.236	11.46391	95216.54269
79	2019 2/4	78					11.7212			0.0229	11.74418	126018.0508
80	2019 3/4	79					11.7426			0.2276	11.97025	157983.6284
81	2019 4/4	80					11.764			-0.015	11.74937	126673.4601

〈그림 3.30〉 추세변동과 계절변동을 더한 결과를 지수로 변환하여 예측결과 도출

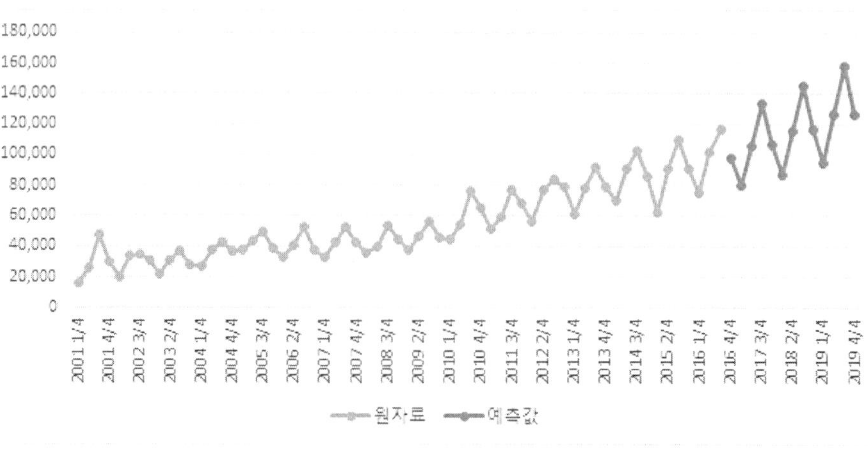

〈그림 3.31 원자료와 승법모형 예측결과의 비교

<그림 3.31>의 승법모형 예측결과 그래프와 <그림 3.21>의 가법모형 예측결과를 비교하면 가법모형의 예측결과가 더 그럴듯해 보인다. 그냥 그럴듯해 보이는 것으로 예측모형을 선택하면 되는가? 그렇지 않다. 어떤 예측모형이 더 좋은가는 각 모형의 예측력을 비교하여 예측력이 큰 모형을 선택하면 된다.

(4) 예측력 비교

여러 가지 예측방법(모형)중에서 가장 좋은 모형을 선택하는 기준은 예측력이다. 따라서 예측력을 비교하는 방법은 매우 중요하다. 그 이유는 왜 이러한 방법으로 예측 하였는가에 대한 중요한 근거가 된다.

예측력을 비교하는 방법은 시계열 자료에서 최근 자료부터 약 30%를 제외하고 각 예측모형으로 예측한 후에 예측오차 절대값의 합이 가장 작은 것을 선택한다.

커피음료 출하량의 예를 이용하여 2007년 1/4분기부터 2013년 4/4분기까지의 자료를 이용하여 가법모형과 승법모형으로 예측구간 2014년 1/4분기부터 2016년 3/4분기까지 각각 예측하고 2014년 1/4분기부터 2016년 3/4분기까지의 원자료와 예측값의 차이 절대값을 비교하여 좋은 예측모형을 선택하는 과정을 설명하기로 한다.

먼저 가법모형의 예측오차 구하는 과정을 설명하기로 한다.

앞에서 자세히 설명한 바와 같이 2007년 1/4분기부터 2013년 4/4분기까지의 자료를 이용하여 가법모형으로 예측한 결과는 <그림 3.32>의 셀 I31에서 셀 I41까지 산출하였다. 예측오차 셀 J31은 원자료인 셀 C31에서 셀 I31을 빼면 된다. 그리고 셀 I41까지 드래그하여 각 시점의 예측오차를 구한다. 예측오차의 절대값을 구하기 위하여 함수 ABS를 사용한다.

셀 K31에 =ABS(J31)를 입력한 후 셀 K41까지 드래그한다. 예측오차 절대값의 합을 구하기 위하여 셀 K42에 =SUM(K31:K41)를 입력한다.

결국 가법모형의 절대오차 합은 64297.2로 산출되었다.

	A	B	C	D	E	F	G	H	I	J	K
1				가법모형							
2	분기별	시점	커피음료 내수량(kl)	1차이동평균	2차이동평균/추세선	계절+불규칙	계절변동	조정된계절변동			
3	2007 1/4	1	33,364				-10765.833	-10652.88			
4	2007 2/4	2	42,703	42782.75			-1042.1042	-929.15104			
5	2007 3/4	3	52,198	43462.25	43122.5	9,076	10757.6875	10870.6406			
6	2007 4/4	4	42,866	42783.75	43123	-257	598.4375	711.390625			
7	2008 1/4	5	36,082	43219.75	43001.75	-6,920	-451.8125	0			
8	2008 2/4	6	39,989	43661.25	43440.5	-3,452					
9	2008 3/4	7	53,942	44063.75	43862.5	10,080					
10	2008 4/4	8	44,632	45727.25	44895.5	-264					
27	2013 1/4	25	61,171	77442.5	76466.25	-15,295					
28	2013 2/4	26	77,804	77393	77417.75	386					
29	2013 3/4	27	91,830						가법모형		
30	2013 4/4	28	78,767		추세예측			계절변동	예측결과	예측오차	오차절대값
31	2014 1/4	29	70,127		83345.71			-10652.88	72,693	-2,566	2565.83448
32	2014 2/4	30	90,630		85092.57			-929.15104	84,163	6,467	6466.57923
33	2014 3/4	31	102,524		86839.43			10870.6406	97,710	4,814	4813.93044
34	2014 4/4	32	85,881		88586.29			711.390625	89,298	-3,417	3416.67668
35	2015 1/4	33	62,509		90333.14			-10652.88	79,680	-17,171	17171.263
36	2015 2/4	34	90,621		92080			-929.15104	91,151	-530	529.849248
37	2015 3/4	35	109,474		93826.86			10870.6406	104,697	4,777	4776.50197
38	2015 4/4	36	90,734		95573.71			711.390625	96,285	-5,551	5551.10515
39	2016 1/4	37	75,734		97320.57			-10652.88	86,668	-10,934	10933.6914
40	2016 2/4	38	101,665		99067.43			-929.15104	98,138	3,527	3526.72227
41	2016 3/4	39	116,230		100814.3			10870.6406	111,685	4,545	4545.07349
42										절대오차합	64297.2274

〈그림 3.32〉 원자료와 가법모형 예측오차

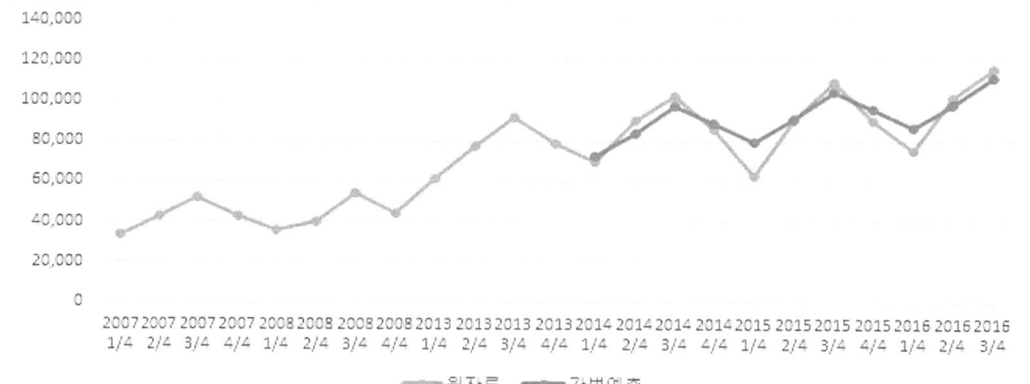

〈그림 3.33〉 원자료와 가법모형 예측값 비교

다음은 승법모형의 예측오차 구하는 과정을 설명하기로 한다.

X47

	A	B	C	L	M	N	O	P	Q	R	S	T	U
1				승법모형									
2	분기별	시점	커피음료 내수량(kl)	LN(내수량)	1차이동평균	2차이동평균/추세선	계절+불규칙	계절변동	조정된계절변동	추세+계절	EXP(추세+계절)		
3	2007 1/4	1	33,364	10.4152328				-0.1884601	-0.1889959				
4	2007 2/4	2	42,703	10.6620245	10.6514727			-0.0121	-0.0126357				
5	2007 3/4	3	52,198	10.8627995	10.6710519	10.6612623	0.2015	0.19054295	0.19000719				
6	2007 4/4	4	42,866	10.6658342	10.6546357	10.6628438	0.0030	0.01216019	0.01162443				
7	2008 1/4	5	36,082	10.4935494	10.662852	10.6587439	-0.1652	0.00214306	0				
8	2008 2/4	6	39,989	10.5963597	10.672945	10.6678985	-0.0715						
9	2008 3/4	7	53,942	10.8956647	10.6838585	10.6784018	0.2173						
10	2008 4/4	8	44,632	10.7062064	10.7223381	10.7030983	0.0031						
27	2013 1/4	25	61,171	11.0214285	11.2469577	11.2358472	-0.2144						
28	2013 2/4	26	77,804	11.2619481	11.2463301	11.2466439	0.0153						
29	2013 3/4	27	91,830	11.4276943									
30	2013 4/4	28	78,767	11.2742494								예측오차	오차절대값
31	2014 1/4	29	70,127			11.3759617			-0.1889959	11.1869658	72183.4288	-2,056	2056.42883
32	2014 2/4	30	90,630			11.4063538			-0.0126357	11.3937181	88762.3686	1,868	1867.6314
33	2014 3/4	31	102,524			11.4367459			0.19000719	11.6267531	112055.893	-9,532	9531.89314
34	2014 4/4	32	85,881			11.467138			0.01162443	11.4787624	96641.3921	-10,760	10760.3921
35	2015 1/4	33	62,509			11.4975301			-0.1889959	11.3085342	81514.3373	-19,005	19005.3373
36	2015 2/4	34	90,621			11.5279222			-0.0126357	11.5152865	100236.381	-9,615	9615.38067
37	2015 3/4	35	109,474			11.5583143			0.19000719	11.7483215	126540.981	-17,067	17066.9806
38	2015 4/4	36	90,734			11.5887064			0.01162443	11.6003308	109133.899	-18,400	18399.899
39	2016 1/4	37	75,734			11.6190985			-0.1889959	11.4301026	92051.4208	-16,317	16317.4208
40	2016 2/4	38	101,665			11.6494906			-0.0126357	11.6368549	113193.6	-11,529	11528.5996
41	2016 3/4	39	116,230			11.6798827			0.19000719	11.8698899	142898.506	-26,669	26668.5064
42												절대오차합	142818.47

〈그림 3.34〉 원자료와 승법모형 예측오차

앞에서 자세히 설명한 바와 같이 2007년 1/4분기부터 2013년 4/4분기까지의 자료를 이용하여 승법모형으로 예측한 결과는 <그림 3.34>의 셀 S31에서 셀 S41까지 산출하였다. 예측오차 셀 T31은 원자료인 셀 C31에서 셀 S31을 빼면 된다. 그리고 셀 T41까지 드래그하여 각 시점의 예측오차를 구한다. 예측오차의 절대값을 구하기 위하여 함수 ABS를 사용한다.

셀 U31에 =ABS(T31)를 입력한 후 셀 U41까지 드래그한다. 예측오차 절대값의 합을 구하기 위하여 셀 U42에 =SUM(U31:U41)를 입력한다.

결국 승법모형의 절대오차 합은 142818.47로 산출되었다.

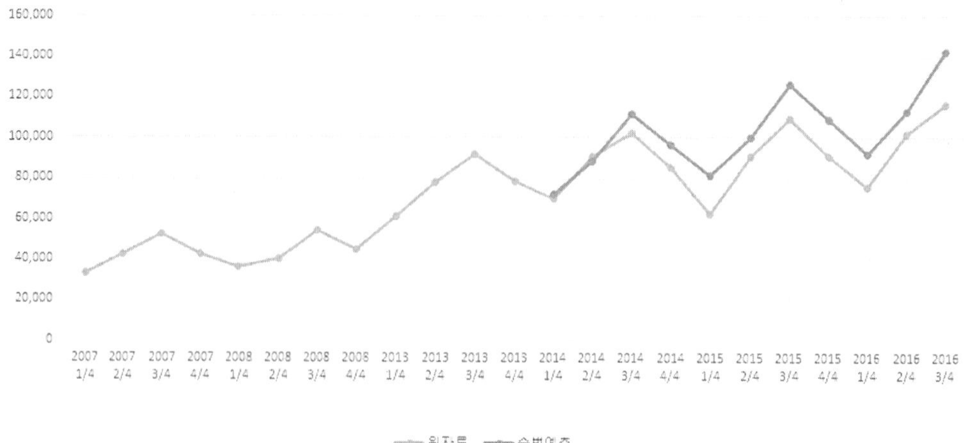

〈그림 3.35〉 **원자료와 승법모형 예측값 비교**

승법모형의 절대오차 합이 가법모형의 절대오차 합보다 크므로 오차가 작은 가법모형의 예측력이 우수하다고 할 수 있다. 따라서 예측은 가법모형으로 하는 것이 바람직하며, 실제로 예측할 때에는 전체 원자료를 사용하여 예측하여야 한다.

향후에 소개할 여러 가지 예측방법 중에서 예측방법을 선택하는 기준은 바로 예측력이다.

1.3 시계열 분해법에 의한 예측_지수평활법

(1) 단순지수평활법

지수평활법은 과거의 자료로 미래를 예측할 경우 과거의 모든 자료가 동일하게 예측값에 영향을 미치는 것이 아니라 최근의 자료가 예측값에 더 큰 영향을 미칠 것이라는 합리적인 가정에 기초한 예측방법이다. 즉, 최근에서 과거로 갈수록 지수적으로 예측값에 대한 영향력이 작아질 것이라는 합리적인 가정에서 시계열자료가 계절변동과 순환변동이 없고 추세의 기울기가 0인 경우 다음과 같은 모형으로 표현될 수 있다.

$$F_{n+l}(=\hat{Z}_{n+l}) = C\sum_{t=0}^{n-1}\omega^t Z_{n-t}$$
$$= C[Z_n + \omega^1 Z_{n-1} + \omega^2 Z_{n-2} + \dots + \omega^{n-1} Z_1]$$

F_{n+l}: 시점 n에서 n+l 시점을 예측한 값$(=\hat{Z}_{n+l})$

$\omega(\mid\omega\mid < 1)$: 할인계수

C: 정규화상수, $C\sum_{t=0}^{n-1}\omega^t$=1이 되게 하기 위해 C=(1-$\omega$)/(1-$\omega^n$)임.

Z_t: 시계열 자료

위의 식에서 정규화 상수인 C는 n이 커지면 ω^n=0이 되므로 C =(1-ω)가 된다. 이것을 평활상수라 하며 α로 표기한다. 따라서 위의 식은 다음과 같이 전개된다.

$$F_{n+l} = (1-\omega)\ [Z_n + \omega Z_{n-1} + \omega^3 Z_{n-2} + \cdots]$$
$$= \alpha\ [Z_n + (1-\alpha)Z_{n-1} + (1-\alpha)^2 Z_{n-2} + \cdots]$$
$$= SM_n$$

시점 n에서 n+1 시점을 예측하는 것을 생각하면 다음과 같이 전개된다.

$$F_{n+1} = \alpha Z_n + (1-\alpha)F_{(n-1)+1}$$
$$F_{n+1} = \alpha Z_n + (1-\alpha)F_n$$
$$F_n = \alpha Z_{n-1} + (1-\alpha)F_{n-1}$$
$$\vdots$$
$$F_2 = \alpha Z_1 + (1-\alpha)F_1$$
$$F_1 = \alpha Z_1 + (1-\alpha)F_0$$

여기에서 초기값 F_0는 과거자료의 평균을 사용하거나 Z_1을 사용한다.

지수평활법은 추세가 있는가? 혹은 계절변동이 있는가에 따라서 여러 가지 예측모형이 있다. 이것을 정리하면 <표 3-1>과 같다.

<표 3-1>의 예측모형은 꽤 복잡해 보이지만 그렇게 복잡한 식은 아니다. 여기서는 선형추세가 있는 경우의 브라운의 모형을 이용하여 예측하는 방법과 평활상수의 선정방법에 대하여 엑셀화면을 통하여 구체적으로 설명하고, 선형추세와 계절변동이 있는 경우는 서울대학교 통계학과에서 엑셀을 활용해서 만든 통계프로그램인 KESS(Korean Educational Statistics Software)를 이용하는 방법과 함께 설명하기로 한다.

<표 3-1> 지수평활법 예측모형

원자료의 특징	예측방법	예측모형
수준만 있는 경우	단순지수평활법	$F_{n+l}=\alpha Z_n+(1-\alpha)F_{(n-1)+1}$
선형추세가 있는 경우	브라운	$F_{n+l}=a_n+b_n\cdot\ l$ $=2SM_n-SM'_n+\frac{\alpha}{1-\alpha}(SM_n-SM'_n)\cdot\ l$ $SM_n=\alpha Z_n+(1-\alpha)SM_{n-1}$ $SM'_n=\alpha SM_n+(1-\alpha)SM'_{n-1}$
	홀트	$SM_n=\alpha Z_n+(1-\alpha)(SM_{n-1}+T_{n-1})$ $T_n=\beta(SM_n-SM_{n-1})+(1-\beta)T_{n-1}$ $F_{n+l}=SM_n+T_n\cdot\ l$
선형추세와 계절변동이 있는 경우	윈터스	$F_{n+l}=\hat{a}_n+\hat{b}_n\cdot\ l+\hat{S}_{n+l-L}$, $l=1,\ 2,\ ...,\ L$ $\hat{a}_n=\alpha(Z_n-\hat{S}_{n-L})+(1-\alpha)(\hat{a}_{n-1}+\hat{b}_{n-1})$ $\hat{b}_n=\beta(\hat{a}_n-\hat{a}_{n-1})+(1-\beta)\hat{b}_{n-1}$ $\hat{S}_n=\gamma(Z_n-\hat{a}_n)+(1-\gamma)\hat{S}_{n-L}$

(2) 선형지수평활법

선형추세만 있는 경우이므로 2장에서 검색한 <그림 2.10>의 연도별 커피음료 출하금액을 이용하여 설명하기로 한다.

브라운의 모형을 엑셀로 구현하면 다음과 같다.

<그림 3.36>의 화면과 같이 정리한 후에 평활상수의 값은 셀 D1에 임의값으로 0.7을 입력하고, 셀 C4에는 평활 초기값으로 =B4를 입력한 후, 셀 C5에는 =$D$1*B5+(1-$D$1)*C4를 입력하고, 셀 C11까지 드래그하여 1차 평활한 값을 구한다.

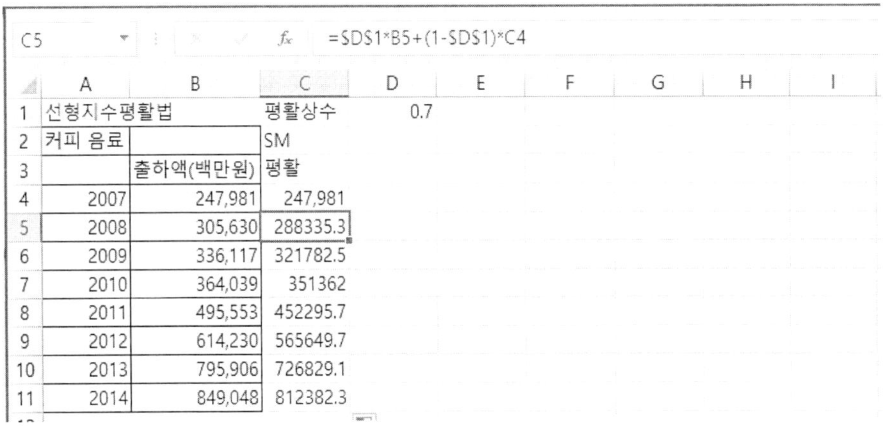

C5 =$D$1*B5+(1-$D$1)*C4

	A	B	C	D
1	선형지수평활법		평활상수	0.7
2	커피 음료		SM	
3		출하액(백만원)	평활	
4	2007	247,981	247,981	
5	2008	305,630	288335.3	
6	2009	336,117	321782.5	
7	2010	364,039	351362	
8	2011	495,553	452295.7	
9	2012	614,230	565649.7	
10	2013	795,906	726829.1	
11	2014	849,048	812382.3	

<그림 3.36> 1차 평활값 계산

다음에는 <그림 3.37>과 같이 셀 D4에는 평활 초기값으로 =C4를 입력한 후, 셀 D5에는 =$D$1*C5+(1-$D$1)*D4를 입력하고, 셀 D11까지 드래그하여 2차 평활값을 구한다.

D5	=$D$1*C5+(1-$D$1)*D4								
	A	B	C	D	E	F	G	H	I
1	선형지수평활법		평활상수	0.7					
2	커피 음료		SM	SM'					
3		출하액(백만원)	1차평활	2차평활					
4	2007	247,981	247,981	247,981					
5	2008	305,630	288335.3	276229					
6	2009	336,117	321782.5	308116.4					
7	2010	364,039	351362	338388.4					
8	2011	495,553	452295.7	418123.5					
9	2012	614,230	565649.7	521391.9					
10	2013	795,906	726829.1	665197.9					
11	2014	849,048	812382.3	768227					

〈그림 3.37〉 2차 평활값 계산

<그림 3.7>에서와 같이 2차 평활값까지 구하면 선형함수인 1차방정식의 절편과 기울기를 다음과 같이 계산할 수 있다.

$$\text{절편 : } 2SM_n - SM'_n,$$

$$\text{기울기: } \frac{\alpha}{1-\alpha}(SM_n - SM'_n)$$

엑셀로 표현하면 다음과 같다.

E4	=2*C4-D4							
	A	B	C	D	E	F	G	H
1	선형지수평활법		평활상수a	0.7				
2	커피 음료		SM	SM'	절편			
3		출하액(백만원)	1차평활	2차평활	2*SM-SM'			
4	2007	247,981	247,981	247,981	247,981			
5	2008	305,630	288335.3	276229	300,442			
6	2009	336,117	321782.49	308116.4	335,449			
7	2010	364,039	351362.047	338388.4	364,336			
8	2011	495,553	452295.714	418123.5	486,468			
9	2012	614,230	565649.714	521391.9	609,908			
10	2013	795,906	726829.114	665197.9	788,460			
11	2014	849,048	812382.334	768227	856,538			

〈그림 3.38〉 선형함수의 절편 계산(지수평활법)

<그림 3.38>에서 셀 E4에 =2*C4-D4를 입력하고 셀 E11까지 드래그하면 절편이 구해진다.

그리고 <그림 3.39>와 같이 셀 F4에 =($D$1/(1-$D$1))*(C4-D4)를 입력하고 셀 F11까지 드래그하면 기울기가 구해진다.

F4 =($D$1/(1-$D$1))*(C4-D4)

	A	B	C	D	E	F	G	H
1	선형지수평활법		평활상수a	0.7				
2	커피 음료		SM	SM'	절편	기울기		
3		출하액(백만원)	1차평활	2차평활	2*SM-SM'	{a/(1-a)}*(SM-SM')		
4	2007	247,981	247,981	247,981	247,981	0		
5	2008	305,630	288335.3	276229	300,442	28,248		
6	2009	336,117	321782.49	308116.4	335,449	31,887		
7	2010	364,039	351362.047	338388.4	364,336	30,272		
8	2011	495,553	452295.714	418123.5	486,468	79,735		
9	2012	614,230	565649.714	521391.9	609,908	103,268		
10	2013	795,906	726829.114	665197.9	788,460	143,806		
11	2014	849,048	812382.334	768227	856,538	103,029		

〈그림 3.39〉 선형함수의 기울기 계산(지수평활법)

절편과 기울기가 구해지면 예측값을 계산할 수 있다. 각 시점까지의 자료를 가지고 1시점 앞을 예측하면 다음과 같이 계산할 수 있다.

G5 =E4+F4*1

	A	B	C	D	E	F	G	H
1	선형지수평활법		평활상수a	0.7				
2	커피 음료		SM	SM'	절편	기울기	1년 예측	
3		출하액(백만원)	1차평활	2차평활	2*SM-SM'	{a/(1-a)}*(SM-SM')		
4	2007	247,981	247,981	247,981	247,981	0		
5	2008	305,630	288335.3	276229	300,442	28,248	247,981	
6	2009	336,117	321782.49	308116.4	335,449	31,887	328,690	
7	2010	364,039	351362.047	338388.4	364,336	30,272	367,336	
8	2011	495,553	452295.714	418123.5	486,468	79,735	394,608	
9	2012	614,230	565649.714	521391.9	609,908	103,268	566,203	
10	2013	795,906	726829.114	665197.9	788,460	143,806	713,176	
11	2014	849,048	812382.334	768227	856,538	103,029	932,266	

〈그림 3.40〉 1시점 미래 예측값 계산(지수평활법)

셀 G5에 =E4+F4*1을 입력하면 2007년 시점에서 2008년 시점의 예측값인 247,981이 계산된다. 즉, 셀 G11의 932,266은 2013년까지의 출하액을 이용하여 브라운의 선형지수평활법으로 2014년의 출하액을 예측한 결과이다.

원자료인 B열과 1시점 미래 예측값인 G열을 빼면 예측오차가 계산되고 이 예측오차에 절대값을 취하여 절대예측오차의 합으로 평활상수를 선택한다. 선택하는 기준은 절대예측오차합이 가장 작은 것이다. 이 과정을 엑셀로 설명하면 다음의 그림과 같다.

<그림 3.41>에서와 같이 셀 H5에 =B5-G5를 입력하고 셀 H11까지 드래그하면 오차가 계산된다. 셀 I5에 =ABS(H5)를 입력하여 절대값을 취하고 셀 I11까지 드래그한다. 셀 I12에 =SUM(I5:I11)를 입력하면 절대예측오차의 합이 계산된다.

이제 평활상수 α의 값이 있는 셀 D1에 0.1부터 0.9까지 변화하면서 셀 I12에 계산되는 절대예측오차의 합을 비교해 보면 0.8일 경우 절대예측오차의 합이 369,012로 가장 작다. 따라서 평활상수는 0.8로 결정한다.

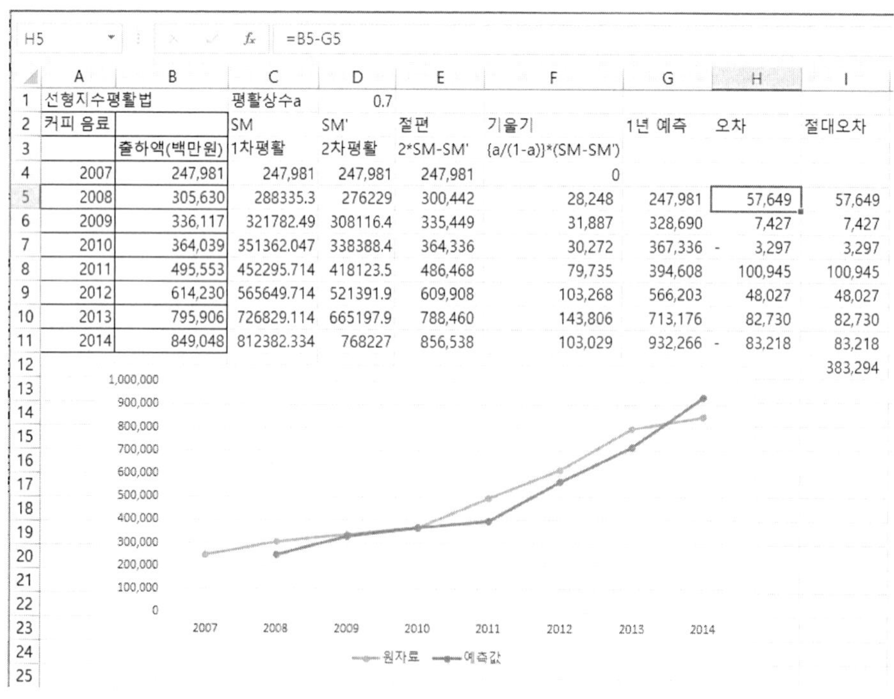

H5 =B5-G5

	A	B	C	D	E	F	G	H	I
1	선형지수평활법		평활상수a	0.7					
2	커피 음료		SM	SM'	절편	기울기	1년 예측	오차	절대오차
3		출하액(백만원)	1차평활	2차평활	2*SM-SM'	{a/(1-a)}*(SM-SM')			
4	2007	247,981	247,981	247,981	247,981	0			
5	2008	305,630	288335.3	276229	300,442	28,248	247,981	57,649	57,649
6	2009	336,117	321782.49	308116.4	335,449	31,887	328,690	7,427	7,427
7	2010	364,039	351362.047	338388.4	364,336	30,272	367,336	- 3,297	3,297
8	2011	495,553	452295.714	418123.5	486,468	79,735	394,608	100,945	100,945
9	2012	614,230	565649.714	521391.9	609,908	103,268	566,203	48,027	48,027
10	2013	795,906	726829.114	665197.9	788,460	143,806	713,176	82,730	82,730
11	2014	849,048	812382.334	768227	856,538	103,029	932,266	- 83,218	83,218
12									383,294

〈그림 3.41〉 **예측오차와 평활상수 계산(지수평활법)**

만약 2018년까지 예측하려고 한다면, 평활상수는 0.8로 결정하고 다음의 그림과 같이 예측한다.

셀 G12에 =$E$11+$F$11*(A12-$A$11)를 입력하고 셀 G15까지 드래그하면 2018년까지의 예측값이 계산된다. 원자료와 예측값을 동시에 그래프로 그리기 위하여 셀 G12:G15를 복사하여 셀 J12:J15에 숫자로 붙여 넣고, 셀 B4:B15와 셀 J4:J15를 함께 꺾은선 그래프로 그리면 <그림 3.42> 하단의 그래프가 그려진다.

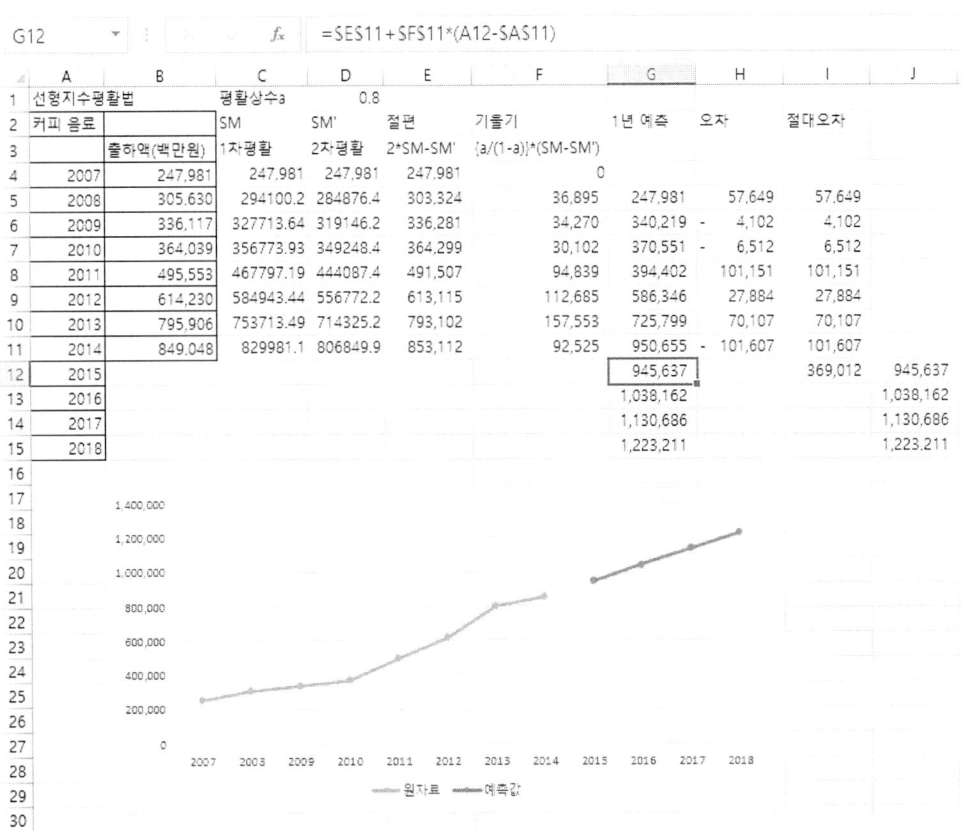

G12 =$E$11+$F$11*(A12-$A$11)

	A	B	C	D	E	F	G	H	I	J
1	선형지수평활법		평활상수a	0.8						
2	커피 음료		SM	SM'	절편	기울기	1년 예측	오차	절대오차	
3		출하액(백만원)	1차평활	2차평활	2*SM-SM'	{a/(1-a)}*(SM-SM')				
4	2007	247,981	247,981	247,981	247,981	0				
5	2008	305,630	294100.2	284876.4	303,324	36,895	247,981	57,649	57,649	
6	2009	336,117	327713.64	319146.2	336,281	34,270	340,219	-4,102	4,102	
7	2010	364,039	356773.93	349248.4	364,299	30,102	370,551	-6,512	6,512	
8	2011	495,553	467797.19	444087.4	491,507	94,839	394,402	101,151	101,151	
9	2012	614,230	584943.44	556772.2	613,115	112,685	586,346	27,884	27,884	
10	2013	795,906	753713.49	714325.2	793,102	157,553	725,799	70,107	70,107	
11	2014	849,048	829981.1	806849.9	853,112	92,525	950,655	-101,607	101,607	
12	2015						945,637		369,012	945,637
13	2016						1,038,162			1,038,162
14	2017						1,130,686			1,130,686
15	2018						1,223,211			1,223,211

〈그림 3.42〉 커피음료 출하액 예측(선형지수평활법)

(3) 계절변동이 있는 선형지수평활법

계절변동이 있는 선형지수 평활법은 윈터스의 모형으로 설명하기로 한다. 윈터스의 모형은 평활상수가 α, β, γ 이며, 절편을 나타내는 $\widehat{a_n}$, 기울기를 나타내는 $\widehat{b_n}$, 계절지수를 나타내는 $\widehat{S_n}$ 으로 구성되어 있다. 윈터스 모형을 식으로 표현하면 다음과 같다.

$$F_{n+l} = \widehat{a_n} + \widehat{b_n} \cdot l + \hat{S}_{n+l-L}, \quad l = 1, 2, \ldots, L$$

$$\widehat{a_n} = \alpha(Z_n - \hat{S}_{n-L}) + (1-\alpha)(\hat{a}_{n-1} + \hat{b}_{n-1})$$

$$\widehat{b_n} = \beta(\widehat{a_n} - \hat{a}_{n-1}) + (1-\beta)\hat{b}_{n-1}$$

$$\widehat{S_n} = \gamma(Z_n - \widehat{a_n}) + (1-\gamma)\hat{S}_{n-L}$$

이 모형을 엑셀로 구현하여 예측하는 과정을 설명하기로 한다. 계절변동이 있으므로 2장에서 검색한 커피음료 내수량을 이용하여 예측하기로 한다.

먼저 절편, 기울기, 계절지수의 초기값을 입력해야 한다. 이들의 초기값은 계절변동을 추정하는 더미변수를 이용하여 회귀분석으로 초기값을 구할 수 있으나 아직은 회귀분석을 설명하지 않았으므로, 절편은 최초 1년간의 평균을 입력하고, 기울기는 2007년 1/4분기의 값에서 2008년 1/4분기의 값이 얼마나 증가하였는가를 계산하여 4시점 앞의 값이므로 4로 나누었다. 계절요인은 2007년의 각 분기의 내수량에서 2007년 1년간의 평균인 절편 초기값으로 차감하여 계절요인의 초기값을 계산하였다.

<그림 3.43>과 같이 평활상수1은 절편에 적용되며, 평활상수2는 기울기에 평활상수3은 계절변동에 적용할 예정이며, 일단 초기값으로 0.8을 입력하였다.

절편의 초기값인 셀 E2에는 =(C2+C3+C4+C5)/4를 입력하고, 셀 E3에는 =E2를 입력하고, 셀 E5까지 드래그하여 1년간의 평균을 절편의 초기값으로 하였다.

기울기의 초기값인 셀 F2에는 =(C6-C2)/4를 입력하고, 셀 F3에는 =F2를 입력하고, 셀 F5까지 드래그하여 다음 해 1분기와의 차이를 시점차이 4로 나누어 기울기의 초기값으로 하였다.

계절변동의 초기값인 셀 G2 =C2-$E$2, 셀 G3 =C3-$E$2, 셀 G4 =C4-$E$2, 셀 G5 =C5-$E$2 를 입력하여 2007년의 각 분기의 내수량에서 2007년 1년간의 평균인 절편 초기값으로 차감하여 계절요인의 초기값을 계산하였다.

E2 =(C2+C3+C4+C5)/4

	A	B	C	D	E	F	G	H	I	J
1	분기별	시점	커피음료 내수량(kl)		절편	기울기	계절변동			
2	2007 1/4	1	33,364	평활상수1	42782.75	679.5	-9,419			
3	2007 2/4	2	42,703	0.8	42782.75	679.5	-80			
4	2007 3/4	3	52,198	평활상수2	42782.75	679.5	9,415			
5	2007 4/4	4	42,866	0.8	42782.75	679.5	83			
6	2008 1/4	5	36,082	평활상수3						
7	2008 2/4	6	39,989	0.8						
8	2008 3/4	7	53,942							
9	2008 4/4	8	44,632							
10	2009 1/4	9	37,692							
11	2009 2/4	10	46,643							
12	2009 3/4	11	57,016							
13	2009 4/4	12	46,152							
14	2010 1/4	13	44,791							
15	2010 2/4	14	54,461							
16	2010 3/4	15	75,761							
17	2010 4/4	16	65,271							

〈그림 3.43〉 **계절선형지수평활법 초기값 설정**

절편을 계산하는 식 $\widehat{a_n} = \alpha(Z_n - \hat{S}_{n-L}) + (1-\alpha)(\hat{a}_{n-1} + \hat{b}_{n-1})$을 엑셀에서 구현하기 위하여 셀 E6에 =$D$3*(C6-G2)+(1-$D$3)*(E5+F5)를 입력한다.

기울기를 계산하는 식 $\widehat{b_n} = \beta(\widehat{a_n} - \hat{a}_{n-1}) + (1-\beta)\hat{b}_{n-1}$을 엑셀에서 구현하기 위하여 셀 F6에 =$D$5*(E6-E5)+(1-$D$5)*F5를 입력한다.

계절변동을 계산하는 식 $\widehat{S_n} = \gamma(Z_n - \widehat{a_n}) + (1-\gamma)\hat{S}_{n-L}$을 엑셀에서 구현하기 위하여 셀 G6에 =$D$7*(C6-E6)+(1-$D$7)*G2를 입력한다.

셀 E6:G6를 선택하여 E40:G40까지 드래그하면 각 시점에서의 1시점 미래의 예측값이 절편, 기울기, 계절변동으로 각각 계산된다.

E6 f_x =$D$3*(C6-G2)+(1-$D$3)*(E5+F5)

	A	B	C	D	E	F	G
1	분기별	시점	커피음료 내수량(kl)		절편	기울기	계절변동
2	2007 1/4	1	33,364	평활상수1	42782.75	679.5	-9,419
3	2007 2/4	2	42,703	0.8	42782.75	679.5	-80
4	2007 3/4	3	52,198	평활상수2	42782.75	679.5	9,415
5	2007 4/4	4	42,866	0.8	42782.75	679.5	83
6	2008 1/4	5	36,082	평활상수3	45093.05	1984.14	-9,093
7	2008 2/4	6	39,989	0.8	41470.44	-2501.26	-1,201
8	2008 3/4	7	53,942		43415.24	1055.586	10,304
9	2008 4/4	8	44,632		44533.16	1105.46	96
34	2015 1/4	33	62,509		76926.58	-9618.75	-13,921
35	2015 2/4	34	90,621		83782.7	3561.144	6,015
36	2015 3/4	35	109,474		96316.97	10739.64	12,708
37	2015 4/4	36	90,734		95828.06	1756.805	-4,533
38	2016 1/4	37	75,734		91240.95	-3318.33	-15,190
39	2016 2/4	38	101,665		94104.88	1627.476	7,251
40	2016 3/4	39	116,230		101963.8	6612.606	13,955
41	2016 4/4	40					
42	2017 1/4	41					

〈그림 3.44〉 **계절선형지수평활법 절편, 기울기, 계절변동 계산**

<그림 3.44>는 10행에서 33행까지 숨기기 하였다. 예측된 절편과 기울기 그리고 계절변동을 더하면 1시점 미래 예측값이 되고, 실제값에서 예측값을 빼면 예측오차가 된다. 이 예측오차에 절대값을 취하고 합하면 절대예측오차의 합이 되며 이 합을 최소화하는 평활상수를 구하는 과정을 거쳐야 한다.

<그림 3.45>와 같이 셀 H6에 =E5+F5+G2를 입력하여 동일한 계절변동을 갖는 1시점 미래의 예측값을 계산하고, 이를 H40까지 드래그하여 계산한다. 셀 I6에 =C6-H6를 입력하고 셀 I40까지 드래그하여 예측오차를 계산한다. 셀 J6에 =ABS(I6)를 입력하고 셀 J40까지 드래그하여 예측오차의 절대값를 계산

한다. 셀 J41에 =SUM(J2:J40)을 입력하여 절대예측오차의 합을 계산한다.

셀 D3, D5, D7의 평활상수값을 0에서 1사이의 값으로 조정하면서 절대예측오차의 합이 최소가 되는 평활상수값을 선택한다. 0에서 1사이의 값을 0.1 단위로 조정하여 선택한 결과는 0.2, 0.1, 0.5이며 절대오차의 합은 128,634로 계산된다.

H6   fx   =E5+F5+G2

	A	B	C	D	E	F	G	H	I	J
1	분기별	시점	커피음료 내수량(kl)		절편	기울기	계절변동	예측값	예측오차	오차절대값
2	2007 1/4	1	33,364	평활상수1	42782.75	679.5	-9,419			
3	2007 2/4	2	42,703	0.2	42782.75	679.5	-80			
4	2007 3/4	3	52,198	평활상수2	42782.75	679.5	9,415			
5	2007 4/4	4	42,866	0.1	42782.75	679.5	83			
6	2008 1/4	5	36,082	평활상수3	43869.95	720.27	-8,603	34,044	2,039	2,039
7	2008 2/4	6	39,989	0.5	43685.93	629.8406	-1,888	44,510	-4,521	4,521
8	2008 3/4	7	53,942		44357.96	634.0603	9,500	53,731	211	211
9	2008 4/4	8	44,632		44903.37	625.1948	-94	45,075	-443	443
34	2015 1/4	33	62,509		82942.62	1338.756	-14,484	77,382	-14,873	14,873
35	2015 2/4	34	90,621		84103.49	1320.968	6,873	91,510	-889	889
36	2015 3/4	35	109,474		86733.32	1451.854	20,123	102,930	6,544	6,544
37	2015 4/4	36	90,734		88107.92	1444.129	2,781	91,120	-386	386
38	2016 1/4	37	75,734		89685.29	1457.453	-14,218	75,068	666	666
39	2016 2/4	38	101,665		91872.54	1530.432	8,333	98,016	3,649	3,649
40	2016 3/4	39	116,230		93943.79	1584.514	21,205	113,526	2,704	2,704
41	2016 4/4	40								128,634

〈그림 3.45〉 **계절선형지수평활법 1시점 미래의 예측값 계산**

2016년 4/4분기부터 2018년 4/4분기까지 예측하는 방법은 최근의 자료로 계산된 절편 기울기 계절변동을 이용하여 예측하는 것이다.

최근에 계산된 절편, 기울기, 계절변동을 이용하지만 계절변동은 각 시점에 대응되는 4시점전의 계절변동을 이용해야 한다. 따라서

셀 H41에 =$E$40+$F$40*(B41-$B$40)+$G$37

셀 H42에 =$E$40+$F$40*(B42-$B$40)+$G$38

셀 H43에 =$E$40+$F$40*(B43-$B$40)+$G$39

셀 H44에 =$E$40+$F$40*(B44-$B$40)+$G$40

셀 H45에 =$E$40+$F$40*(B45-$B$40)+$G$37

…

와 같이 입력하여 예측한다.

H41 =$E$40+$F$40*(B41-$B$40)+$G$37

	A	B	C	D	E	F	G	H	I	J
1	분기별	시점	커피음료 내수량(kl)		절편	기울기	계절변동	예측값	예측오차	오차절대값
2	2007 1/4	1	33,364	평활상수1	42782.75	679.5	-9,419			
3	2007 2/4	2	42,703	0.2	42782.75	679.5	-80			
4	2007 3/4	3	52,198	평활상수2	42782.75	679.5	9,415			
5	2007 4/4	4	42,866	0.1	42782.75	679.5	83			
6	2008 1/4	5	36,082	평활상수3	43869.95	720.27	-8,603	34,044	2,039	2,039
7	2008 2/4	6	39,989	0.5	43685.93	629.8406	-1,888	44,510	-4,521	4,521
8	2008 3/4	7	53,942		44357.96	634.0603	9,500	53,731	211	211
9	2008 4/4	8	44,632		44903.37	625.1948	-94	45,075	-443	443
34	2015 1/4	33	62,509		82942.62	1338.756	-14,484	77,382	-14,873	14,873
35	2015 2/4	34	90,621		84103.49	1320.968	6,873	91,510	-889	889
36	2015 3/4	35	109,474		86733.32	1451.854	20,123	102,930	6,544	6,544
37	2015 4/4	36	90,734		88107.92	1444.129	2,781	91,120	-386	386
38	2016 1/4	37	75,734		89685.29	1457.453	-14,218	75,068	666	666
39	2016 2/4	38	101,665		91872.54	1530.432	8,333	98,016	3,649	3,649
40	2016 3/4	39	116,230		93943.79	1584.514	21,205	113,526	2,704	2,704
41	2016 4/4	40						98,309		128,634
42	2017 1/4	41						82,895		
43	2017 2/4	42						107,030		
44	2017 3/4	43						121,486		
45	2017 4/4	44						104,647		
46	2018 1/4	45						89,233		
47	2018 2/4	46						113,368		
48	2018 3/4	47						127,824		
49	2018 4/4	48						110,985		

〈그림 3.46〉 **계절 선형지수평활법으로 미래의 예측값 계산**

계절 선형지수평활법으로 예측된 값을 그래프로 그리면 다음의 그림과 같다. <그림 3.47>과 같이 예측결과에 만족스러운 수준이다.

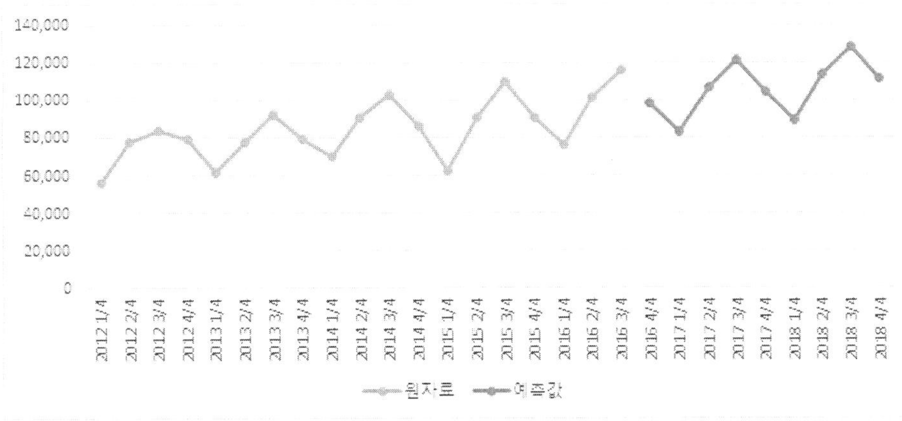

〈그림 3.47〉 계절 선형지수평활법으로 예측한 결과

2. 회귀분석(Regression Analysis) 방법

회귀분석이란 원인-결과를 분석하는 것으로 결과변수(종속변수, 피설명변수)에 영향을 미치는 원인변수(독립변수, 설명변수) 사이의 관계를 함수관계로 분석하는 것이다. 원인변수가 1개인 경우를 단순회귀분석이라 하고, 2개 이상인 경우를 중회귀분석이라고 한다.

시계열분해법의 경우에는 예측할 변수가 시간의 흐름에 따라 변화하는 것을 분석하여 예측하였지만, 회귀분석방법의 경우에는 예측할 변수가 다른 원인이 되는 변수의 변화에 의하여 변화하므로 이들의 관계를 규명하여 예측하는 것이다. 시계열분해법은 시계열모형 에 속하고, 회귀분석방법은 인과모형에 속한다.

인과모형이 예측하는 변수에 영향을 미치는 변수들을 규명하여 예측하므로 예측값에 대한 설득력이 높지만, 인과관계의 규명과 예측과정에서의 많은 가정과 추정으로 예측모형으로 많이 사용하지 않는다. 단, 인과모형으로 예측할 경우 원인변수의 돌발적인 변화에 대응하여 예측할 수 있는 장점이 있다.

회귀분석을 이용하여 예측하는 경우 종속변수에 영향을 미치는 변수가 여러 개일 경우가 대부분이므로 중회귀분석을 이용하여 예측하는 문제에 대하여 설명하기로 한다.

2.1 중회귀분석

독립변수가 k개인 중회귀모형을 나타내면 다음과 같다.

$$Y_i = \beta_0 + \beta_1 x_{1i} + \beta_2 x_{2i} + \dots + \beta_k x_{ki} + \epsilon_i, \qquad i = 1,\ 2,\ \dots,\ n$$

종속변수(결과변수, 피설명변수) Y_i가 독립변수(원인변수, 설명변수) x_{1i}, x_{2i}, $\cdots$, x_{ki}에 영향을 받아서 변하며 그 관계를 선형함수로 추정한다. 추정 방법은 최소제곱법이다.

즉, 최소제곱법으로 추정되는 것이 회귀계수 β_0, β_1, $\cdots$, β_k 이다. 이 회귀계수가 추정되면 독립변수가 어떤 방향(+ 혹은 −)으로 얼마나 영향을 미치는지 알 수 있다.

회귀계수의 추정과 검정, 그리고 회귀모형의 가정, 독립변수의 선택에 관한 이론적인 내용에 대해서는 전문적인 통계학서적을 참고하고, 본 교재에서는 예측실무에서 검토해야 하는 내용에 관하여 설명하기로 한다.

첫째, 예측대상 변수인 종속변수에 영향을 미치는 독립변수를 적합하게 선택하여야 한다. 종속변수에 영향을 미치는 변수를 중요하다고 생각되는 변수부터 순서대로 선정한다. 실무에서 이 과정이 무척 어렵다고 생각되지만, 종속변수 예측 혹은 전망에 관련된 논문이나 보고서를 검색해서 참고해보면 어렵지 않게 독립변수를 선정할 수 있다. 만약 관련 논문이나 보고서 등을 검색할 수 없다면, 종속변수에 해당하는 제품/서비스를 구매할 때 고려하는 조건을 생각하면서 독립변수를 선정할 수 있다. 중요한 독립변수가 회귀모형에서 제외되지 않도록 주의가 필요하다. 이 과정에서 독립변수가 종속변수에 어떤 방향으로 영향을 미칠 것인가에 대한 합리적인 가설이 필요하다. 예를 들면 제품의 가격이 오르면 판매량이 줄어드는 것이 합리적인 가설인데 많은 경우 회귀계수는 +로 계산되어 가격이 오르면 판매량이 늘어나는 엉뚱한 결과가 나타나가도 한다. 이런 엉뚱한 결과를 그대로 이용해서 예측하는 논문이나 보고서도 많이 있다.

둘째, 각 변수에 해당되는 시계열 자료를 검색해야 한다. 회귀분석으로 예측하기 위해서 독립변수의 수보다 많은 시계열 자료가 있어야 회귀분석이 가능하다. 시계열 자료가 충분할수록 보다 견고한(회귀계수가 쉽게 변하지 않는) 회귀모형을 추정할 수 있다. 자료가 쉽게 검색되지 않는다고 중요한 독립변수를 생략하거나 제거하지 않도록 유의해야 한다.

셋째, 독립변수의 개수가 많을수록 좋은 예측이 되는 것이 아니다. 중요한 독립변수만 생략되지 않는다면 독립변수의 개수가 적어도 좋은 예측모형이 된다. 독립변수의 개수가 많으면 다중공성성(독립변수들 간의 높은 상관관계가 있으면 회귀계수가 추정되지 않거나 오류가 발생한다.)의 문제가 발생한다.

넷째, 엑셀의 회귀분석 결과에서 [유의한 F]의 값이 0.05보다 작아야 한다. [유의한 F]의 값은 회귀계수 모두가 0 이라는 가설이 참일 확률이다. $H_0 : \beta_1 = \beta_2 = \cdots = \beta_k = 0$는 독립변수들 모두가 종속변수에 영향을 미치지 못한다는 것이므로 회귀모형 자체가 의미가 없게 된다.

다섯째, 엑셀의 회귀분석 결과에서 [조정된 결정계수]가 1에 가까울수록 좋다. 매출액 예측의 경우 [조정된 결정계수]가 0.8 이상인 모형이 바람직하다. [결정계수]는 종속변수의 변동을 독립변수들(회귀모형)이 어느 정도 설명하는가를 나타내는 것으로 1이면 완전하게 설명하는 것이다.

여섯째, 엑셀의 회귀분석결과에서 [계수]의 부호가 합리적으로 검토된 방향과 일치하는가를 검토해야 한다. 만약 일치하지 않는다면 회귀모형을 수정해야 할 것이다. 회귀모형의 수정방법은 중요한지 않은 변수라면 제거하거나 혹은 변수변환(차분, 로그변환 등)을 통하여 수정하는 것이다.

일곱째, 엑셀의 회귀분석결과에서 [P-값]이 작아야한다. [P-값]은 회귀계수 β가 0이라는 가설이 참일 확률이다. 만약 회귀계수 β가 0이라면 그 독립변수는 종속변수에 아무런 영향을 미치지 않는다. 따라서 [P-값]이 0.05보다 작은 것이 바람직하다. [P-값]이 클 경우에는 독립변수를 제거하거나 혹은 변수변환(차분, 로그변환 등)을 통하여 수정하여야 한다. 단, 시계열 자료의 수가 적거나 독립변수가 많을 경우에는 [P-값]이 0.05보다 크더라도 모형을 활용한다.

여덟째, 회귀분석 결과 모형이 결정되면, 미래의 독립변수들의 값을 회귀식에 대입하여 예측한다. 그러면 미래의 독립변수들의 값은 어떻게 예측하여야 하는가? 사실 회귀모형으로 예측하는 방법에서 이것이 가장 어려운 문제이며, 이 문제로 회귀분석방법이 설득력이 높은데도 불구하고 예측에 많이 활용하지 않는다. 미래의 독립변수들의 값을 예측하는 방법은 권위 있는 공인된 기관의 전망 자료를 활용하거나 과거의 추세 등을 이용한다.

2.2 중회귀분석 수요예측

(1) 사례1

엑셀을 활용하여 중회귀분석으로 수요 예측하는 과정을 설명하기로 하자.

연도별 커피음료 내수량을 예측대상인 종속변수로 가정하고, 독립변수는 커피음료 수요에 가장 크게 영향을 미치는 가격, 1인당 국민소득, 인구수, 광고비 등을 고려할 수 있다. 이들 중에서 1인당 국민소득과 인구수는 GDP에 해당되므로 두 개의 변수를 한 개의 변수로 축소한다. GDP자료는 통계청의 KOSIS 데이터베이스를 검색하여 입력하였다.

광고비는 커피음료 제조회사의 광고비를 검색하여 합계하여야 하지만, 각 회사의 광고비 중에서 커피음료 광고비만을 추출해내는 작업이 매우 어렵다. 만약 회사 내부에서 자료를 검색한다면 쉽게 구할 수 있을 것이다. 본 교재에서는 지난해 매출액을 기준으로 산출하였다.

가격은 물가정보의 자료(유료로 제공됨)를 검색하여 활용할 수 있고, 회사 내부의 자료를 활용할 수 있으나, 본 교재에서는 연도별 커피음료 출하액을 내수량으로 나누어 가격을 산출하였다. 이들 자료를 엑셀에 정리한 결과는 <그

림 3.48>과 같다.

	A	B	C	D	E	F	G
1	연도별	내수량	가격	GDP	광고비		
2	2007	171,131	1,259	1,043,258	24,743		
3	2008	174,645	1,750	1,104,492	32,238		
4	2009	187,503	1,793	1,151,708	39,732		
5	2010	240,284	1,515	1,265,308	43,695		
6	2011	256,511	1,932	1,332,681	47,325		
7	2012	296,698	2,070	1,377,457	64,422		
8	2013	309,572	2,571	1,429,446	79,850		
9	2014	349,162	2,432	1,486,079	103,468		
10	2015	353,338	2,881	1,558,592	110,376		
11	2016						
12	2017						
13	2018						
14	2019						

〈그림 3.48〉 **커피내수량 회귀분석 예측 변수 자료**

엑셀에서 회귀분석을 하기 위해서는 [데이터]메뉴에 [데이터 분석]이라는 메뉴가 있어야 한다. 만약 없을 경우에는 [파일] → [옵션] → [추가기능] → [분석도구] → [이동]을 선택하고 <그림 3.49>와 같이 선택하고 [확인]을 선택하면 [데이터 분석]이라는 메뉴가 생성된다.

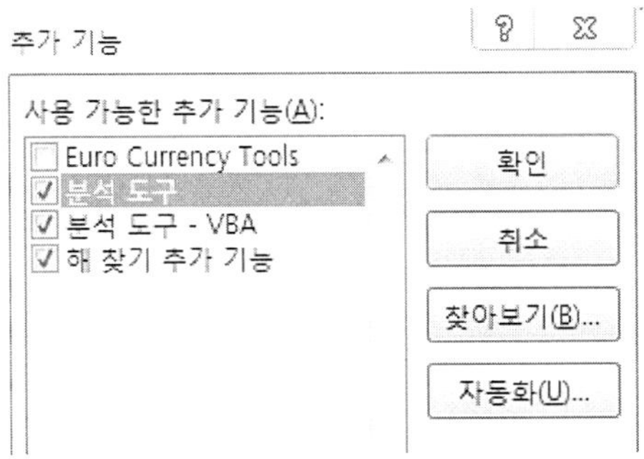

〈그림 3.49〉 **추가기능 선택화면**

엑셀에서 [데이터] → [데이터 분석]을 선택하면 다음과 같은 분석도구 화면이 나타나는데 회귀분석을 선택한 후 확인을 클릭한다.

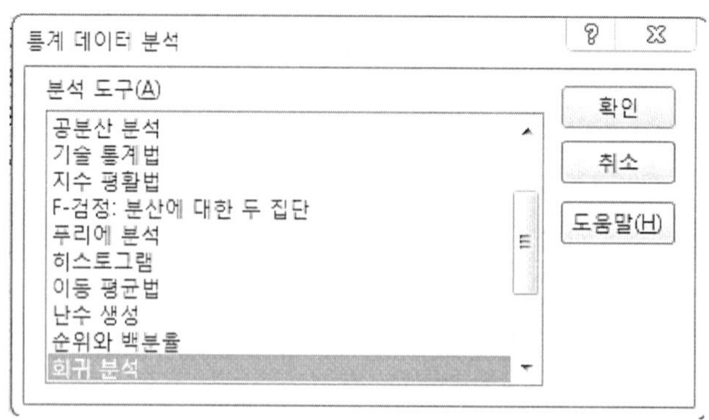

〈그림 3.50〉 **분석도구 선택화면**

회귀 분석
입력
Y축 입력 범위(Y): $B$1:$B$10
X축 입력 범위(X): $C$1:$E$10
☑ 이름표(L)
☐ 상수에 0을 사용(Z)
☐ 신뢰 수준(F) 95 %
출력 옵션
◉ 출력 범위(O): $G$1
○ 새로운 워크시트(P):
○ 새로운 통합 문서(W)
잔차
☐ 잔차(R)
☐ 잔차도(D)
☐ 표준 잔차(T)
☐ 선적합도(I)
정규 확률
☐ 정규 확률도(N)
확인
취소
도움말(H)

〈그림 3.51〉 **회귀분석 범위 선택화면**

<그림 3.51>과 같이 [Y축 입력 범위]에는 $B$1:$B$10을 입력하고, [X축 입력 범위]에는 $C$1:$E$10을 입력하고, [출력 범위]에는 $G$1을 입력한다. 첫 번째 행에 변수 이름이 있으므로 [이름표]에 체크한 후에 확인을 클릭하면 다음의 화면과 같이 회귀분석 결과가 나온다.

요약 출력

회귀분석 통계량	
다중 상관계수	0.994273
결정계수	0.98858
조정된 결정계수	0.981728
표준 오차	9713.089
관측수	9

분산 분석

	자유도	제곱합	제곱 평균	F 비	유의한 F
회귀	3	4.08E+10	1.36E+10	144.2732	2.83E-05
잔차	5	4.72E+08	94344093		
계	8	4.13E+10			

	계수	표준 오차	t 통계량	P-값	하위 95%	상위 95%	하위 95.0%	상위 95.0%
Y 절편	-164710	58868.61	-2.79793	0.038087	-316037	-13383.5	-316037	-13383.5
가격	-34.6779	18.44371	-1.8802	0.118846	-82.089	12.73318	-82.089	12.73318
GDP	0.334789	0.060346	5.547871	0.002614	0.179666	0.489912	0.179666	0.489912
광고비	0.950837	0.40722	2.334945	0.066799	-0.09596	1.99763	-0.09596	1.99763

〈그림 3.52〉 **회귀분석 결과 화면**

<그림 3.52>의 회귀분석 결과를 해석하면 다음과 같다.

① 결정계수는 독립변수들이 종속변수를 어느 정도 설명하고 있는지를 나타내는 척도로 0.988의 의미는 종속변수의 변화를 독립변수에 의해 약 99% 정도 설명하고 있다는 의미이다. 즉 1에 가까울수록 좋은 회귀모형이 된다.

② 조정된 결정계수는 결정계수와 의미는 같지만, 다른 회귀모형과 비교할 때 사용된다. 즉 회귀분석에서 독립변수의 수가 많을수록 결정계수가 커지는데, 독립변수의 수가 서로 다른 회귀모형에서 어떤 모형이 더 좋은가

를 판단하는 기준이 된다.

③ F비는 검정통계값으로 계수들이 모두 0이라는 가설에 대한 검정통계값이다. 계수들이 모두 0이라는 가설은 독립변수들 전체가 종속변수를 설명하지 못한다는 의미이다. 판정은 유의한 F의 값을 보고 판정한다.

④ 유의한 F는 값이 작아야 회귀모형을 사용할 수 있다. 즉 유의한 F의 값이 0.05 이하이면, 유의수준 0.05에서 회귀모형이 종속변수를 설명하고 있다고 판단할 수 있다. 만약 유의한 F값이 크다면 회귀모형은 사용할 수 없다.

⑤ 계수는 추정된 β값들이다. 위의 결과로 추정된 회귀식은 다음과 같다.

$$(\text{내수량})_t = -167710 - 34.67(\text{가격})_t + 0.3347(GDP)_t + 0.9508(\text{광고비})_t$$

추정된 회귀식에서 가장 중요한 것은 계수의 부호가 이론과 일치하는가를 검토하여야 한다. GDP와 내수량의 관계는 +, 가격과의 관계는 −, 광고비와의 관계는 +로 이론과 일치한다. 만약 이론과 일치하지 않으면 변수를 제거하거나 모형을 수정하여 반드시 이론과 일치하도록 해야 한다.

⑥ t통계량은 각각의 계수가 0이라는 가설에 대한 검정통계값이다. 계수가 0이라는 가설은 그 독립변수가 종속변수에 영향을 미치지 못한다는 것으로 이렇게 되면 그 독립변수를 제거해야 한다. 판정은 P-값으로 한다.

⑦ P-값을 사용하는 방법은 ④의 유의한 F를 사용하는 방법과 같다. 위의 결과에서 변수 가격, 광고비에 대한 P-값이 0.05보다 커서 변수를 제거하거나 변수변환 해야 하지만 P-값이 각각 0.1188, 0.066 으로 양호하므로 예측모형으로 사용하기로 한다. 참고로 중회귀분석에서 모든 변수의 P-값이 유의한 값으로 나오기 어렵다. 필자의 경우에는 P-값이 약 0.15 이하이면 수용하여 추정된 회귀식을 활용한다.

미래의 커피 내수량을 예측하기 위해서는 미래의 가격, GDP, 광고비를 예측하여야 한다. GDP의 경우에는 공인된 기관에서 전망자료를 발표한다. 2016년 11월을 기준으로 경제성장률 전망자료를 검색한 결과 KDI 2.6%, 한국은행 2.7%, 기획재정부 2.8%, LG연구소 2.5%로 전망하였다. 따라서 GDP는 2.6%

성장하는 것으로 가정한다.

가격과 광고비는 2007년부터의 추세함수를 이용하여 추정하기로 한다.

B11 | fx =$H$17+C11*$H$18+D11*$H$19+E11*$H$20

	A	B	C	D	E	F	G	H	I	J
1	연도별	내수량	가격	GDP	광고비		요약 출력			
2	2007	171,131	1,259	1,043,258	24,743					
3	2008	174,645	1,750	1,104,492	32,238		회귀분석 통계량			
4	2009	187,503	1,793	1,151,708	39,732		다중 상관계수	0.994273		
5	2010	240,284	1,515	1,265,308	43,695		결정계수	0.98858		
6	2011	256,511	1,932	1,332,681	47,325		조정된 결정계수	0.981728		
7	2012	296,698	2,070	1,377,457	64,422		표준 오차	9713.089		
8	2013	309,572	2,571	1,429,446	79,850		관측수	9		
9	2014	349,162	2,432	1,486,079	103,468					
10	2015	353,338	2,881	1,558,592	110,376		분산 분석			
11	2016	379,501	2,910	1,599,115	115,415			자유도	제곱합	제곱 평균
12	2017	397,683	3,087	1,640,692	126,368		회귀	3	4.08E+10	1.36E+10
13	2018	416,226	3,264	1,683,350	137,322		잔차	5	4.72E+08	94344093
14	2019	435,142	3,442	1,727,118	148,275		계	8	4.13E+10	
15										
16								계수	표준 오차	t 통계량
17							Y 절편	-164710	58868.61	-2.79793
18							가격	-34.6779	18.44371	-1.8802
19							GDP	0.334789	0.060346	5.547871
20							광고비	0.950837	0.40722	2.334945

〈그림 3.53〉 **회귀분석 예측 결과 화면**

① 미래가격을 입력하기 위하여 셀 C11에 =TREND($C$2:$C$10,$A$2:$A$10,A11)를 입력하고 셀 C14까지 드래그한다.

② 미래GDP을 입력하기 위하여 셀 D11에 =D10*1.026을 입력하고 셀 D14까지 드래그한다.

③ 미래광고비를 입력하기 위하여 셀 E11에 =TREND($E$2:$E$10,$A$2:$A$10,A11)를 입력하고 셀 E14까지 드래그한다.

④ 회귀분석에서 계산된 회귀계수와 미래가격, 미래GDP, 미래광고비를 입력하여 내수량을 예측하기 위하여 셀 B11에 =$H$17+C11*$H$18+D11*$H$19+E11*$H$20를 입력하고 셀 B14까지 드래그한다.

예측결과는 <그림 3.54>와 같다.

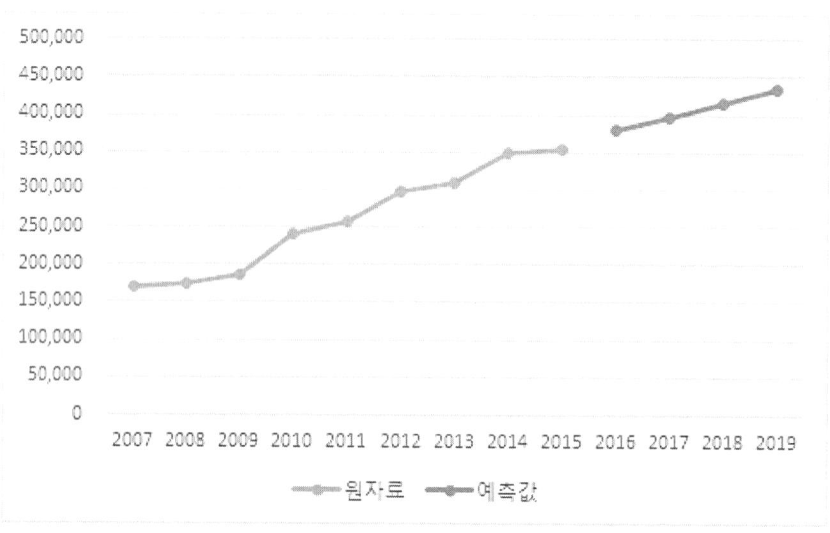

〈그림 3.54〉 **회귀분석 예측 결과 시도표**

(2) 사례2

다음의 화면은 어떤 제품의 판매량과 GDP, 그 제품의 가격, 그리고 광고비 자료이다.

E13 fx

	A	B	C	D	E
1	연도별	판매량	GDP	가격	광고비
2	2007	653,673	178,797	485	728
3	2008	735,419	216,511	512	1,094
4	2009	891,043	245,700	535	2,216
5	2010	1,034,745	277,497	590	1,848
6	2011	1,063,931	323,407	610.98	2,107
7	2012	1,166,218	377,350	598	2,838
8	2013	1,278,927	418,479	675.77	2,150
9	2014	1,191,079	453,276	838.65	2,546
10					

〈그림 3.55〉 **판매량 회귀분석 예측 변수 자료**

앞의 화면에서 판매량은 GDP, 가격, 광고비에 의해 결정된다고 가정하여 판매량 함수는 다음과 같다.

$$(판매량)_t = \beta_0 + \beta_1(GDP)_t + \beta_2(가격)_t + \beta_3(광고비)_t + \epsilon_t$$

위의 모형에서 GDP, 가격, 광고비의 예측값과 β_0, β_1, β_2, β_3의 값이 추정되면 판매량은 추정된 식에 의해 계산된다. 이제 β_0, β_1, β_2, β_3를 추정하는 과정을 설명하자.

[데이터] → [데이터분석] 선택한다.

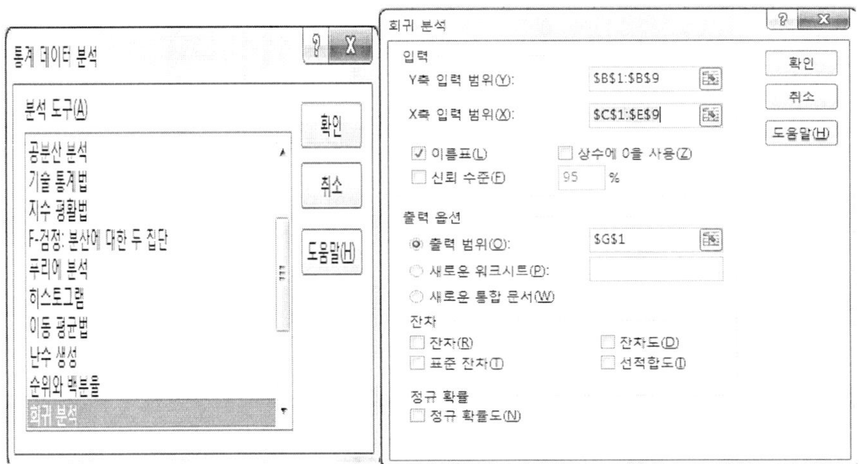

〈그림 3.56〉 판매량 회귀분석 범위 선택1 화면

위의 화면과 같이 통계데이터분석 창에서 회귀분석을 선택하고, 확인을 클릭하면 회귀분석 창이 나타나는데 이때 Y축 입력범위에는 종속변수인 판매량 자료가 있는 영역을 드래그하여 입력하고, X축 입력범위에는 독립변수인 GDP, 가격, 광고비 자료가 있는 영역을 드래그하여 입력한다. 그리고 확인을 클릭하면 다음의 화면과 같은 회귀분석 결과가 나타난다.

요약 출력

회귀분석 통계량	
다중 상관계	0.966136
결정계수	0.933419
조정된 결정	0.883483
표준 오차	76220.82
관측수	8

분산 분석

	자유도	제곱합	제곱 평균	F 비	유의한 F
회귀	3	3.26E+11	1.09E+11	18.69227	0.008125
잔차	4	2.32E+10	5.81E+09		
계	7	3.49E+11			

	계수	표준 오차	t 통계량	P-값	하위 95%	상위 95%
Y 절편	522202.9	213002	2.451634	0.070321	-69185.4	1113591
GDP	2.529277	0.969144	2.609805	0.059432	-0.1615	5.220051
가격	-678.032	655.9078	-1.03373	0.359663	-2499.12	1143.06
광고비	52.95789	74.18061	0.713905	0.514731	-153.001	258.9163

〈그림 3.57〉 판매량 회귀분석 결과1

위의 회귀분석결과를 설명하면 다음과 같다.

① 결정계수는 독립변수들이 종속변수를 어느 정도 설명하고 있는지를 나타내는 척도로 0.933의 의미는 종속변수의 변화를 독립변수에 의해 약 93% 정도 설명하고 있다는 의미이다. 즉 1에 가까울수록 좋은 회귀모형이 된다.

② 조정된 결정계수는 결정계수와 의미는 같지만, 다른 회귀모형과 비교할 때 사용된다. 즉 회귀분석에서 독립변수의 수가 많을수록 결정계수가 커지는데, 독립변수의 수가 서로 다른 회귀모형에서 어떤 모형이 더 좋은가를 판단하는 기준이 된다.

③ F비는 검정통계값으로 계수들이 모두 0이라는 가설에 대한 검정통계값이다. 계수들이 모두 0이라는 가설은 독립변수들 전체가 종속변수를 설명하지 못한다는 의미이다. 판정은 유의한 F의 값을 보고 판정한다.

④ 유의한 F는 값이 작아야 회귀모형을 사용할 수 있다. 즉 유의한 F의 값이 0.05 이하이면, 유의수준 0.05에서 회귀모형이 종속변수를 설명하고 있다고 판단할 수 있다. 만약 유의한 F값이 크다면 회귀모형은 사용할 수 없다.

⑤ 계수는 추정된 β값들이다. 위의 결과로 추정된 회귀식은 다음과 같다.

$$(\text{판매량})_t = 522202 + 2.529(GDP)_t - 678.03(\text{가격})_t + 52.957(\text{광고비})_t$$

추정된 회귀식에서 가장 중요한 것은 계수의 부호가 이론과 일치하는가를 검토하여야 한다. 소득과 판매량의 관계는 +, 가격과의 관계는 −, 광고비와의 관계는 +로 이론과 일치한다. 만약 이론과 일치하지 않으면 변수를 제거하거나 모형을 수정하여 반드시 이론과 일치하도록 해야 한다.

⑥ t통계량은 각각의 계수가 0이라는 가설에 대한 검정통계값이다. 계수가 0이라는 가설은 그 독립변수가 종속변수에 영향을 미치지 못한다는 것으로 이렇게되면 그 독립변수를 제거해야 한다. 판정은 P-값으로 한다.

⑦ P-값을 사용하는 방법은 ④의 유의한 F를 사용하는 방법과 같다. 위의 결과에서 변수 X2(가격), X3(광고비)에 대한 P-값이 0.05보다 커서 변수를 제거해야 하나 한꺼번에 제거하지 않고 한 개씩 제거해 간다. 참고로 중회귀분석에서 모든 변수의 P-값이 유의한 값으로 나오기 어렵다. 필자의 경우에는 P-값이 약 0.15 이하이면 수용하여 추정된 회귀식을 활용한다.

이제 X3(광고비)을 제거하고 회귀식을 추정해보자.

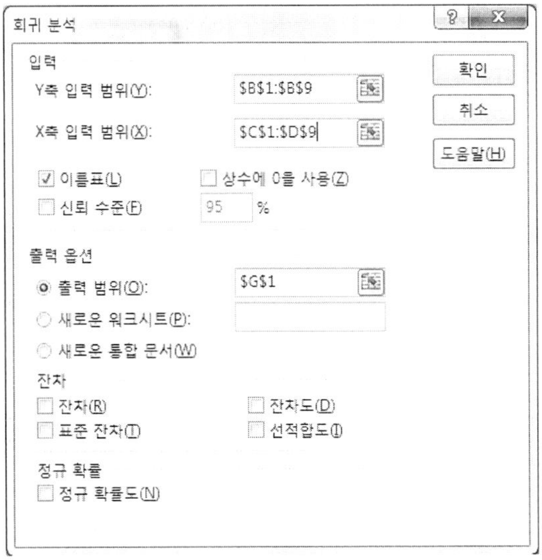

〈그림 3.58〉 판매량 회귀분석 입력범위 선택2

앞의 화면과 같이 X축 입력범위를 GDP, 가격 자료가 있는 영역을 드래그하여 입력하고 확인을 클릭하면 다음과 같은 회귀분석 결과 화면이 나타난다.

G	H	I	J	K	L	M
요약 출력						

회귀분석 통계량	
다중 상관계	0.961735
결정계수	0.924935
조정된 결정	0.894909
표준 오차	72386.99
관측수	8

분산 분석

	자유도	제곱합	제곱 평균	F 비	유의한 F
회귀	2	3.23E+11	1.61E+11	30.80452	0.001544
잔차	5	2.62E+10	5.24E+09		
계	7	3.49E+11			

	계수	표준 오차	t 통계량	P-값	하위 95%	상위 95%
Y 절편	577867.4	188247.5	3.069722	0.027793	93961.9	1061773
GDP	3.012535	0.658668	4.573678	0.005982	1.319375	4.705695
가격	-848.677	580.0795	-1.46304	0.203323	-2339.82	642.4649

〈그림 3.59〉 판매량 회귀분석 결과화면 2

앞에서 수행한 회귀분석결과와 비교하기 위하여 조정된 결정계수를 비교하면, 첫 번째 결과는 0.8834이고, 두 번째 결과는 0.8949이므로 두 번째 회귀모형이 더 우수한 것으로 나타났다.

두 번째 결과에 의한 추정된 회귀식은 다음과 같다.

$$(\text{판매량})_t = 577867 + 3.0125(GDP)_t - 848.67(\text{가격})_t$$

이 식을 이용하여 예측하기 위해서는 미래의 GDP와 가격을 알아야 하므로 GDP는 매년 2.6%씩 성장하는 것으로 가정하고, 가격은 연평균 2% 인상하는 것으로 가정한다.

추정된 회귀식을 이용하여 판매량을 예측한 결과는 다음의 화면과 같다.

B10 =577867+3.0125*C10-848.67*D10

	A	B	C	D	E
1	연도별	판매량	GDP	가격	광고비
2	2007	653,673	178,797	485	728
3	2008	735,419	216,511	512	1,094
4	2009	891,043	245,700	535	2,216
5	2010	1,034,745	277,497	590	1,848
6	2011	1,063,931	323,407	610.98	2,107
7	2012	1,166,218	377,350	598	2,838
8	2013	1,278,927	418,479	675.77	2,150
9	2014	1,191,079	453,276	838.65	2,546
10	2015	**1,252,892.0**	**465,061.2**	**855.4**	
11	2016	**1,274,798.4**	**477,152.8**	**872.5**	
12	2017	**1,297,361.6**	**489,558.7**	**890.0**	
13	2018	**1,320,600.3**	**502,287.3**	**907.8**	
14	2019	**1,344,533.8**	**515,346.7**	**925.9**	

〈그림 3.60〉 판매량 회귀분석 예측결과 화면

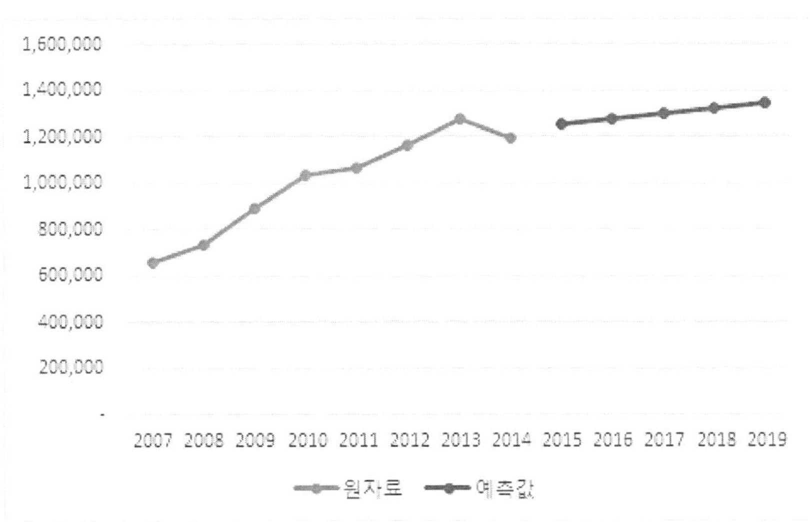

〈그림 3.61〉 판매량 회귀분석 수요예측 결과 시도표

3. 선행 사례분석 방법

지금까지 소개된 예측방법인 시계열 분해법과 회귀분석법은 예측해야 하는 변수의 시계열 자료가 있어야 가능한 예측방법이다. 그러나 예측실무에서는 예측해야 하는 변수의 시계열 자료가 없는 경우가 있다. 새로운 제품이나 서비스에 대한 수요예측이나 연구개발비 투자를 위하여 향후 개발될 제품에 대한 수요예측을 할 경우에는 시계열 자료가 없다. 이런 경우 사용하는 방법 중의 하나가 선행 사례분석 방법이다.

새로운 개념의 제품을 개발하였다고 하면 그 제품에 대한 시계열 자료가 없어서 예측이 곤란하지만, 과거의 비슷한 사례를 분석하여 연도별 판매량 곡선과 시장점유율을 산출하여 새로운 제품에 적용하여 예측한다.

본 교재에서는 선진국의 판매량을 근거로 한국의 판매량을 예측하는 방법을 소개한다. 이 분석 방법의 절차는 다음과 같다.

① 선진국의 판매량 및 인구, 1인당 처분가능 소득 등의 자료를 구한다.
② 판매량을 인구로 나누어 1인당 해당 제품 판매량을 환산한다.
③ 1인당 판매량 및 1인당 처분가능 소득을 X축과 Y축으로 하여 산포도를 작성한다.
④ 산포도에 나타난 추세선을 참고로, 1인당 판매량을 추정한다.
⑤ 추정된 1인당 판매량에 총인구수를 곱하여 총 수요를 예측한다.

다음의 화면은 어떤 제품의 수요를 예측하기 위하여 선진국(일본)의 GDP, 인구수, 판매량과 우리나라의 GDP, 인구수를 조사한다. 통계청 KOSIS의 [국제·북한통계] → [국제기구통계] → [주제별 국제통계] → [인구 가구] → [장래인구]을 선택하면 통계자료 설정화면이 나타난다.

항목에서는 장래인구를 선택하고, 국가별에서는 한국과 일본, 시점에서는 2005년에서 2020년을 선택한다. 그리고 통계표 조회를 선택하면 연도별 일본과 한국의 장래인구가 검색되어 나온다. 이것을 엑셀파일로 다운로드하여 정리한다.

[주제별 국제통계] → [국민계정] → [1인당 처분가능소득]을 선택하면 통계자료 설정화면이 나타난다.

항목에서는 1인당 처분가능소득을 선택하고, 국가별에서는 한국과 일본, 시점에서는 2005년에서 2013년을 선택한다. 그리고 통계표 조회를 선택하면 연도별 일본과 한국의 1인당 처분가능소득이 검색되어 나온다. 이것을 엑셀파일로 다운로드하여 다음의 그림과 같이 정리한다.

J22 fx

	A	B	C	D	E	F	G	H
1		일본					한국	
2	연도별	인구(천명)	1인당처분가능소득(천달러)	판매량(천개)			인구(천명)	1인당처분가능소득(천달러)
3	2005	126,979	22,381.8	3178800			48,138	15,494.1
4	2006	127,137	23,044.0	3715200			48,372	16,364.0
5	2007	127,250	23,867.7	4022400			48,598	17,199.9
6	2008	127,318	24,274.9	4470300			48,949	17,924.3
7	2009	127,341	24,593.0	3931800			49,182	18,156.5
8	2010	127,320	25,609.2	4567900			49,410	19,039.3
9	2011	127,253	26,568.3	5027800			49,779	19,858.6
10	2012	127,140	27,603.4	5429000			50,004	20,592.8
11	2013	126,985	28,005.1	5975800			50,220	21,450.4
12	2014	126,795					50,424	
13	2015	126,573					50,617	
14	2016	126,324					50,801	
15	2017	126,045					50,977	
16	2018	125,738					51,141	
17	2019	125,403					51,294	
18	2020	125,039					51,435	
19								

〈그림 3.62〉 선진국 사례분석법 자료정리

앞의 화면과 같이 조사된 자료를 이용하여 1인당 판매량을 계산한다. 이때 조사된 자료의 단위를 통일하여 계산하여야 한다. 셀 E3에 =D3/B3을 입력하고 셀 E11까지 드래그한다.

E3 | fx | =D3/B3

	A	B	C	D	E	F	G	H
1		일본					한국	
2	연도별	인구(천명)	1인당처분가능소득(천달러)	판매량(천개)	1인당 판매량(개)		인구(천명)	1인당처분가능소득(천달러)
3	2005	126,979	22,381.8	3178800	25.0340608		48,138	15,494.1
4	2006	127,137	23,044.0	3715200	29.2220203		48,372	16,364.0
5	2007	127,250	23,867.7	4022400	31.6102161		48,598	17,199.9
6	2008	127,318	24,274.9	4470300	35.1112961		48,949	17,924.3
7	2009	127,341	24,593.0	3931800	30.8761514		49,182	18,156.5
8	2010	127,320	25,609.2	4567900	35.877317		49,410	19,039.3
9	2011	127,253	26,568.3	5027800	39.5102669		49,779	19,858.6
10	2012	127,140	27,603.4	5429000	42.7009596		50,004	20,592.8
11	2013	126,985	28,005.1	5975800	47.0591015		50,220	21,450.4
12	2014	126,795					50,424	
13	2015	126,573					50,617	
14	2016	126,324					50,801	
15	2017	126,045					50,977	
16	2018	125,738					51,141	
17	2019	125,403					51,294	
18	2020	125,039					51,435	

〈그림 3.63〉 1인당 판매량 계산

<그림 3.63>과 같이 계산한 후에 1인당 처분가능소득과 1인당 판매량으로 다음과 같이 산포도를 그린다.

먼저 1인당 처분가능소득과 1인당 판매량을 영역표시하고 [삽입]에서 [차트]를 실행한다.

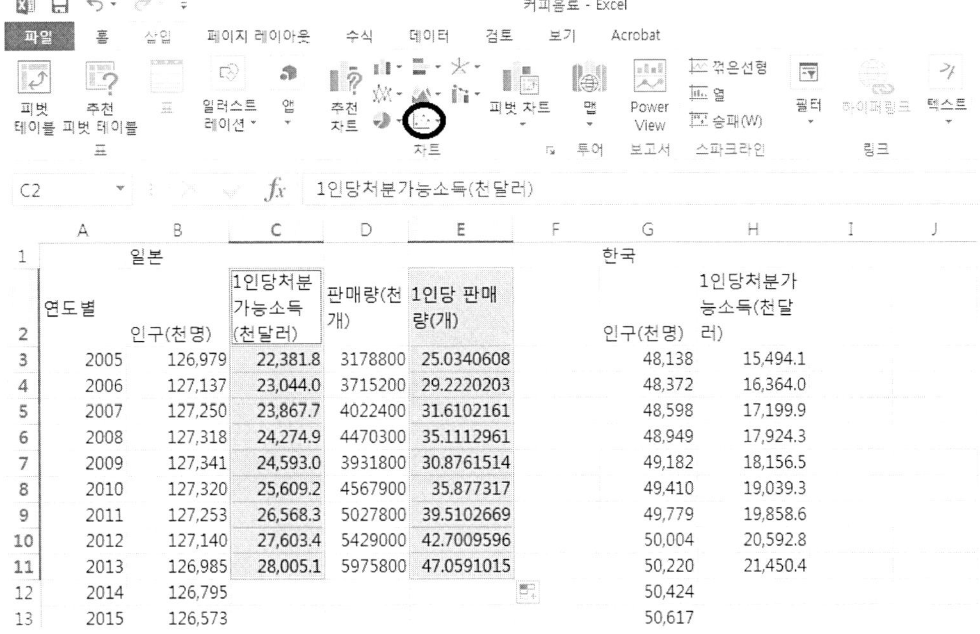

	A	B	C	D	E	F	G	H
1		일본					한국	
2	연도별	인구(천명)	1인당처분가능소득(천달러)	판매량(천개)	1인당 판매량(개)		인구(천명)	1인당처분가능소득(천달러)
3	2005	126,979	22,381.8	3178800	25.0340608		48,138	15,494.1
4	2006	127,137	23,044.0	3715200	29.2220203		48,372	16,364.0
5	2007	127,250	23,867.7	4022400	31.6102161		48,598	17,199.9
6	2008	127,318	24,274.9	4470300	35.1112961		48,949	17,924.3
7	2009	127,341	24,593.0	3931800	30.8761514		49,182	18,156.5
8	2010	127,320	25,609.2	4567900	35.877317		49,410	19,039.3
9	2011	127,253	26,568.3	5027800	39.5102669		49,779	19,858.6
10	2012	127,140	27,603.4	5429000	42.7009596		50,004	20,592.8
11	2013	126,985	28,005.1	5975800	47.0591015		50,220	21,450.4
12	2014	126,795					50,424	
13	2015	126,573					50,617	

〈그림 3.64〉 분산형 차트 실행

<그림 3.64>와 같이 분산형 차트를 실행하면 다음과 같이 1인당 판매량과 1인당 처분가능소득의 관계를 보여주는 그래프가 나타난다.

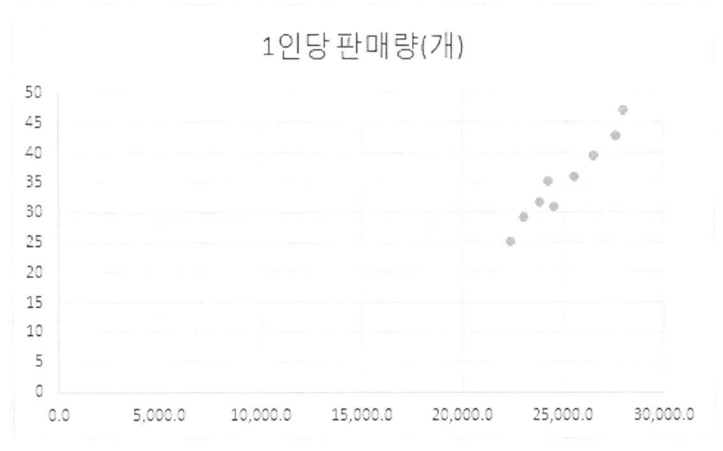

〈그림 3.65〉 1인당 판매량과 1인당 처분가능소득 분산형 차트

<그림 3.65>에서 1인당 처분가능소득이 증가함에 따라 1인당 판매량이 증가하고 있는 것을 알 수 있다. 그러면 과연 1인당 처분가능소득과 1인당 판매량은 어떤 함수관계인가를 분석해 보자.

앞의 그림에서 1인당 판매량과 1인당 처분가능소득의 관계는 선형으로 판단되므로 회귀분석을 이용하여 함수관계를 추정한다.

엑셀에서 [데이터] → [데이터분석]을 선택하고 다음의 그림과 같이 선택하면 회귀분석으로 추정하는 과정은 다음과 같다.

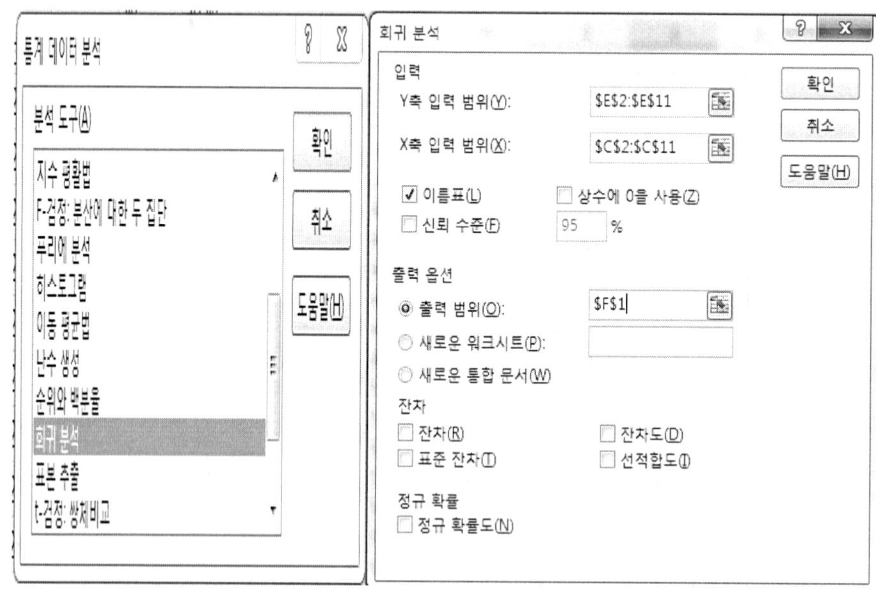

〈그림 3.66〉 1인당 판매량과 1인당 처분가능소득 입력범위 선택

F	G	H	I	J	K	L
요약 출력						
회귀분석 통계량						
다중 상관계수	0.969935357					
결정계수	0.940774596					
조정된 결정계수	0.932313824					
표준 오차	1.80859116					
관측수	9					
분산 분석						
	자유도	제곱합	제곱 평균	F 비	유의한 F	
회귀	1	363.711	363.711	111.1925	1.51E-05	
잔차	7	22.89701	3.271002			
계	8	386.608				
	계수	표준 오차	t 통계량	P-값	하위 95%	상위 95%
Y 절편	-50.5030277	8.151971	-6.19519	0.000447	-69.7794	-31.2267
1인당처분가능소득(	0.003414638	0.000324	10.54479	1.51E-05	0.002649	0.00418

〈그림 3.67〉 1인당 판매량과 1인당 처분가능소득 회귀분석결과

<그림 3.67>에서 1인당 판매량과 1인당 처분가능소득의 관계는 다음의 식과 같이 나타낼 수 있다.

$$(\text{1인당 판매량})_t = -50.5030 + 0.000341 \times (\text{1인당처분가능소득})_t$$

위의 식을 이용하여 국내의 판매량을 예측할 수 있다. 이 식은 일본의 경우이므로 전문가의 조정이 필요하지만, 일본의 경우가 우리나라에서도 똑같이 적용된다고 가정하면 다음과 같은 방법으로 판매량을 예측할 수 있다.

수요예측이란 미래에 실현될 수요에 대한 예측이므로 1인당 처분가능소득과 인구에 대한 미래 자료가 필요하다. 통계청의 자료에서 장래인구는 검색했지만, 미래의 1인당 처분가능소득은 예측하여야 한다. 단순하게 TREND함수를 이용하기로 한다.

셀 M12에 =TREND($M$3:$M$11,$A$3:$A$11,A12)를 입력하고 셀 M18까지 드래그한다.

=TREND($M$3:$M$11,$A$3:$A$11,A12)

F	G	H	I	J	K	L	M	N
요약 출력						한국		
						인구(천명)	1인당처분가능소득(천달러)	1인당판매량(개) 추정
회귀분석 통계량						48,138	15,494.1	
다중 상관계수	0.969935357					48,372	16,364.0	
결정계수	0.940774596					48,598	17,199.9	
조정된 결정계수	0.932313824					48,949	17,924.3	
표준 오차	1.80859116					49,182	18,156.5	
관측수	9					49,410	19,039.3	
						49,779	19,858.6	
분산 분석						50,004	20,592.8	
	자유도	제곱합	제곱 평균	F 비	유의한 F	50,220	21,450.4	
회귀	1	363.711	363.711	111.1925	1.51E-05	50,424	22,032.0	
잔차	7	22.89701	3.271002			50,617	22,747.7	
계	8	386.608				50,801	23,463.5	
						50,977	24,179.2	
	계수	표준 오차	t 통계량	P-값	하위 95%	51,141	24,894.9	
Y 절편	-50.5030277	8.151971	-6.19519	0.000447	-69.7794	51,294	25,610.7	
1인당처분가능소득(	0.003414638	0.000324	10.54479	1.51E-05	0.002649	51,435	26,326.4	

〈그림 3.68〉 **한국의 1인당 처분가능소득 예측**

한국에서의 1인당 판매량을 계산하기 위하여 일본의 자료로 회귀분석한 회귀계수를 이용한다. <그림 3.69>와 같이 셀 N12에 =$G$17+$G$18*M12를 입력하고 셀 N18까지 드래그한다.

fx =$G$17+$G$18*M12

요약 출력

회귀분석 통계량	
다중 상관계수	0.969935357
결정계수	0.940774596
조정된 결정계수	0.932313824
표준 오차	1.80859116
관측수	9

분산 분석

	자유도	제곱합	제곱 평균	F 비	유의한 F
회귀	1	363.711	363.711	111.1925	1.51E-05
잔차	7	22.89701	3.271002		
계	8	386.608			

	계수	표준 오차	t 통계량	P-값	하위 95%
Y 절편	-50.5030277	8.151971	-6.19519	0.000447	-69.7794
1인당처분가능소득(	0.003414638	0.000324	10.54479	1.51E-05	0.002649

한국

인구(천명)	1인당처분가능소득(천달러)	1인당판매량(개) 추정
48,138	15,494.1	
48,372	16,364.0	
48,598	17,199.9	
48,949	17,924.3	
49,182	18,156.5	
49,410	19,039.3	
49,779	19,858.6	
50,004	20,592.8	
50,220	21,450.4	
50,424	22,032.0	24.72824
50,617	22,747.7	27.17222
50,801	23,463.5	29.61619
50,977	24,179.2	32.06016
51,141	24,894.9	34.50413
51,294	25,610.7	36.9481
51,435	26,326.4	39.39207

〈그림 3.69〉 한국의 1인당 판매량 예측

추정된 1인당 판매량에 인구를 곱하면 한국의 판매량이 예측된다.

fx =L12*N12

요약 출력

회귀분석 통계량	
다중 상관계수	0.969935357
결정계수	0.940774596
조정된 결정계수	0.932313824
표준 오차	1.80859116
관측수	9

분산 분석

	자유도	제곱합	제곱 평균	F 비	유의한 F
회귀	1	363.711	363.711	111.1925	1.51E-05
잔차	7	22.89701	3.271002		
계	8	386.608			

	계수	표준 오차	t 통계량	P-값	하위 95%
Y 절편	-50.5030277	8.151971	-6.19519	0.000447	-69.7794
1인당처분가능소득(	0.003414638	0.000324	10.54479	1.51E-05	0.002649

한국

인구(천명)	1인당처분가능소득(천달러)	1인당판매량(개) 추정	판매량(천개)
48,138	15,494.1		
48,372	16,364.0		
48,598	17,199.9		
48,949	17,924.3		
49,182	18,156.5		
49,410	19,039.3		
49,779	19,858.6		
50,004	20,592.8		
50,220	21,450.4		
50,424	22,032.0	24.72824	1,246,897
50,617	22,747.7	27.17222	1,375,376
50,801	23,463.5	29.61619	1,504,532
50,977	24,179.2	32.06016	1,634,331
51,141	24,894.9	34.50413	1,764,576
51,294	25,610.7	36.9481	1,895,216
51,435	26,326.4	39.39207	2,026,131

〈그림 3.70〉 한국의 판매량 예측결과

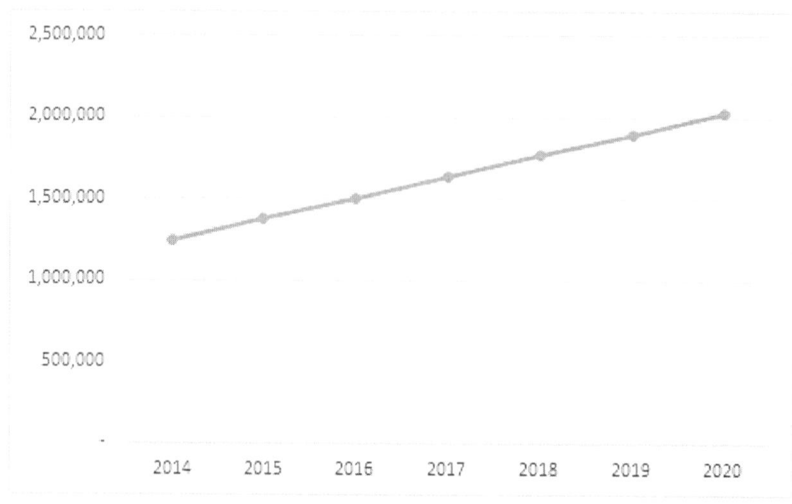

〈그림 3.71〉 한국의 판매량 예측결과 시도표

4. 시장조사법

새로운 제품이나 서비스에 대한 수요예측이나 연구개발비 투자를 위하여 향후 개발될 제품에 대한 수요예측을 할 경우에는 시계열 자료가 없다. 이런 경우 사용하는 방법 중의 하나가 시장조사방법이다.

시장조사방법은 제품의 새로운 기능이나 디자인 등 소비자의 욕구에 직접적으로 영향을 미치는 요인에 대하여 실제 생산하기 전에 시장의 반응을 탐색하기 위하여 활용되고 있으며, 새로운 제품에 대한 시장반응을 조사하여 수요예측에 필요한 모수를 추정하여 수요를 예측한다.

시장조사는 전수조사와 표본조사가 있다. 전수조사는 비용과 시간이 많이 들어서 효율적이지 못하여 대부분 표본조사를 실시한다. 표본조사에서 유의해야 하는 점은 표본추출은 어떻게 하는 것이다. 표본추출의 목적은 전체집단의 특성을 표본의 특성으로 추정하는 것이다. 즉, 표본추출은 전체집단과 비슷한 특성을 갖도록 표본이 추출되어야 한다. 이 방법 중의 한 가지 방법이 무작위 추출(random sample)이다.

표본추출방법에는 단순무작위추출법, 층화추출법, 집락추출법 등 여러 가지 방법이 있으므로 각 방법에 관한 내용은 중급편에서 다루기로 한다.

시장조사방법으로 수요를 예측하고자 할 때 소비자들의 제품구매 혹은 사용 가능성에 대한 문항의 응답결과를 과거자료 분석을 근거로 구매 확률로 환산하는 구매 의도 분석을 이용한다.

구매의도분석에 자주 활용되는 두 가지 구매확률 환산 방법은 다음과 같다.

첫째, Gruber는 비내구재의 경우 '분명히 사겠다'고 응답한 소비자들 중 75.5%, '아마도 살 것이다'라고 응답한 소비자들 중의 31.4%, '살지도 모르겠다'라고 응답한 소비자들 중 26.8%가 실제로 제품을 구매했음을 연구 결과 밝혀낸 바 있다.

둘째, 마케팅 연구자들의 견해에 따르면, '분명히 사겠다'는 응답을 보인 소비자의 약 90%, '아마도 살 것'이라는 응답자의 약 40%, '살지도 모르겠다'라는 응답자의 약 10% 가량이 실제로 제품을 구매한 것으로 나타나고 있다.

위의 두 가지 구매확률 환산방법은 응답자가 응답한 내용과 구매행위가 비교적 일치하는 서양인들에 대한 시장조사 결과이므로, 우리나라의 경우에는 구매확률을 하향조정할 필요가 있다.

만약 시장 조사를 해본 결과 응답자 중 '분명히 사겠다'는 사람은 5%, '아마도 살 것이다'라고 응답한 사람이 15%, '살지도 모르겠다'라고 응답한 사람이 30%로 나타났다면, Gruber의 연구 결과를 토대로 향후 실제로 구매할 소비자의 비율을 계산하면 $(0.755\times0.05)+(0.314\times0.15)+(0.268\times0.30)=16.525\%$이고, 마케팅 연구자들의 경험을 토대로 비율을 계산하면 $(0.9\times0.05)+(0.4\times0.15)+(0.1\times0.30)=13.5\%$가 된다.

이와 같이 총수요를 산출하고, 연도별 구매비율은 응답자의 소득자료를 이용하여 계산한다. 응답자의 소득수준을 상·중·하로 구분하여 소득수준이 상에 있는 사람들의 분명히 사겠다고 응답한 비율을 가장 빠르게 구매가 실현되는 것으로 계산한다.

(1) 시장조사방법에 의한 수요예측 사례

수요예측만을 위하여 시장조사를 실시하는 경우보다는 신제품 혹은 기존제품에 대한 마케팅조사와 수요예측을 동시에 실시하는 경우가 많다. 수요예측이 마케팅조사와 함께 이루어질 경우, 수요예측에 필요한 최소한의 정보를 얻을 수 있도록 설문지나 조사표가 작성되어야 한다.

첫째, 총수요를 파악할 수 있는 문항

둘째, 제품의 수명주기별 수요를 파악할 수 있는 문항

셋째, 수요의 확산속도를 파악할 수 있는 문항

위의 세 가지 정보를 파악할 수 있도록 조사가 실행되어야 연도별, 분기별 혹은 월별 수요를 예측하여 가치 있는 정보를 제공할 수 있다.

간단한 예로 시장조사방법에 의한 수요예측 사례를 소개한다. 다음의 세 가지 문항에 대하여 다음의 표와 같은 응답을 얻었다고 가정하자.

㉠ 귀하는 새로운 제품을 구매하시겠습니까?

① 분명히 구매할 것이다.

② 아마도 살 것이다.

③ 혹시 구입하게될지도 모르겠다.

④ 구입하지 않을 것이다.

㉡ 만약 새로운 제품을 구매하신다면 언제쯤 사실 계획입니까?

① 당장 구매하겠다.

② 6개월 이내에 구매할 것이다.

③ 1년 이내에 구매할 것이다.

④ 3년 이내에 구매할 것이다.

⑤ 4-5년 후에 생각해 보겠다.

㉢ 귀하의 생활정도는 다음 중에서 어디에 해당됩니까?

① 상　　② 중　　③ 하

<표 3-2> 생활수준별 구매의도

		구매의도				계
		분명히 구매	아마 구매	혹시 구매	구입치 않음	
생활수준	상	20	50	100	50	220
	중	40	100	200	100	440
	하		50	100	190	340
계		60	200	400	340	1,000

<표 3-3> 구매시기별 구매의도

		구매의도				계
		분명히 구매	아마 구매	혹시 구매	구입치 않음	
구매시기	당장	20				20
	6 개월 이내	40	50			90
	1 년 이내		100	100		200
	3 년 이내		50	200		250
	4~5 년 후			100	340	440
계		60	200	400	340	1,000

앞의 자료로 분기별 수요예측을 엑셀로 수행하는 과정은 다음과 같다. 먼저 위의 표를 엑셀에 입력하는데 다음의 화면과 같이, 앞에서 설명한 대로 Gruber의 연구결과를 이용하여 분명히 구매에는 0.755, 아마 구매에는 0.314, 혹시 구매에는 0.268, 구입치 않음에는 0.0을 곱한다.

G27	=	=SUM(C27:F27)						
	A	B	C	D	E	F	G	
2	①	Gruber	0.755	0.314	0.268			
3			구매의도				계	
4			분명히 구매	아마 구매	혹시 구매	구입치 않음		
5	②	상	20	50	100	50	220	
6	생활수준	중	40	100	200	100	440	
7		하		50	100	190	340	
8		계	60	200	400	340	1000	④
9			구매의도				계	
10			분명히 구매	아마 구매	혹시 구매	구입치 않음		
11		상	15.1	15.7	26.8	0	57.6	
12	생활수준	중	30.2	31.4	53.6	0	115.2	
13		하	0	15.7	26.8	0	42.5	
14		계	45.3	62.8	107.2	0	215.3	⑤
15								
16			구매의도				계	
17			분명히 구매	아마 구매	혹시 구매	구입치 않음		
18	③	당장	20				20	
19		6개월이내	40	50			90	
20	구매시기	1년이내		100	100		200	
21		3년이내		50	200		250	
22		4-5년 후			100	340	440	
23		계	60	200	400	340	1000	
24			구매의도				계	
25			분명히 구매	아마 구매	혹시 구매	구입치 않음		
26		당장	15.1	0	0	0	15.1	
27		6개월이내	30.2	15.7	0	0	45.9	
28	구매시기	1년이내	0	31.4	26.8	0	58.2	
29		3년이내	0	15.7	53.6	0	69.3	
30		4-5년 후	0	0	26.8	0	26.8	
31		계	45.3	62.8	107.2	0	215.3	⑥
32								

〈그림 3.72〉 Gruber의 확률로 수요예측

위의 화면을 설명하면, ①은 Gruber의 연구결과인 설문조사결과가 실수요로 이어질 확률이다. 이 확률들은 설문조사 결과에 곱해진다.(곱셈 과정에서 절대영역 표시해야 한다.) ②는 응답자의 생활수준을 나타내는 것으로 일반적으로 응답자에게 생활정도를 묻지 않고, 연소득이나 주거형태 등을 이용하여 파악한다. 이 생활수준은 응답자의 수요에 구매력이 있느냐를 판단하기 위해서 조사한다. 구매력이 있는 경우는 당연히 빠른 시일 내에 구매가 이루어질 것이다. ③은 응답자의 구매시점을 알기 위함인데, 수요예측정보는 회계상에서 예상매출액이 되며, 이는 자금의 흐름에 매우 중요한 역할을 하기 때문에 구체적인 분기별 혹은 월별 수요예측 정보가 필요하다. 이 정보는 앞의 ②에서 얻은 정보와 비교하여 활용한다.

④는 응답자의 합계를 나타내며, ⑤번과 ⑥번은 Gruber의 연구결과를 토대로 얻은 실현 가능한 총수요 비율이다. 즉 전체 판매대상 계층의 21.53%가 구매로 이루어질 것이다.

이와 같은 방법으로 앞서 설명한 마케팅연구자들의 경험을 토대로 비율을 계산한 결과를 비교한 결과는 다음과 같다.

다음의 화면에서와 같이 Gruber의 결과를 이용하여 계산된 부분을 다른 영역에 복사하고, 구매율을 수정하면 결과가 바로 계산되어지며 구매비율은 17.4%이다. 두 구매비율이 큰 차이가 없으므로, 두 가지 중에서 어떤 비율을 사용하느냐의 문제는 예측전문가의 판단에 의존하게 되지만, 다음절의 사례에서 설명하는 성장곡선모형의 예측오차를 최소화하는 구매비율을 이용하는 것이 상대적으로 객관적인 방법이다.

	I	J	K	L	M	N	O	P
1								
2	마케팅연구자		0.9	0.4	0.1			
3			구매의도				계	
4			분명히 구매	아마 구매	혹시 구매	구입치 않음		
5	생활수준	상	20	50	100	50	220	
6		중	40	100	200	100	440	
7		하		50	100	190	340	
8	계		60	200	400	340	1000	
9			구매의도				계	
10			분명히 구매	아마 구매	혹시 구매	구입치 않음		
11	생활수준	상	18	20	10	0	48	
12		중	36	40	20	0	96	
13		하	0	20	10	0	30	
14	계		54	80	40	0	174	
15								

〈그림 3.73〉 **마케팅연구자의 확률로 수요예측**

Gruber의 비율을 이용한 수요예측 결과는 다음과 같다.

		구매의도				계
		분명히 구매	아마 구매	혹시 구매	구입치 않음	
구매시기	당장	15.1	0	0	0	15.1
	6개월이내	30.2	15.7	0	0	45.9
	1년이내	0	31.4	26.8	0	58.2
	3년이내	0	15.7	53.6	0	69.3
	4-5년 후	0	0	26.8	0	26.8
계		45.3	62.8	107.2	0	215.3

연도	분기	비율	값
1차년도	1분기	1.51%	0.0151
	2분기	4.59%	0.0459
	3분기	2.91%	
	4분기	2.91%	0.0582
2차년도	1분기	0.87%	
	2분기	0.87%	
	3분기	0.87%	
	4분기	0.87%	
3차년도	1분기	0.87%	
	2분기	0.87%	
	3분기	0.87%	
	4분기	0.87%	0.0693
4차년도	1분기	0.34%	
	2분기	0.34%	
	3분기	0.34%	
	4분기	0.34%	
5차년도	1분기	0.34%	
	2분기	0.34%	
	3분기	0.34%	
	4분기	0.34%	0.0268
			0.2153

〈그림 3.74〉 Gruber의 확률로 연도별 수요예측 결과

위의 화면에서 분기별 구매비율은 설문조사 얻어진 구매율을 해당되는 분기에 균등 분배한 결과이다. 이 결과를 그대로 활용하기에는 문제가 있고, 다음절에 소개되는 성장모형의 사례에서 설명하기로 한다.

5. 성장곡선모형 활용법

성장곡선모형은 제품 및 서비스가 시장에 진입하여 퇴출하는 과정을 모형으로 만든 것으로 제품 및 서비스가 처음 시장에 진입하여 알려지지 않았을 때에는 매출액이 적다가 점차 시장에 알려지면서 매출이 늘어나다가 경쟁제품이 나타나거나 혹은 구매하고자 하는 소비자가 모두 구매함에 따라서 신규 구매는 감소하면서 나타나는 현상을 적합한 함수 형태를 가정하여 모형화 한 것으로 새로운 제품/서비스가 시장에 진입하여 확산되는 과정을 설명하고 예측하기 위하여 쓰인다.

즉, 이와 같은 새로운 제품/서비스의 신규구매의 확산과정은 아래의 그림과 같이 당기 구매는 종 모양을 나타내고 누적 구매는 S자 모양을 나타낸다.

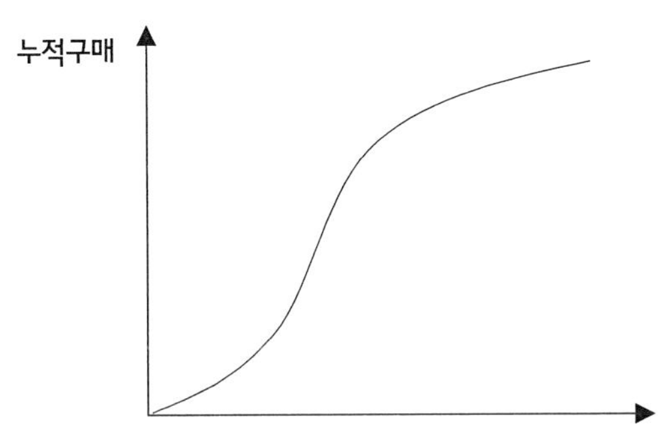

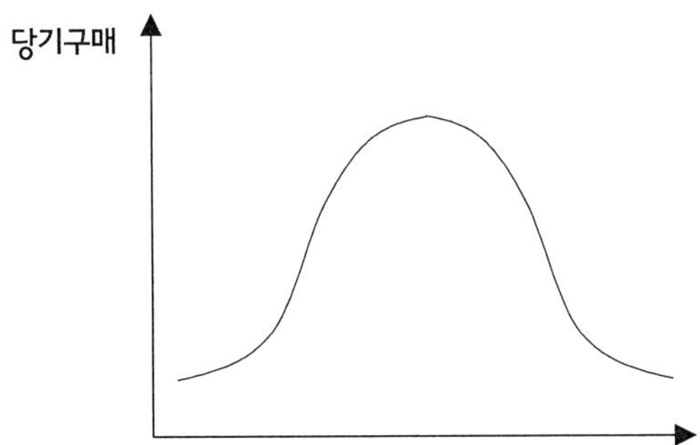

성장곡선모형은 일반적으로 시장에 도입되는 새로운 제품/서비스에 대해 처음 구매하게 되는 신규구매자 또는 신규가입자만을 대상으로 모형화하고, 대체 구매는 고려하지 않는다.

실무적으로 성장곡선모형은 새로운 제품/서비스에 대한 수요예측에 활용되고, 라이프사이클이 긴 기존의 제품에는 적용하지 않는다. 특히 라이프사이클이 짧은 게임서비스 혹은 IT제품에 활용도가 높다.

대표적인 성장곡선 모형으로 콤페르츠 모형, 로지스틱 모형, BASS 모형이 있다.

5.1 콤페르츠 모형(Gompertz Model)

콤페르츠 모형은 세로운 제품의 도입, 성장, 성숙, 포화에 이르는 성장 곡선을 기초로 한 모형으로 시장의 단계별 성숙도를 추세선에서 스스로 포함하고 있는 다음과 같은 모형이다.

$$Y_t = N\exp(-\exp(a+bt))$$

N: 잠재시장 규모,　　a, b: 상수

이 모형은 포화율이 0.37인 시점에서 Y_t의 변곡점이 발생하는 비대칭적 모형으로, 가장 오래된 모형 중의 하나이고, Log변환을 거쳐 선형회귀분석으로 추정할 수 있어 상대적으로 조작이 용이한 장점이 있으나, 모형의 직관적 해석이 어렵고, 잠재적인 시장규모인 N이 외생적으로 주어져야 한다.

콤페르츠모형을 엑셀로 구현해서 설명하면 다음과 같다. 위의 콤페르츠 모형에서 N을 알고 있다고 가정하면 a와 b를 추정하면 콤페르츠 모형으로 Y_t를 예측할 수 있다. a와 b를 추정하는 방법은 최소제곱법으로 [데이터] → [데이터 분석]에서 회귀분석을 이용해도 되지만, 엑셀함수를 이용하여 추정하기로 한다.

먼저 콤페르츠 모형을 회귀식으로 전개하면 다음과 같다.

$$\ln Y_t = \ln N - \exp(a+bt)$$

$$\ln N - \ln Y_t = \exp(a+bt)$$

$$\ln(\ln N - \ln Y_t) = a+b$$

예를 들면 새로운 제품에 대한 경쟁력 분석결과 향후 도달 가능한 잠재시장 규모가 500이고, 시점1에는 50에서 시작하여 시점5에는 250이 될 것이라는 시장 전문가의 의견이 있다고 가정하자. 이와 같은 가정으로 시점별 수요예측을 콤페르츠 모형으로 수행하는 과정을 엑셀로 구현하면 다음과 같다.

<그림 3.75>와 같이 최소제곱법으로 a와 b를 추정할 수 있도록 모형전개과정을 입력하고, 잠재시장규모 N과 시점1과 시점5의 전망값을 입력한다. 이들의 값으로는 콤페르츠 모형을 추정할 수 없으므로 추가적으로 시점1에서 시점5까지 동일한 성장률로 증가하였다고 가정한다. 평균성장률을 계산하면 (250/50)^(1/4)-1=0.495가 계산된다. 이것을 이용하여 셀 B3에서 셀 B5를 계산한다. 즉 셀 B3에 =B2*1.495를 입력하고 셀 B5까지 드래그한다.

F2 | fx | 500

	A	B	C	D	E	F	G
1	시점	Yt	lnYt	lnN-lnYt	ln(lnN-lnYt)	잠재시장규모N	예측값
2	1	50				500	
3	2					a	
4	3						
5	4					b	
6	5	250					
7	6						
8	7						
9	8						
10	9						
11	10						
12	11						
13	12						
14	13						
15	14						
16	15						

〈그림 3.75〉 **콤페르츠 모형 엑셀 초기화면**

B3 | =B2*1.495

	A	B	C	D	E	F	G
1	시점	Yt	lnYt	lnN-lnYt	ln(lnN-lnYt)	잠재시장규모N	예측값
2	1	50				500	
3	2	74.75				a	
4	3	111.7513					
5	4	167.0681				b	
6	5	250					
7	6						
8	7						
9	8						
10	9						
11	10						
12	11						
13	12						

〈그림 3.76〉 **콤페르츠 모형 부족한 자료 채우기**

Y_t의 부족한 값이 채워졌으므로 최소제곱법으로 a와 b를 추정하기 위하여 다음과 같은 계산해야 한다.

셀 C2에 =LN(B2)를 입력하고 셀 C6까지 드래그한다.

셀 D2에 =LN($F$2)-LN(B2)를 입력하고 셀 D6까지 드래그한다.

셀 E2에 =LN(D2)를 입력하고 셀 E6까지 드래그한다.

D2 | =LN($F$2)-LN(B2)

	A	B	C	D	E	F	G
1	시점	Yt	lnYt	lnN-lnYt	ln(lnN-lnYt)	잠재시장규모N	예측값
2	1	50	3.912023	2.302585	0.83403245	500	
3	2	74.75	4.314149	1.900459	0.64209538	a	
4	3	111.7513	4.716275	1.498333	0.40435294		
5	4	167.0681	5.118402	1.096206	0.09185556	b	
6	5	250	5.521461	0.693147	-0.36651292		
7	6						
8	7						
9	8						
10	9						
11	10						
12	11						

〈그림 3.77〉 **콤페르츠 모형 선형함수 변환값 구하기**

다음은 최소제곱법으로 a와 b를 추정한다. a는 =INTERCEPT 함수를 이용하고 b는 =SLOPE 함수를 이용한다.

<그림 3.78>은 셀 F4에 =INTERCEPT(E2:E6,A2:A6)를 입력하고, 셀 F6에 =SLOPE(E2:E6,A2:A6)을 입력한 결과이다.

IF | =SLOPE(E2:E6,A2:A6)

	A	B	C	D	E	F	G
1	시점	Yt	lnYt	lnN-lnYt	ln(lnN-lnYt)	잠재시장규모N	예측값
2	1	50	3.912023	2.302585	0.83403245	500	
3	2	74.75	4.314149	1.900459	0.64209538	a	
4	3	111.7513	4.716275	1.498333	0.40435294	1.206563845	
5	4	167.0681	5.118402	1.096206	0.09185556	b	
6	5	250	5.521461	0.693147	-0.36651292	=SLOPE(E2:E6,A2:A6)	
7	6					SLOPE(known_y's, known_x's)	
8	7						
9	8						
10	9						
11	10						
12	11						
13	12						
14	13						
15	14						
16	15						

〈그림 3.78〉 콤페르츠 모형 a, b 계산하기

최소제곱법으로 추정된 a와 b를 이용하여 예측값을 구하는 방법은 콤페르츠 모형에 각 추정값을 대입하는 것이다. 셀 G7에 =$F$2*EXP(-EXP($F$4+$F$6*A7))를 입력하고 셀 G16까지 드래그한다.

G7 | f_x | =$F$2*EXP(-EXP($F$4+$F$6*A7))

	A	B	C	D	E	F	G
1	시점	Yt	lnYt	lnN-lnYt	ln(lnN-lnYt)	잠재시장규모N	예측값
2	1	50	3.912023	2.302585	0.83403245	500	
3	2	74.75	4.314149	1.900459	0.64209538	a	
4	3	111.7513	4.716275	1.498333	0.40435294	1.206563845	
5	4	167.0681	5.118402	1.096206	0.09185556	b	
6	5	250	5.521461	0.693147	-0.36651292	-0.295133055	
7	6						283.1035
8	7						327.3986
9	8						364.816
10	9						395.4213
11	10						419.8604
12	11						439.0294
13	12						453.8655
14	13						465.2345
15	14						473.8825
16	15						480.4246

〈그림 3.79〉 콤페르츠 모형으로 수요 예측한 결과

콤페르츠 모형으로 예측한 결과를 시도표로 그리면 다음과 같이 S-곡선이 된다.

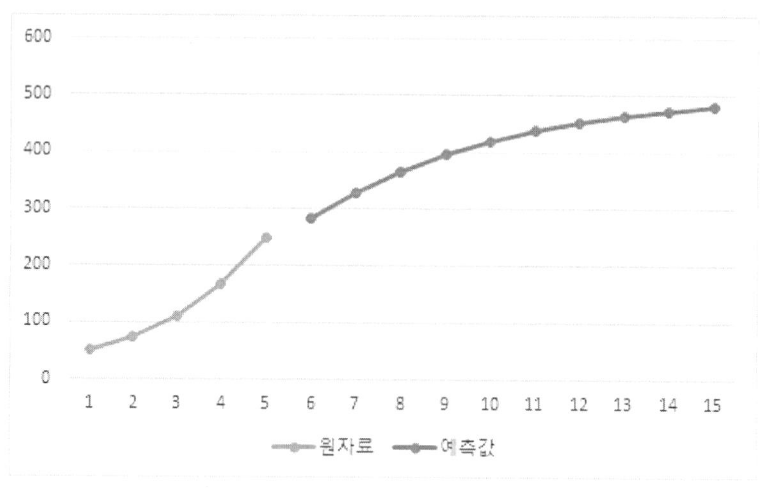

〈그림 3.80〉 콤페르츠 모형 예측결과 시도표

5.2 로지스틱 모형(Logistic Model)

로지스틱 모형은 콤페르츠 모형과 같이 시장의 단계별 성숙도를 추세선에 포함하고 있는 모형으로 다음과 같다.

$$Y_t = \frac{N}{1+\exp(-(a+bt))}$$

N: 잠재시장 규모, a, b: 상수

이 모형은 포화율이 0.5인 시점에서 Y_t의 변곡점이 발생하는 대칭적 모형으로, Gompertz모형과 마찬가지로 변수변환을 통해 쉽게 선형회귀분석으로 추정할 수 있는 장점이 있으나, 직관적 해석이 어렵고 잠재시장규모인 N을 모형설정자가 임의로 설정하여야 한다.

로지스틱모형을 엑셀로 구현해서 설명하면 다음과 같다.

위의 로지스틱 모형에서 N을 알고 있다고 가정하면 a와 b를 추정하면 로지스틱 모형으로 Y_t를 예측할 수 있다. a와 b를 추정하는 방법은 최소제곱법으로 [데이터] → [데이터분석]에서 회귀분석을 이용해도 되지만, 엑셀함수를 이용하여 추정하기로 한다.

먼저 로지스틱 모형을 회귀식으로 전개하면 다음과 같다.

$$Y_t = \frac{N}{1+\exp(-(a+bt))}$$

$$N/Y_t = 1+\exp(-(a+bt))$$

$$(N-Y_t)/Y_t = \exp(-(a+bt))$$

$$\ln(Y_t/(N-Y_t)) = a+bt$$

콤페르츠의 예와 같이 새로운 제품에 대한 경쟁력 분석결과 향후 도달 가능한 잠재시장규모가 500이고, 시점1에는 50에서 시작하여 시점5에는 250이 될 것이라는 시장 전문가의 의견이 있다고 가정하자. 이와 같은 가정으로 시점별 수요예측을 로지스틱 모형으로 수행하는 과정을 엑셀로 구현하면 다음과 같다.

<그림 3.81>와 같이 최소제곱법으로 a와 b를 추정할 수 있도록 모형전개과정을 입력하고, 잠재시장규모 N과 시점1과 시점5의 전망값을 입력한다. 이들의 값으로는 로지스틱 모형을 추정할 수 없으므로 추가적으로 시점1에서 시점5까지 동일한 성장률로 증가하였다고 가정한다. 평균성장률을 계산하면 (250/50)^(1/4) -1=0.495가 계산된다. 이것을 이용하여 셀 B3에서 셀 B5를 계산한다. 즉 셀 B3에 =B2*1.495를 입력하고 셀 B5까지 드래그한다.

D2 | fx 500

	A	B	C	D	E
1	시점	Yt	ln(Yt/(N-Yt))	잠재시장규모N	예측값
2	1	50		500	
3	2			a	
4	3				
5	4			b	
6	5	250			
7	6				
8	7				
9	8				
10	9				
11	10				
12	11				
13	12				
14	13				
15	14				
16	15				

〈그림 3.81〉 로지스틱 모형 엑셀 초기화면

B3	=B2*1.495			
A	**B**	**C**	**D**	**E**
시점	Yt	ln(Yt/(N-Yt))	잠재시장규모N	예측값
1	50		500	
2	74.75		a	
3	111.7513			
4	167.0681		b	
5	250			
6				
7				
8				
9				
10				
11				

〈그림 3.82〉 **로지스틱 모형 부족한 자료 채우기**

Y_t의 부족한 값이 채워졌으므로 최소제곱법으로 a와 b를 추정하기 위하여 다음과 같은 계산해야 한다. 셀 C2에 =LN(B2/($D$2-B2))를 입력하고 셀 C6까지 드래그한다.

E8				
A	**B**	**C**	**D**	**E**
시점	Yt	ln(Yt/(N-Yt))	잠재시장규모N	예측값
1	50	-2.197224577	500	
2	74.75	-1.738528019	a	
3	111.7513	-1.245370823		
4	167.0681	-0.689536282	b	
5	250	0		
6				
7				
8				
9				
10				
11				

〈그림 3.83〉 **로지스틱 모형 선형함수 변환값 구하기**

다음은 최소제곱법으로 a와 b를 추정한다. a는 =INTERCEPT 함수를 이용하고 b는 =SLOPE 함수를 이용한다. <그림 3.84>는 셀 D4에 =INTERCEPT (C2:C6, A2:A6)를 입력하고, 셀 D6에 =SLOPE(C2:C6,A2:A6)을 입력한 결과이다.

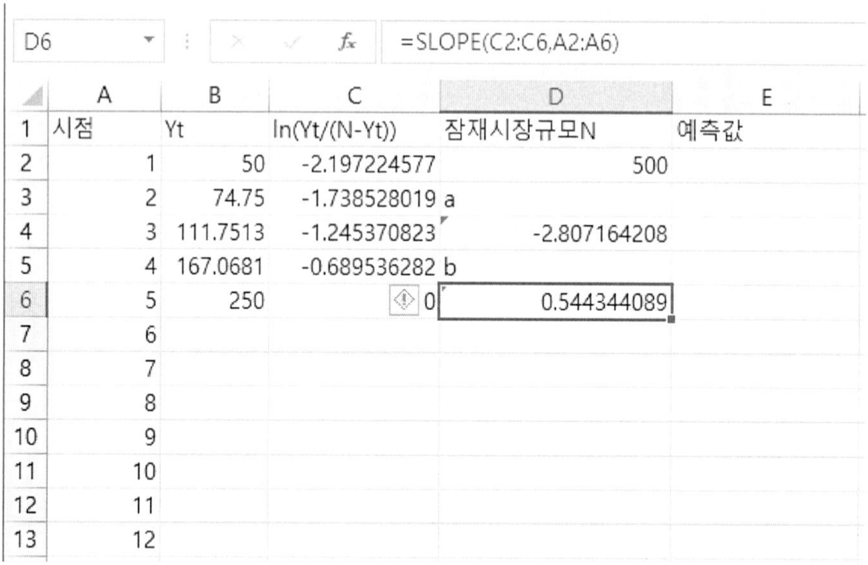

D6 =SLOPE(C2:C6,A2:A6)

	A	B	C	D	E
1	시점	Yt	ln(Yt/(N-Yt))	잠재시장규모N	예측값
2	1	50	-2.197224577	500	
3	2	74.75	-1.738528019	a	
4	3	111.7513	-1.245370823	-2.807164208	
5	4	167.0681	-0.689536282	b	
6	5	250	0	0.544344089	
7	6				
8	7				
9	8				
10	9				
11	10				
12	11				
13	12				

〈그림 3.84〉 **로지스틱 모형** a, b **계산하기**

최소제곱법으로 추정된 a와 b를 이용하여 예측값을 구하는 방법은 로지스틱 모형에 각 추정값을 대입하는 것이다. 셀 E7에 =$D$2/(1+EXP(-($D$4+$D$6*A7)))를 입력하고 셀 E16까지 드래그한다.

E7 | f_x | =$D$2/(1+EXP(-($D$4+$D$6*A7)))

	A	B	C	D	E
1	시점	Yt	ln(Yt/(N-Yt))	잠재시장규모N	예측값
2	1	50	-2.197224577	500	
3	2	74.75	-1.738528019	a	
4	3	111.7513	-1.245370823	-2.807164208	
5	4	167.0681	-0.689536282	b	
6	5	250	0	0.544344089	
7	6				306.3766354
8	7				365.8479956
9	8				412.2825821
10	9				445.0582967
11	10				466.5800534
12	11				480.0492271
13	12				488.2269215
14	13				493.1008054
15	14				495.9736121
16	15				497.6558762

〈그림 3.85〉 **로지스틱 모형으로 수요 예측한 결과**

로지스틱 모형으로 예측한 결과를 시도표로 그리면 다음과 같이 S-곡선이 된다.

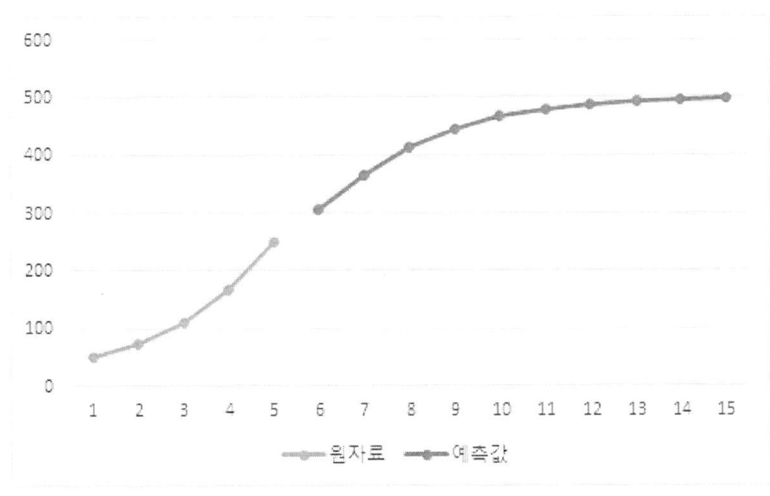

〈그림 3.86〉 **로지스틱 모형 예측결과 시도표**

5.3 Bass 모형(Bass Model)

Bass 모형은 로지스틱 모형이나 콤페르츠 모형과 같이 시장의 단계별 성숙도를 추세선에 포함하고 있는 모형으로 소비자의 최초구매는 이전의 구매자 수의 선형함수라는 가정에서 다음과 같이 정의된다.

$$P(t) = p + \frac{qS(t)}{N}$$

$P(t)$: t시점에 최초 구매할 확률, p: 최초구매확률(혁신계수)
$S(t)$: t시점 이전 누적구매자 수, N: 잠재고객 수
q: 구매자들의 구전효과인 모방계수

$$\begin{aligned} t\text{기의 구매자 수 } Y(t) &= P(t)[N - S(t)] \\ &= \left[\frac{p + qS(t)}{N}\right][N - S(t)] \\ &= p[N - S(t)] + \frac{qS(t)}{N}[N - S(t)] \\ &= pN + (q-p)S(t) - \frac{q}{N}[S(t)]^2 \end{aligned}$$

위와 같이 정의되는 바스 모형은 신제품 수요예측에 유용하고, 혁신계수와 모방계수로 설득력이 높은 모형이며 콤페르츠 모형이나 로지스틱 모형과 다른 점은 잠재고객 수 N이 내생적으로 결정되어 장점이 많으나 2차 함수 형태로 p, q, N이 추정되어 자료에 의하여 민감하게 변하므로 세심한 주의가 필요하다.

바스모형을 엑셀로 구현해서 설명하면 다음과 같다.

$$Y(t) = pN + (q-p)S(t) - \frac{q}{N}[S(t)]^2$$

새로운 제품에 대한 경쟁력 분석결과 새로운 제품의 구매자수는 시점1에는 50에서 시작하여 시점5에는 250이 될 것이라는 시장 전문가의 의견이 있다고 가정하자. 이와 같은 가정으로 시점별 수요예측을 바스 모형으로 수행하는 과정을 엑셀로 구현하면 다음과 같다.

<그림 3.87>과 같이 회귀분석으로 p, q, N을 추정할 수 있도록 모형전개과정을 입력하고, 시점1과 시점5의 전망값을 입력한다. 이들의 값으로는 바스 모형을 추정할 수 없으므로 콤페르츠나 로지스틱과 같이 추가적으로 시점1에서 시점5까지 동일한 성장률로 증가하였다고 가정한다. 평균성장률을 계산하면 (250/50)^(1/4)-1=0.495가 계산된다. 이것을 이용하여 셀 B3에서 셀 B5를 계산한다. 즉 셀 B3에 =B2*1.495를 입력하고 셀 B5까지 드래그한다.

B7 | f_x 250

	A	B	C	D	E	F	G
1		t기구매자	t-1기 누적구매자				
2	시점	Y(t)	S(t)	S(t)^2	p=		
3	1	50					
4	2				q=		
5	3						
6	4				N=		
7	5	250					
8	6						
9	7						
10	8						
11	9						
12	10						
13	11						
14	12						
15	13						
16	14						
17	15						

〈그림 3.87〉 바스 모형 엑셀 초기화면

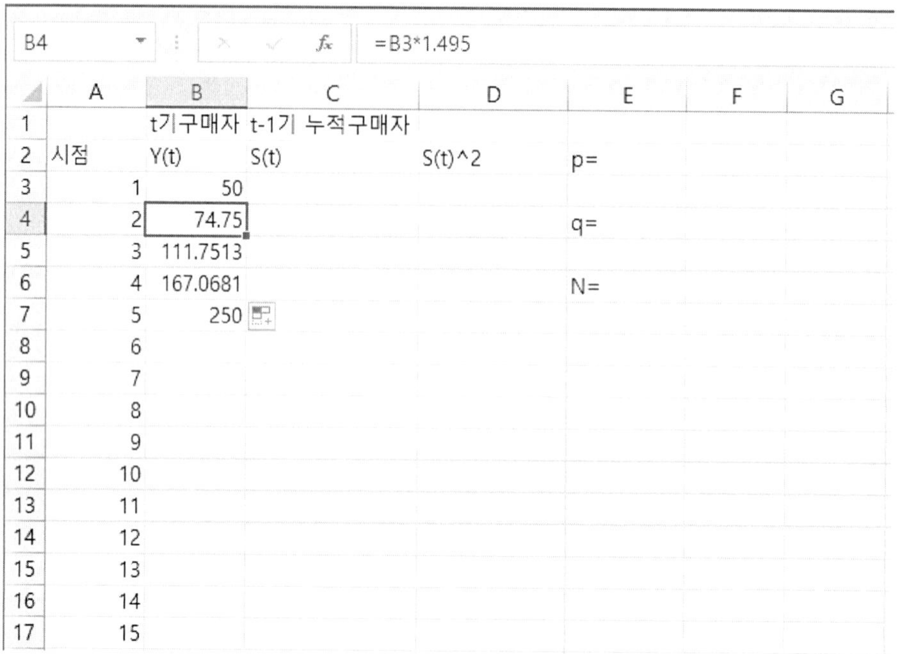

B4 | =B3*1.495

	A	B	C	D	E	F	G
1		t기구매자	t-1기 누적구매자				
2	시점	Y(t)	S(t)	S(t)^2	p=		
3	1	50					
4	2	74.75			q=		
5	3	111.7513					
6	4	167.0681			N=		
7	5	250					
8	6						
9	7						
10	8						
11	9						
12	10						
13	11						
14	12						
15	13						
16	14						
17	15						

〈그림 3.88〉 **바스 모형 부족한 자료 채우기**

Y_t의 부족한 값이 채워졌으므로 회귀분석으로 p, q, N을 추정하기 위하여 $S(t)$, $S(t)$^2을 계산한다. $S(t)$는 t-1기까지의 누적구매자이므로 시점1은 0이 된다. 그리고 셀 C4에 =C3+B3을 입력하고 셀 C8까지 드래그한다. 셀 D3에 =C3^2를 입력하고 셀 D8까지 드래그한다.

C4 | f_x | =C3+B3

	A	B	C	D	E	F	G
1		t기구매자	t-1기 누적구매자				
2	시점	Y(t)	S(t)	S(t)^2	p=		
3	1	50	0	0			
4	2	74.75	50	2500	q=		
5	3	111.7513	124.75	15562.5625			
6	4	167.0681	236.50125	55932.84125	N=		
7	5	250	403.5693688	162868.2354			
8	6		653.5693688	427152.9198			
9	7						
10	8						
11	9						
12	10						
13	11						
14	12						
15	13						
16	14						
17	15						

〈그림 3.89〉 바스 모형 독립변수 계산하기

다음은 회귀분석을 이용하여 중회귀분석을 한다.

[데이터]→[데이터 분석]→[회귀분석]을 선택한다.

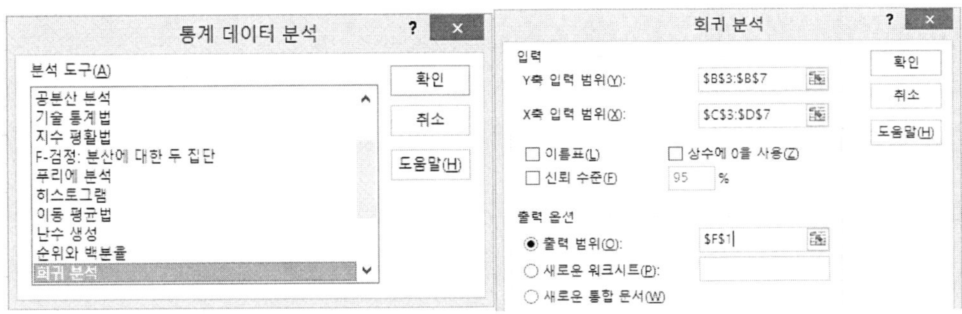

〈그림 3.90〉 바스 모형 회귀분석1

회귀분석결과를 이용하여 $Y(t)$를 예측한다. 셀 B8에 =$G$17+C8*$G$18+D8*$G$19를 입력하면 된다.

B8 | =$G$17+C8*$G$18+D8*$G$19

	A	B	C	D	E	F	G
1		t기구매자	t-1기 누적구매자			요약 출력	
2	시점	Y(t)	S(t)	S(t)^2	p=		
3	1	50	0	0		회귀분석 통계량	
4	2	74.75	50	2500	q=	다중 상관	1
5	3	111.7513	124.75	15562.5625		결정계수	1
6	4	167.0681	236.50125	55932.84125	N=	조정된 결	1
7	5	250	403.5693688	162868.2354		표준 오차	0.02628
8	6	374.3534	653.5693688	427152.9198		관측수	5
9	7						
10	8					분산 분석	
11	9						자유도
12	10					회귀	2
13	11					잔차	2
14	12					계	4
15	13						
16	14						계수
17	15					Y 절편	50.01447
18						X 1	0.494348
19						X 2	2.92E-06

〈그림 3.91〉 바스 모형 회귀분석1 결과로 Y(t)예측

바스 모형에서 $Y(t)$가 계산되면 $S(t+1)$와 $S(t+1)$^2이 계산되고, 그 자료를 이용하여 $Y(t+1)$이 계산되어야 하므로 셀 영역 B8:D8을 B17:D17까지 드래그하여 시점15까지 예측한다.

B8 =$G$17+C8*$G$18+D8*$G$19

	A	B	C	D	E	F	G
1		t기구매자	t-1기 누적구매자			요약 출력	
2	시점	Y(t)	S(t)	S(t)^2	p=		
3	1	50	0	0		회귀분석 통계량	
4	2	74.75	50	2500	q=	다중 상관	1
5	3	111.7513	124.75	15562.5625		결정계수	1
6	4	167.0681	236.50125	55932.84125	N=	조정된 결	1
7	5	250	403.5693688	162868.2354		표준 오차	0.02628
8	6	374.3534	653.5693688	427152.9198		관측수	5
9	7	561.2537	1027.922738	1056625.156			
10	8	843.0008	1589.176428	2525481.72		분산 분석	
11	9	1269.643	2432.177186	5915485.865			자유도
12	10	1920.048	3701.82034	13703473.83		회귀	2
13	11	2921.535	5621.8681	31605400.94		잔차	2
14	12	4486.729	8543.403087	72989736.3		계	4
15	13	6987.602	13030.13225	169784346.4			
16	14	11116.75	20017.73436	400709688.8			계수
17	15	18274.08	31134.48799	969356342.4		Y 절편	50.01447
18						X 1	0.494348
19						X 2	2.92E-06

〈그림 3.92〉 바스 모형 수요예측결과1

<그림 3.92>의 수요예측결과는 시점 15까지 지속적으로 증가하는 상황으로 S-곡선이 되지 않는다. 이러한 예측결과를 활용하기 어렵다.

따라서 $Y(t)$의 값을 $Y(1)$=50, $Y(2)$=100, $Y(3)$=150, $Y(4)$=200, $Y(5)$=250으로 수정하고 앞의 과정을 다시 시도하면 다음과 같은 결과가 된다.

B8 | =$G$17+$G$18*C8+$G$19*D8

	A	B	C	D	E	F	G
1		t기구매자	t-1기 누적구매자			요약 출력	
2	시점	Y(t)	S(t)	S(t)^2	p=		
3	1	50	0	0		회귀분석 통계량	
4	2	100	50	2500	q=	다중 상관계:	0.995327
5	3	150	150	22500		결정계수	0.990676
6	4	200	300	90000	N=	조정된 결정:	0.981352
7	5	250	500	250000		표준 오차	10.79584
8	6	233.3333	750	562500		관측수	5
9	7	154.0145	983.3333333	966944.4			
10	8	66.89389	1137.347837	1293560		분산 분석	
11	9	20.4428	1204.241724	1450198			자유도
12	10	5.206884	1224.684529	1499852		회귀	2
13	11	1.24839	1229.891413	1512633		잔차	2
14	12	0.294615	1231.139803	1515705		계	4
15	13	0.069263	1231.434418	1516431			
16	14	0.016269	1231.503681	1516601			계수
17	15	0.00382	1231.519949	1516641		Y 절편	58.50816
18						X 1	0.670163
19						X 2	-0.00058

〈그림 3.93〉 바스 모형 수요예측결과2

<그림 3.93>의 바스 모형 수요예측결과에서 누적구매자가 1,231에서 증가하지 않고 수렴하고 있으므로 잠재 구매자 수는 1,231로 계산된다. 그러면 혁신계수 p와 모방계수 q를 다음과 같이 추정할 수 있다.

먼저 셀 E7에 1231로 수렴된 =C17을 입력한다. 혁신계수는 셀 E3에 =G17/E7을 입력하여 계산한다. 모방계수는 셀 E5에 =G18+E3을 입력하여 계산한다.

E5 =G18+E3

	A	B	C	D	E	F	G
1		t기구매자	t-1기 누적구매자			요약 출력	
2	시점	Y(t)	S(t)	S(t)^2	p=		
3	1	50	0	0	0.047509	회귀분석 통계량	
4	2	100	50	2500	q=	다중 상관계:	0.995327
5	3	150	150	22500	0.717672	결정계수	0.990676
6	4	200	300	90000	N=	조정된 결정:	0.981352
7	5	250	500	250000	1231.52	표준 오차	10.79584
8	6	233.3333	750	562500		관측수	5
9	7	154.0145	983.3333333	966944.4			
10	8	66.89389	1137.347837	1293560		분산 분석	
11	9	20.4428	1204.241724	1450198			자유도
12	10	5.206884	1224.684529	1499852		회귀	2
13	11	1.24839	1229.891413	1512633		잔차	2
14	12	0.294615	1231.139803	1515705		계	4
15	13	0.069263	1231.434418	1516431			
16	14	0.016269	1231.503681	1516601			계수
17	15	0.00382	1231.519949	1516641		Y 절편	58.50816
18						X 1	0.670163
19						X 2	-0.00058

〈그림 3.94〉 **바스 모형 혁신계수** p**와 모방계수** q

바스 모형으로 예측한 신규 구매자와 누적 구매자를 시도표로 그리면 다음과 같이 S-곡선이 된다.

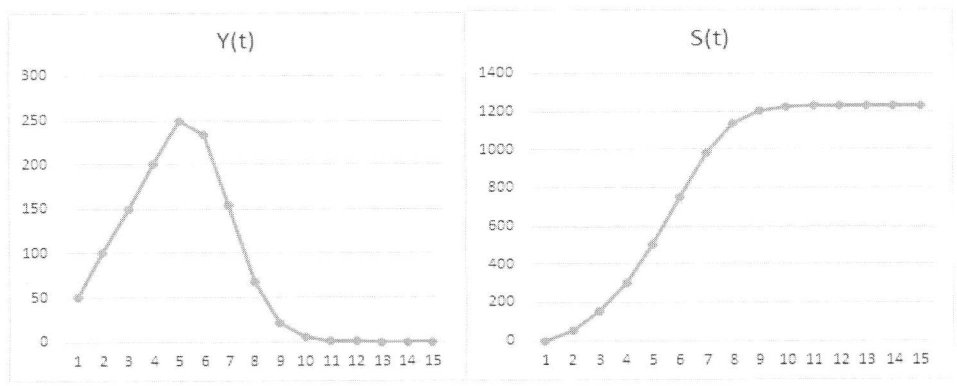

〈그림 3.95〉 **바스 모형 신규 구매자와 누적 구매자 시도표**

6. 결합예측방법

예측방법에는 여러 가지가 있다. 예측방법이 사용되는 조건이나 상황이 다를 수 있지만 같은 상황에서 서로 다른 예측방법을 사용할 수 있다. 즉 서로 다른 예측방법에 의하여 예측된 결과는 서로 다른 값으로 예측된다. 앞에서 설명한 바와 같이 예측력이 우수한 모형을 선택하여 예측할 수도 있지만, 예측값을 선형결합하여 예측력을 더욱 좋게 할 수도 있다. 이와 같은 예측방법이 결합예측방법이다.

앞에서 설명한 시계열분해법에서 예측력 비교하여 모형을 선택하는 예를 이용하여 결합예측방법을 설명하기로 한다.

<그림 3.32>에서는 가법모형의 예측오차를 구했고, <그림 3.34>에서는 승법모형의 예측오차를 구했다. 각각의 예측오차 절대값의 합은 64297과 142818로 가법모형의 예측력이 더 좋았다.

결합예측모형은 이들의 예측값에 가중값을 이용하여 선형결합하는 것이다.

$$\text{결합예측} = \text{가법모형예측값} \times W + \text{승법모형예측값} \times (1 - W)$$

위 식에서 예측오차 절대값의 합이 가장 작은 가중값 W를 구하여 예측하는 것이다.

<그림 3.32>와 <그림 3.34>의 예에서 다음의 그림과 같이 정리하였다.

V31 =I31*$V$29+S31*(1-$V$29)

	A	B	C	I	J	K	S	T	U	V	W	X
28	2013 2/4	26	77,804							가중값		
29	2013 3/4	27	91,830	가법모형			승법모형			0.8		
30	2013 4/4	28	78,767	예측결과	예측오차	오차절대값	예측결과	예측오차	오차절대값	결합예측	예측오차	오차절대값
31	2014 1/4	29	70,127	72,693	-2,566	2565.834484	72183.42883	-2,056	2056.428834	72590.95335	-2,464	2463.953354
32	2014 2/4	30	90,630	84,163	6,467	6466.57923	88762.3686	1,868	1867.631399	85083.21034	5,547	5546.789664
33	2014 3/4	31	102,524	97,710	4,814	4813.930444	112055.8931	-9,532	9531.89314	100579.2343	1,945	1944.765727
34	2014 4/4	32	85,881	89,298	-3,417	3416.676676	96641.39211	-10,760	10760.39211	90766.41976	-4,885	4885.419763
35	2015 1/4	33	62,509	79,680	-17,171	17171.26296	81514.33727	-19,005	19005.33727	80047.07782	-17,538	17538.07782
36	2015 2/4	34	90,621	91,151	-530	529.8492482	100236.3807	-9,615	9615.380672	92967.95553	-2,347	2346.955533
37	2015 3/4	35	109,474	104,697	4,777	4776.501966	126540.9806	-17,067	17066.98058	109066.1945	408	407.8054566
38	2015 4/4	36	90,734	96,205	-5,551	5551.105154	109133.899	-18,400	18399.89898	98854.86392	-8,121	8120.86392
39	2016 1/4	37	75,734	86,668	-10,934	10933.69144	92051.42077	-16,317	16317.42077	87744.43731	-12,010	12010.43731
40	2016 2/4	38	101,665	98,138	3,527	3526.722274	113193.5996	-11,529	11528.59959	101149.3421	516	515.6579005
41	2016 3/4	39	116,230	111,685	4,545	4545.073487	142898.5064	-26,669	26668.50643	117927.6425	-1,698	1697.642495
42					절대오차합	64297.22736		절대오차합	142818.4698		절대오차합	57478.36894

〈그림 3.96〉 결합예측 가중값

<그림 3.96>과 같이 가법모형과 승법모형 예측결과를 선형결합하여 결합예측하기 위하여 셀 V31에 =I31*$V$29+S31*(1-$V$29)를 입력하고 셀 V41까지 드래그한다.

셀 W31에 =C31-V31를 입력하고 셀 W41까지 드래그한다.

셀 X31에 =ABS(W31)를 입력하고 셀 X41까지 드래그한다.

셀 X42에 =SUM(X31:X41)를 입력한다.

셀 V29의 가중값을 0.5에서부터 0.1씩 가감하면서 절대예측오차합이 가장 작은 가중값을 찾는다. 절대예측오차합이 가장 작은 가중값은 0.8로 계산되었고 세 가지 절대오차합 중에서 가장 작다. 따라서 가법모형과 승법모형으로 예측값을 구하고 이들 예측값을 가중값 0.8로 선형결합하여 예측하는 것이 가장 예측력이 우수하다.

$$\text{결합예측값} = \text{가법모형예측값} \times 0.8 + \text{승법모형예측값} \times (1 - 0.8)$$

이렇게 예측된 결과를 시도표로 그리면 다음과 같다.

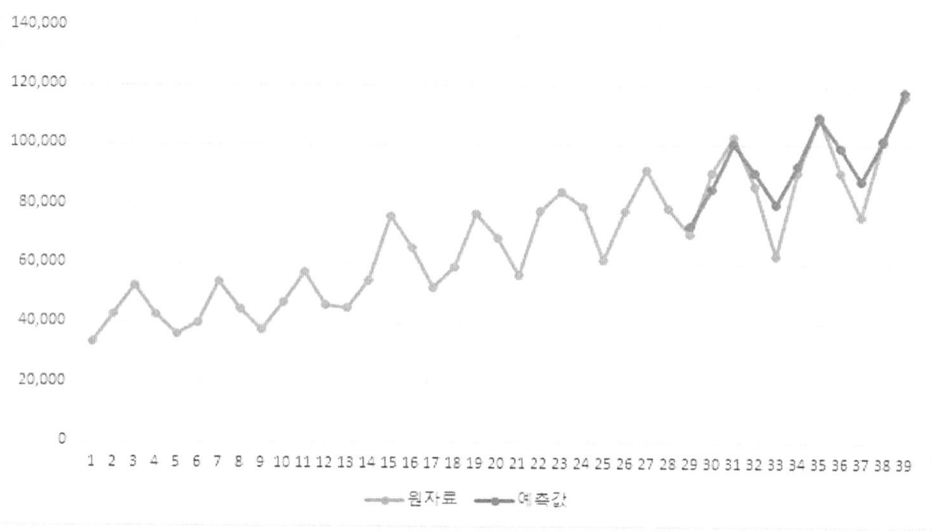

〈그림 3.97〉 결합예측 결과 시도표

CHAPTER

4 KESS 활용 수요예측방법

KESS(Korean Educational Statistics Software)는 엑셀 고유의 분석 기능에 VBA를 이용하여 개발된 통계분석기능을 추가하여 사용할 수 있도록 만든 통계자료분석용 소프트웨어이다. 엑셀은 사회에서 기본적인 자료분석에 많이 활용되는 프로그램이나 회계 업무를 위해 개발된 관계로 제공되는 통계자료분석 기능이 부족하여 서울대학교 통계학과에서 통계교육에 필요한 분석기법과 사회업무에서 유용하게 사용될 수 있는 자료분석 기능들을 추가하여 교육 및 업무에 활용할 수 있도록 개발하여 무료로 보급하고 있다. KESS에서 제공되는 통계분석의 종류는 다음과 같다.

· 기술통계분석
· 그래프: 히스토그램, 상자그림, 줄기-잎 그림, 정규확률그림
· 통계학습: 표본분포(이항분포, t-분포, 카이제곱분포, F-분포)
· 통계학습: 모의실험(중심극한정리, t-통계량의 경험분포)
· t-검정: 일표본 t-검정, 이표본 t-검정(독립비교, 대응비교)
· 모비율검정: 일표본 검정, 이표본 검정
· 분산분석: 일원배치법, 이원배치법
· 범주형자료분석: 적합도 검정, 분할표, 로그선형모형
· 비모수분석: 일표본, 이표본, 분산분석
· 회귀분석: 회귀분석, 이분형로지스틱

· 상관분석
· 일반선형모형
· 실험계획 : 요인분석, 요인설계
· 다변량분석: 주성분분석, 인자분석, 판별분석, 군집분석, 의사결정나무
· 시계열분석: 이동평균법, 지수평활법
· 품질관리: QC도구, 관리도, 공정능력분석
· 설문분석: 빈도분석, 신뢰도분석

본 교재에서 이용하는 통계분석은 회귀분석과 시계열분석의 이동평균법, 지수평활법이다.

KESS는 http://stat.snu.ac.kr/time/kess_main.html에서 다운로드받을 수 있다.

1. KESS 활용방법

① http://stat.snu.ac.kr/time/kess_main.html 주소의 KESS 홈페이지에서 본인 컴퓨터에 작동되고 있는 office 환경에 대응되는 KESS를 선택하여 다운로드한다.

② 다운로드한 Kess2013.zip 파일을 더블 클릭하여 압축을 풀어 지정된 폴더에 저장한다.(예. C:\KESS)

③ 압축일 풀린 KESS 폴더에서 KESS.xlam 파일을 선택하고 마우스의 오른쪽 버튼을 눌러 <그림 4.1>과 같이 [보내기] → [바탕화면에 바로가기 만들기]를 선택하면 바탕화면에 바로가기 아이콘이 생긴다.

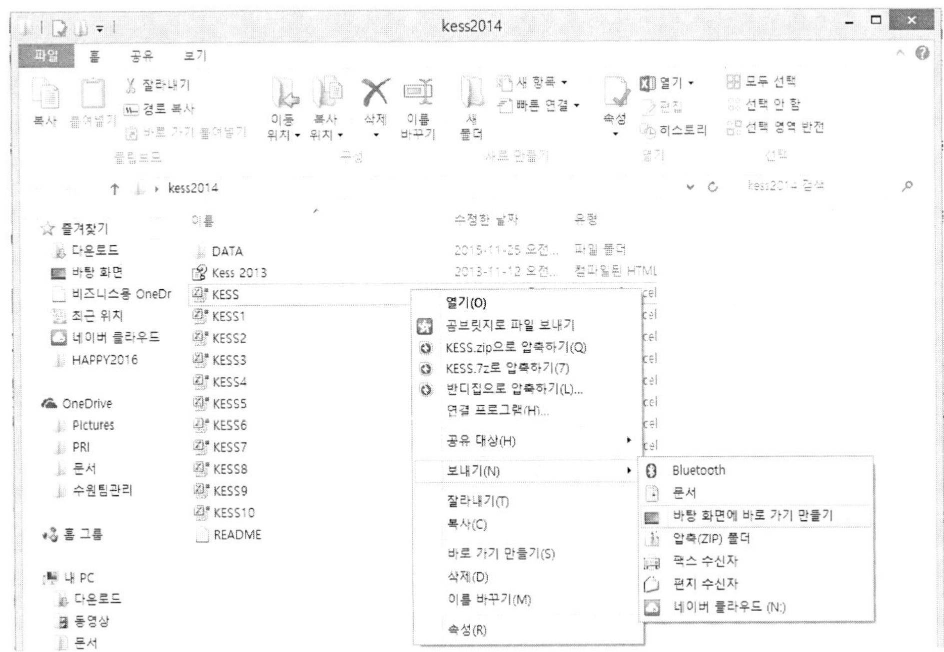

〈그림 4.1〉 KESS 바로가기 만들기

④ KESS 바로가기를 더블 클릭하면 엑셀이 실행되면서 다음 그림과 같은 대화상자가 나타난다. 여기서 [매크로 포함(E)]을 선택하면 KESS가 실행된다.

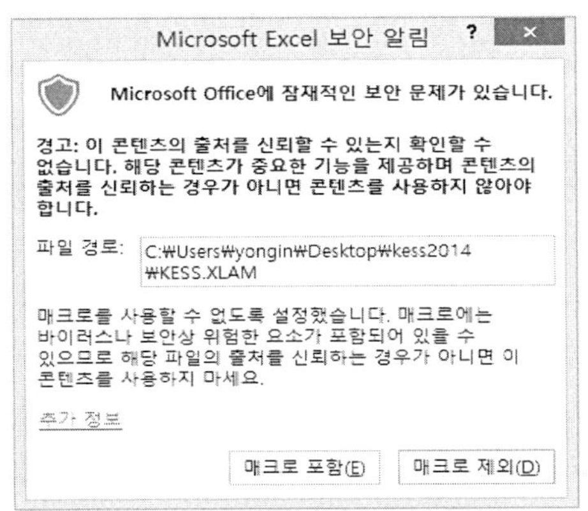

〈그림 4.2〉 매크로포함 대화상자

- 엑셀을 실행할 때 자동으로 KESS를 실행하려면 엑셀의 추가기능을 이용한다.

엑셀에서 [파일] → [옵션] → [추가기능] → 대화상자 아래쪽에 위치한 [이동]을 선택하면 <그림 4.3>의 추가기능 대화상자가 나타난다. 여기서 [찾아보기]를 선택하면 찾아보기 대화상자가 나타나는데 여기에서 KESS 파일이 있는 폴더를 찾아가서 KESS를 선택하고 [확인]을 선택한다.

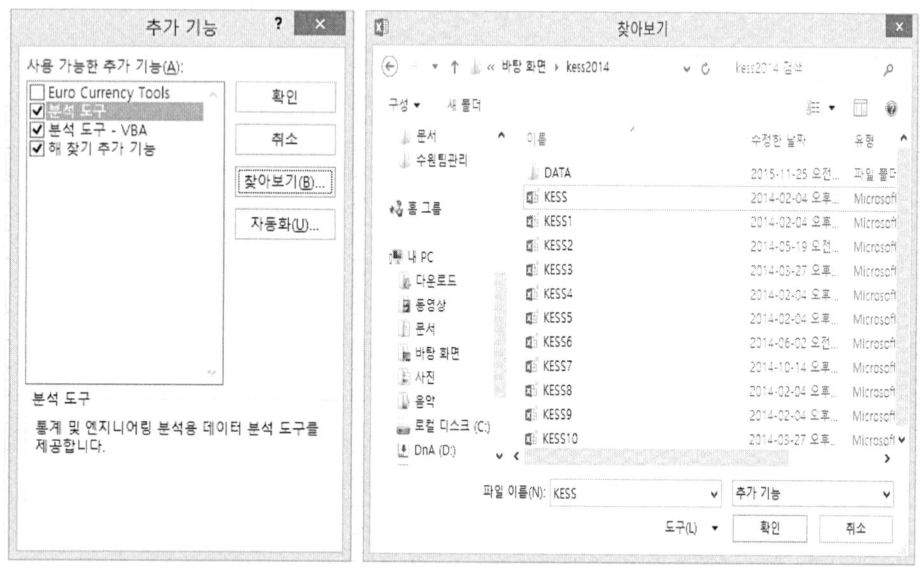

〈그림 4.3〉 엑셀 추가기능 대화상자

KESS가 실행되면 엑셀의 메뉴에 [추가기능]이 추가되고 [추가기능]을 선택하면 <그림 4.4>와 같이 통계분석 메뉴가 나타난다.

〈그림 4.4〉 KESS 실행화면

2. KESS 활용 회귀분석

<그림 4.4> 커피내수량 회귀분석 예측 변수 자료를 이용하여 KESS 활용하는 방법을 설명한다.

커피음료 - Excel YounChong Kim

E10 110376.24

	A	B	C	D	E
1	연도별	내수량	가격	GDP	광고비
2	2007	171131	1259.071	1043258	24743.16
3	2008	174645	1750.007	1104492	32237.53
4	2009	187503	1792.595	1151708	39731.9
5	2010	240284	1515.036	1265308	43695.21
6	2011	256511	1931.898	1332681	47325.07
7	2012	296698	2070.22	1377457	64421.89
8	2013	309572	2570.988	1429446	79849.9
9	2014	349162	2431.674	1486079	103467.8
10	2015	353338	2880.974	1558592	110376.2

〈그림 4.5〉 KESS 회귀분석을 위한 자료정리

<그림 4.5>와 같이 셀 A1에 변수명이 입력되어야 하고, 빈칸이 없도록 자료를 정리해야 한다. 다음에는 [추가기능] → [통계분석] → [회귀분석] → [회귀분석]을 선택하면 다음과 같은 대화상자가 나타난다. 이 대화상자에서 다음과 같이 선택한다.

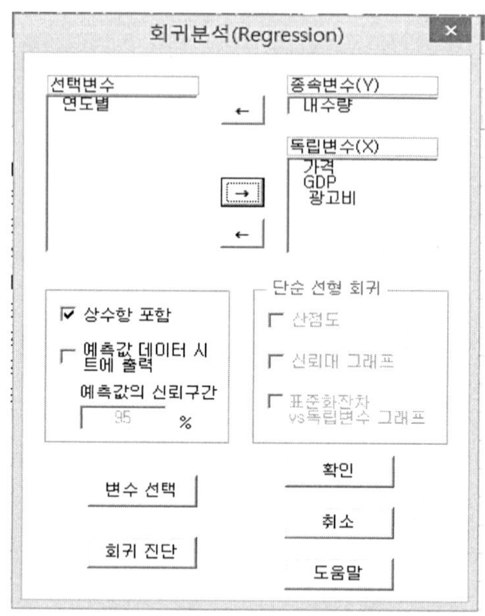

〈그림 4.6〉 KESS **회귀분석 대화상자**

<그림 4.6>에서 [확인]을 선택하면 새 워크시트에 회귀분석결과가 나타난다.

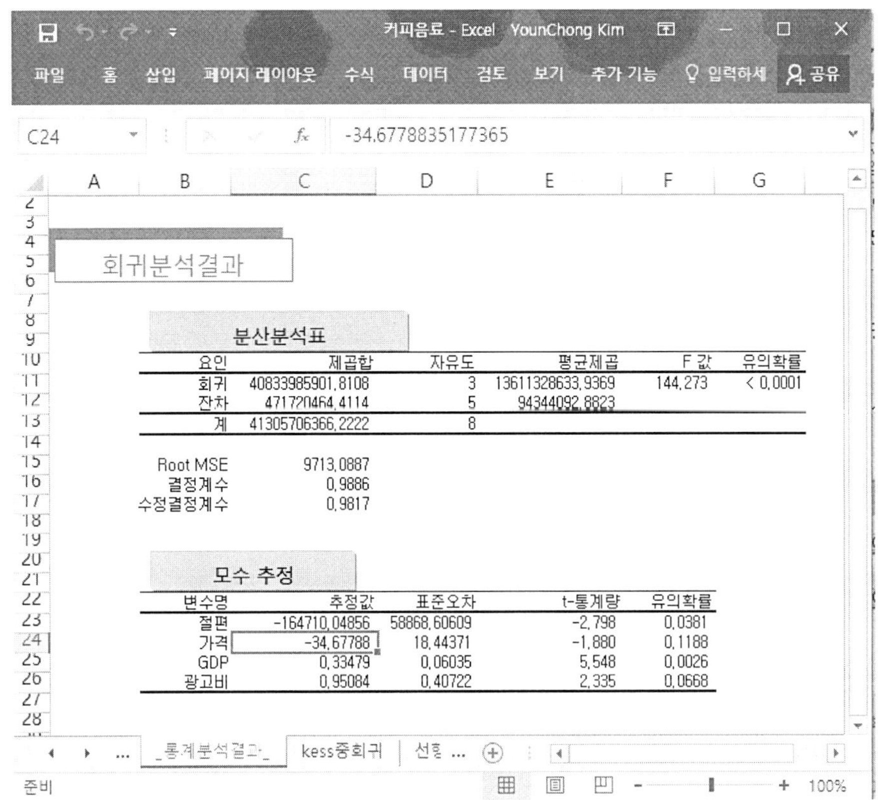

회귀분석결과

분산분석표

요인	제곱합	자유도	평균제곱	F 값	유의확률
회귀	40833985901,8108	3	13611328633,9369	144,273	< 0,0001
잔차	471720464,4114	5	94344092,8823		
계	41305706366,2222	8			

Root MSE	9713,0887
결정계수	0,9886
수정결정계수	0,9817

모수 추정

변수명	추정값	표준오차	t-통계량	유의확률
절편	-164710,04856	58868,60609	-2,798	0,0381
가격	-34,67788	18,44371	-1,880	0,1188
GDP	0,33479	0,06035	5,548	0,0026
광고비	0,95084	0,40722	2,335	0,0668

〈그림 4.7〉 KESS 회귀분석결과

이 회귀분석결과는 엑셀에서 회귀분석한 결과와 같고, 3장의 중회귀분석에서 예측한 것과 같은 방법으로 예측한다.

3. KESS 활용 이동평균법과 지수평활법

<그림 4.7> 분기별 커피음료 내수량 자료를 이용하여 KESS 활용 이동평균법으로 예측하는 방법을 설명한다.

먼저 <그림 4.8>과 같이 커피음료 내수량 분기별자료를 셀 A1부터 정리한다.

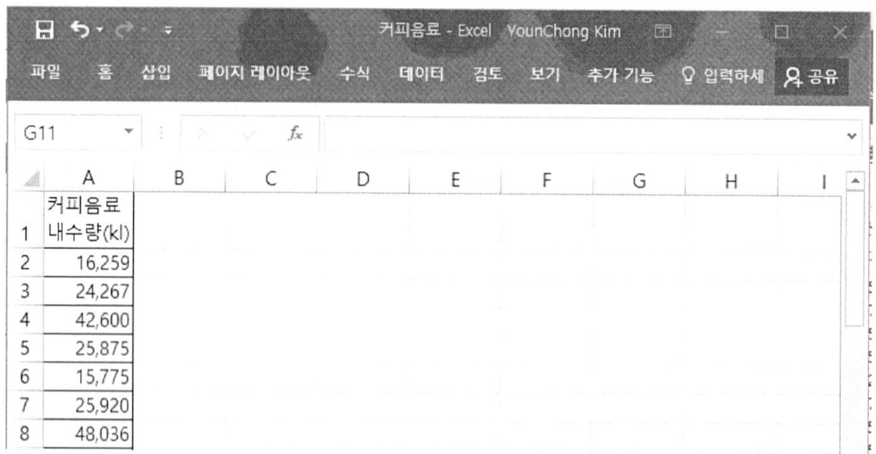

	A
1	커피음료 내수량(kl)
2	16,259
3	24,267
4	42,600
5	25,875
6	15,775
7	25,920
8	48,036

〈그림 4.8〉 KESS 이동평균을 위한 자료정리

그리고 먼저 시간변수를 생성해야 한다. [추가기능] → [통계분석] → [시계열분석] → [시간변수생성]을 선택하면 <그림 4.9>와 같이 시간변수 생성 대화상자가 나타난다. 이 대화상자에서 다음과 같이 선택하고 확인을 클릭하면 시간변수가 생성된다.

시간변수 생성

선택변수 | 분석변수: 커피음료내수량(| 확인 | 취소 | 도움말

년 | 반기 | 분기 | 월 | 주 | 일(주5) | 일(주6) | 일(주7)

시작일 2000 년 1 월 1 일

	A	B
1	Date-커피	커피음료 내수량(kl)
2	2000-01	16,259
3	2000-04	24,267
4	2000-07	42,600
5	2000-10	25,875
6	2001-01	15,775
7	2001-04	25,920
8	2001-07	48,036
9	2001-10	30,020
10	2002-01	20,317

〈그림 4.9〉 KESS 시계열분석의 시간변수생성

<그림 4.10>과 같이 [추가기능] → [통계분석] → [시계열분석] → [시계열도 보기]를 선택하면 대화상자가 나타난다. 대화상자에서 분석변수에는 커피음료 내수량을 선택하고, 시간변수에는 생성된 시간변수를 선택한 후에 확인을 클릭하면 통계분석 워크쉬트에 시계열도가 그려진다.

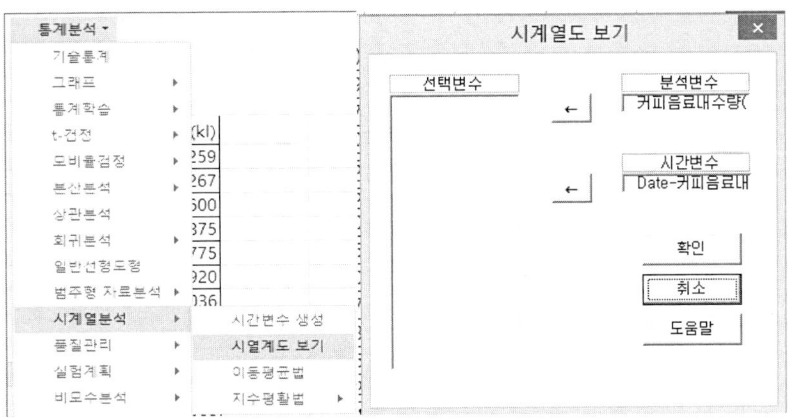

〈그림 4.10〉 KESS 시계열분석의 시계열도 보기

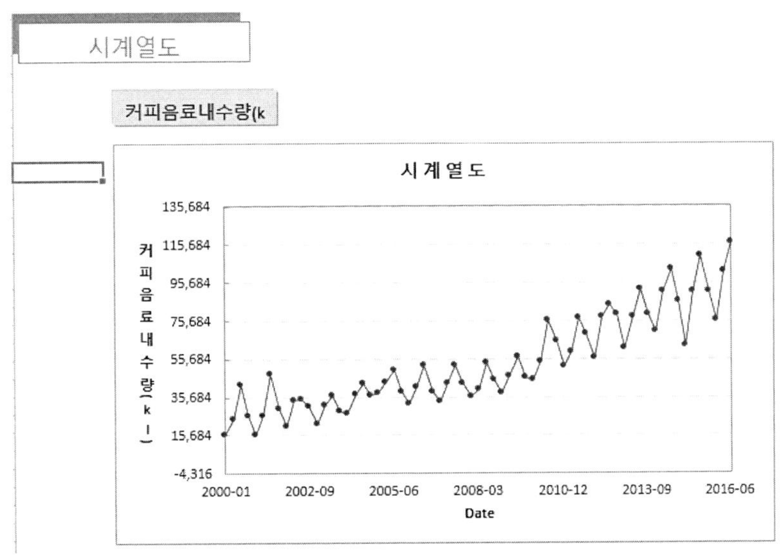

〈그림 4.11〉 KESS 시계열분석의 시계열도

이제 [추가기능] → [통계분석] → [시계열분석] → [이동평균법]를 선택하면 이동평균법 대화상자가 나타난다. 여기에서 분석변수에는 커피음료내수량을 선택하고, 시간변수에는 생성된 시간변수를 선택한 후에 중심이동평균에 클릭하여 체크하고 1년이 4개분기로 되어있으므로 숫자 4를 선택하고 확인을 클릭하면 이동평균한 결과가 나타난다.

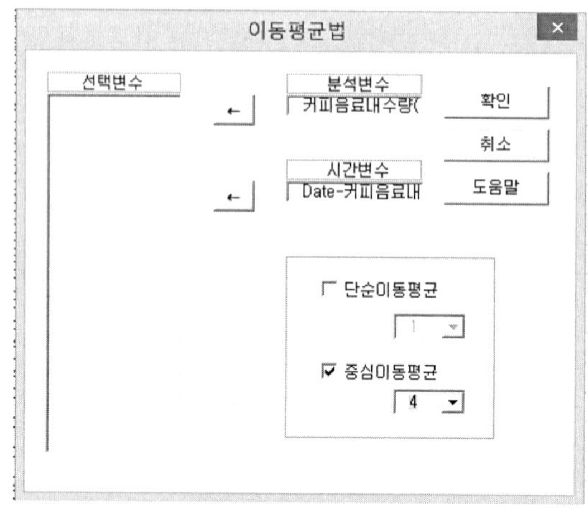

〈그림 4.12〉 KESS **이동평균법 대화상자**

<그림 4.13>과 같이 이동평균 결과값이 생성되고, <그림 4.14>와 같이 중심이동평균 결과 시계열도가 그려진다.

G11 | *fx*

	A	B	C	D	E	F
1	Date-커피	커피음료 내수량(kl)	Date1	Date2	예측값	
2	2000-01	16,259	2000-01			
3	2000-04	24,267	2000-04			
4	2000-07	42,600	2000-07	2000-05	27,250	
5	2000-10	25,875	2000-10	2000-08	27,129	
6	2001-01	15,775	2001-01	2000-11	27,543	
7	2001-04	25,920	2001-04	2001-02	28,902	
8	2001-07	48,036	2001-07	2001-05	29,938	

〈그림 4.13〉 KESS **중심이동평균 결과**

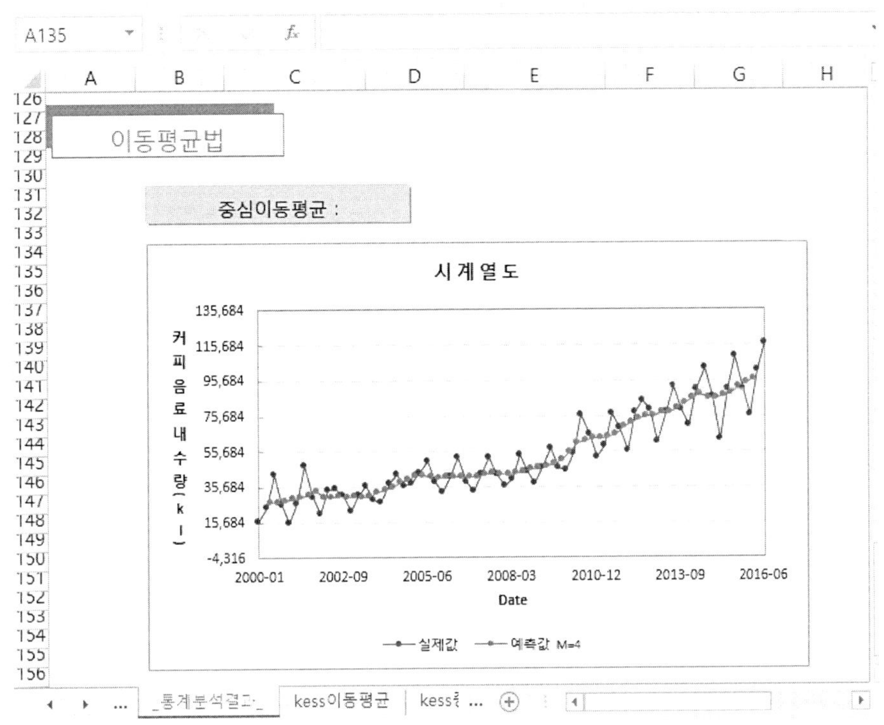

〈그림 4.14〉 KESS 이동평균법 중심이동평균 시계열도

이동평균법에서의 예측이 미래에 대한 예측이 아니라 과거자료를 단순히 중심이동평균한 결과여서 좀 실망스럽다. 그러나 지수평활법은 복잡한 계산과정을 소프트웨어가 다 처리하므로 매우 편리하다.

[추가기능] → [통계분석] → [시계열분석] → [지수평활법]→ [계절형 지수평활법]을 선택하면 <그림 4.15>와 같은 계절형 지수평활법 대화상자가 나타난다. 분석변수에는 커피음료내수량을 선택하고, 시간변수에는 생성된 시간변수를 선택한 후에 Winters의 가법계절지수평활을 클릭하여 체크하고, 최적값 찾기를 클릭하여 체크한 후에 예측시차를 12로 계절주기를 4로 입력한 후에 [확인]을 선택하면 앞에서 소개했던 계절지수평활법의 예측결과가 계산되어 나타난다.

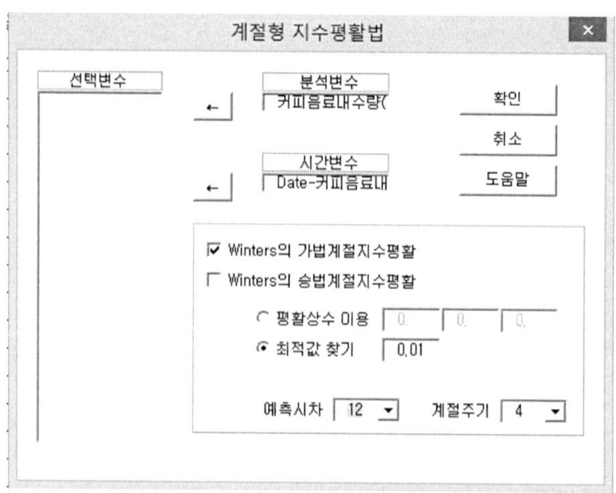

〈그림 4.15〉 KESS **계절지수평활법 대화상자**

I62

	A	B	C	D	E
1	Date-커피	커피음료 내수량(kl)	Date	예측값	잔차
2	2000-01	16,259	2000-01	5,962	10,297
3	2000-04	24,267	2000-04	22,211	2,056
4	2000-07	42,600	2000-07	35,407	7,193
5	2000-10	25,875	2000-10	25,988	-113
62	2015-01	62,509	2015-01	77,954	-15,445
63	2015-04	90,621	2015-04	89,891	730
64	2015-07	109,474	2015-07	101,417	8,057
65	2015-10	90,734	2015-10	90,956	-222
66	2016-01	75,734	2016-01	75,854	-120
67	2016-04	101,665	2016-04	98,304	3,361
68	2016-07	116,230	2016-07	113,515	2,715
69			2016-10	98726.1	
70			2017-01	83905.41	
71			2017-04	107791.6	
72			2017-07	121850.1	
73			2017-10	105296.3	
74			2018-01	90475.59	
75			2018-04	114361.8	
76			2018-07	128420.3	
77			2018-10	111866.5	
78			2019-01	97045.78	
79			2019-04	120932	
80			2019-07	134990.5	

〈그림 4.16〉 KESS **가법계절지수평활법 예측결과**

가법계절지수평활법 :

변수	커피음료내수량(kl)					
N	67					
초기값	15908,03177	1102,192215	-11048,31606	700,4917279	11806,82892	-1459,0046
Weight	0,3	0,1	0,5			
계절주기	4					
SSE	1797475291					
DF	60					
MSE	5473,383005					

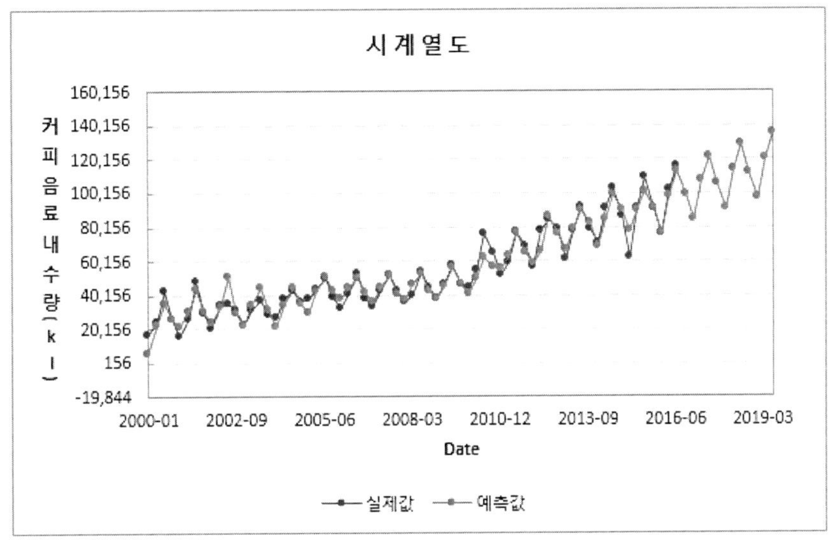

〈그림 4.17〉 KESS 가법계절지수평활법 통계분석표와 시계열도

승법적 계절지수평활법으로 예측한 결과는 <그림 4.18>와 같다. 승법적 계절지수평활법의 MSE(평균제곱오차)가 5234.16으로 가법적 계절지수평활법의 MSE(평균제곱오차) 5473.38보다 작으므로 승법적 계절지수 평활법이 더욱 적합한 예측모형이다.

Winters 계절지수평활법

승법계절지수평활법 :

변수	커피음료내수량(kl)					
N	67					
초기값	25807.84375	721.203125	0.785476588	1.025378052	1.26528567	0.92385969
Weight	0.2	0.1	0.3			
계절주기	4					
SSE	1643788823					
DF	60					
MSE	5234.164727					

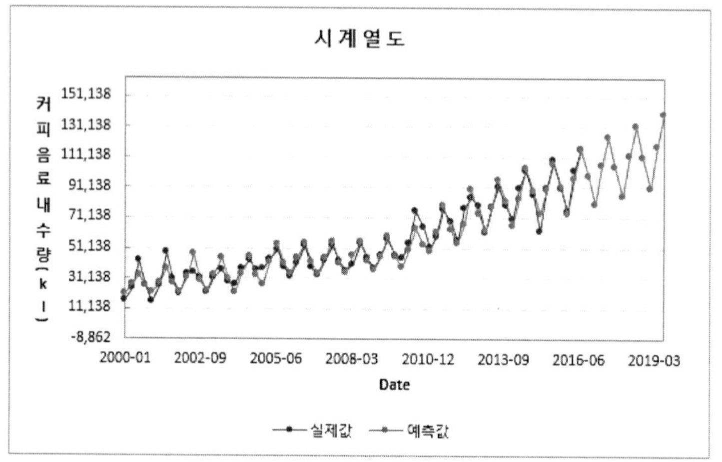

〈그림 4.18〉 KESS 승법계절지수평활법 통계분석표와 시계열도

CHAPTER

5 KMAPS 활용 수요예측방법

한국과학기술정보연구원의 KMAPS(KISTI Market Analysis and Prediction System. http://kmaps.kisti.re.kr)는 중소·중견기업들이 사업의 기회를 창출하기 위하여 산업시장과 관련된 핵심정보를 획득할 수 있게 도움을 주고 공공기관에서 제공하는 산업·시장 정보를 DB를 통해 제공하는 시스템이다.

KMAPS 시스템은 지식창고, 산업·시장분석, 사업전략분석 메뉴로 구성되어 있다. '지식창고'는 국내외 산업/시장보고서, 수출입정보, 기업재무현황 등 비즈니스 의사결정에 있어서 요구되는 객관적 산업/시장데이터를 제공한다. 한국과학기술정보연구원이 생산하거나 공개된 산업·시장 분석보고서를 데이터베이스로 검색할 수 있어 관련분야의 보고서를 이용하여 관심대상의 산업/시장 동향정보를 얻을 수 있다. '산업·시장분석'은 출하액, 수출/수입액 등의 통계정보(KSIC/HS)를 기반으로 예측기법을 적용하여 수요예측 분석을 하고, 제품 검색을 통한 관련 시장집중도를 HHI와 CR3 분석한다. '사업전략분석'은 산업, 시장, 개별 사업섹터에서의 비즈니스 환경을 체계적이고 손쉽게 분석할 수 있는 기술경영 도구 SWOT 분석과 PEST 분석 5FORCE 기능을 제공한다.

수요예측에서 KMAPS를 이용하는 방법은 다음과 같다.

① http://kmaps.kisti.re.kr 주소의 KMAPS 홈페이지로 이동한다.

② 회원가입 후 로그인한다.

③ 메뉴에서 [산업·시장분석]을 선택하고 통계분석을 선택한다.

④ <그림 5.1>과 같이 원하는 항목을 선택한다.

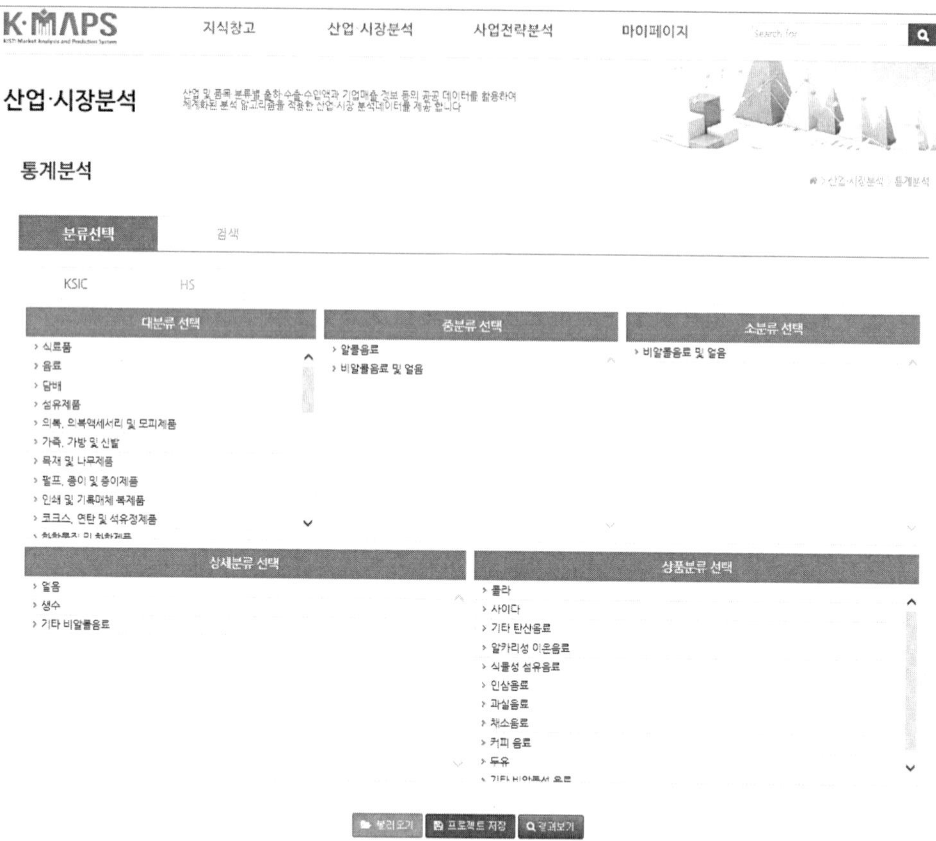

〈그림 5.1〉 KMAPS **통계분석 항목선택**

⑤ <그림 5.1>에서 결과보기를 선택하면 <그림 5.2>와 같이 통계자료와 예측결과결과가 산출된다.

> 선택결과 정보

분류코드	11209110
분류명	커피 음료

> 통계 분석 결과

(단위: 백만 원)

연도	출하액	수출액	수입액	내수시장
2007	247,981	5,778	2,612	244,814
2008	305,630	9,229	3,119	299,520
2009	336,117	14,153	3,181	325,146
2010	364,039	17,699	3,883	350,223
2011	495,553	29,984	5,310	470,879
2012	614,230	40,234	7,890	581,886
2013	795,906	57,186	11,708	750,428
2014	849,048	64,893	11,947	796,102
2015				942,172
2016				1,115,044
2017				1,319,634
2018				1,561,763

※ 통계청, 관세청 데이터를 바탕으로 KISTI KMAPS 추정

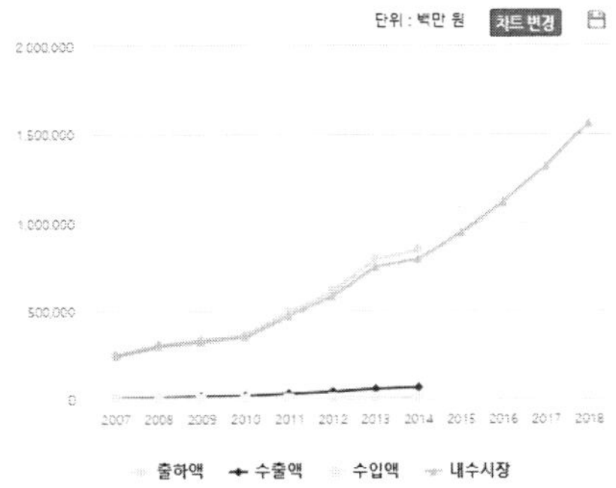

수요예측

〈그림 5.2〉 KMAPS 커피음료 통계분석결과 화면

⑥ <그림 5.2>에서 아래쪽의 [수요예측]을 선택하면 분석자가 원하는 예측을 수행할 수 있다.

〈**그림** 5.3〉 KMAPS **사용자 직접분석 수요예측화면**

<그림 5.3>에서 [분석]을 선택하면 기본적으로 평균성장률법과 선형추세법의 예측이 실행되어 제공된다. 또한 <그림 5.4>와 같이 수요예측 그래프가 제공되어 분석자가 확인하기 쉽게 하였다.

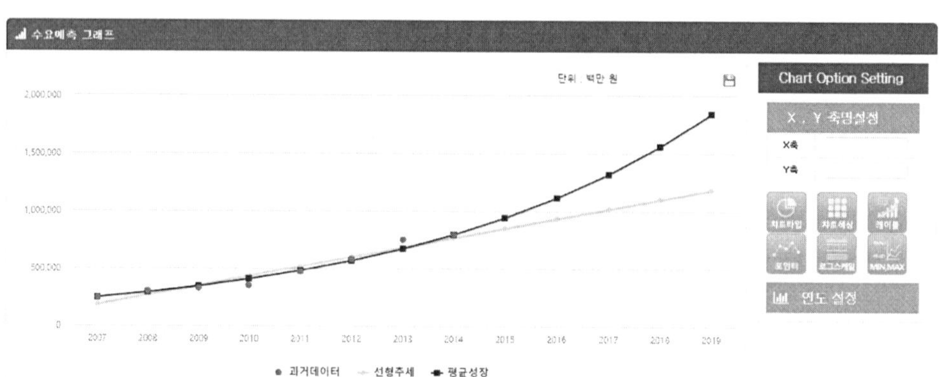

〈**그림** 5.4〉 KMAPS **사용자 직접분석 수요예측 그래프**

⑦ <그림 5.3>에서 추가분석을 클릭하면 지수평활, 회귀분석, 로지스틱, 콤페르츠, BASS 모형을 이용한 예측을 할 수 있다. 지수평활법으로 예측하기 위하여 <그림 5.4>와 같이 [지수평활]을 선택하고 [입력]을 선택하면 <그림 5.6>의 지수평활 대화상자가 나타난다.

과거 시장규모

규모단위 백만 원

사용자 직접 / 보고서 선택

연도	시장규모
2007	244,814
2008	299,520
2009	325,146
2010	350,223
2011	470,879
2012	581,886
2013	750,428
2014	796,102
CAGR	18.35%

미래 시장 규모 예측

연도	평균성장률		선형추세	지수평활	회귀
2015	842,173	18.35	852,612		
2016	1,115,045	18.35	935,998		
2017	1,319,636	18.35	1,019,384		
2018	1,561,766	18.35	1,102,770		
2019	1,848,322	18.35	1,186,157		
계수	CAGR 18.35% 결정계수 96.93		기울기 83386.1 Y절편 102137.32 CAGR 14.05% 결정계수 0.94	α (평활상수) 0.1 결정계수	β0 β1 β2 β3 β4 결정계수
				입력	입력

〈그림 5.5〉 KMAPS 사용자 직접분석 수요예측 지수평활 선택

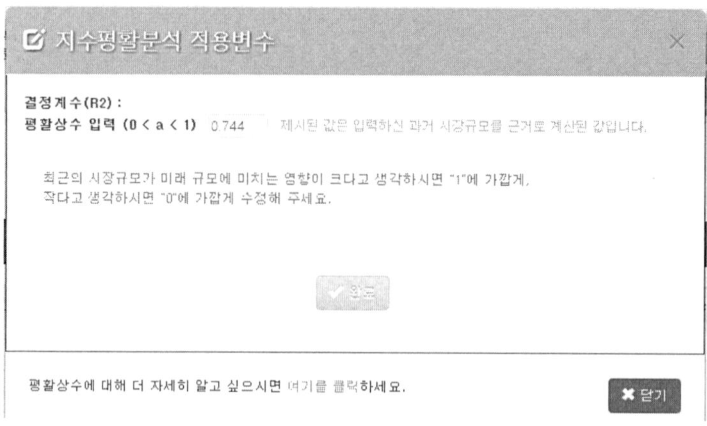

〈그림 5.6〉 KMAPS 지수평활법 수요예측에서 평활상수 선택

KMAP 시스템에서 과거의 자료를 이용하여 평균제곱오차가 가장 작은 평활상수를 제시하므로 [완료]를 선택하고, [분석]을 클릭하면 <그림 5.7>과 같이 예측결과가 나타난다.

사용자 직접분석

과거 시장규모

규모단위 백만 원

사용자 직접 / 보고서 선택

연도	시장규모
2007	244,814
2008	299,520
2009	325,146
2010	350,223
2011	470,879
2012	581,886
2013	750,428
2014	796,102
CAGR	18.35%

미래 시장 규모 예측

연도	평균성장률		선형추세	지수평활	회귀
2015	942,285	18.35	852,612	891,997	
2016	1,115,194	18.35	935,998	982,060	
2017	1,319,833	18.35	1,019,384	1,072,123	
2018	1,562,022	18.35	1,102,770	1,162,186	
2019	1,848,653	18.35	1,186,157	1,252,249	
계수	CAGR 18.35% 결정계수 96.93		기울기 83386.1 Y절편 102137.32 CAGR 14.05% 결정계수 0.94	α (평활상수) 0.744 결정계수 0.93	β0 β1 β2 β3 β4 결정계수

〈그림 5.7〉 KMAPS 지수평활법 수요예측결과

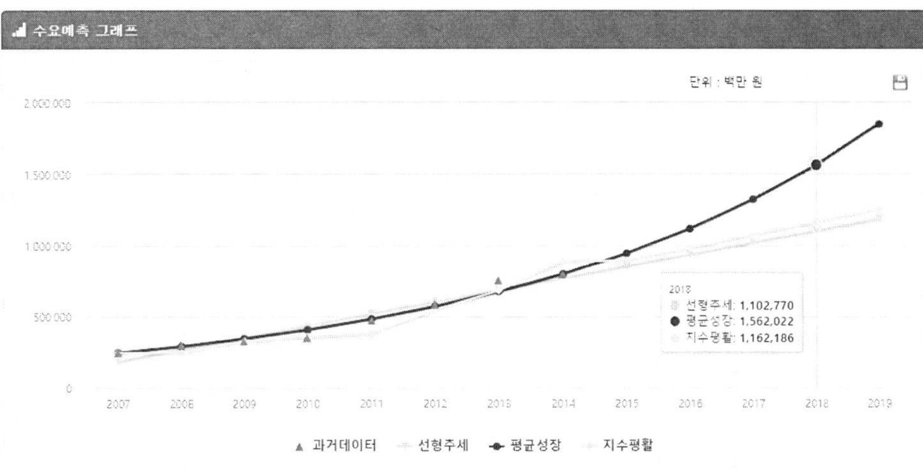

〈그림 5.8〉 KMAPS 지수평활법 수요예측결과 시도표

⑧ 회귀분석으로 예측하기 위하여 <그림 5.9>와 같이 [회귀]을 선택하고 [입력]을 선택하면 <그림 5.10>의 회귀분석 대화상자가 나타난다.

과거 시장규모

규모단위 백만 원

◉사용자 직접 ○보고서 선택

연도	시장규모
2007	244,614
2008	299,520
2009	325,146
2010	350,223
2011	470,879
2012	581,886
2013	750,428
2014	796,102
CAGR	18.35%

미래 시장 규모 예측

연도	평균성장률		선형추세	지수평활	☑ 회귀
2015	942,285	18.35	852,612	891,997	
2016	1,115,194	18.35	935,998	982,060	
2017	1,319,833	18.35	1,019,384	1,072,123	
2018	1,562,022	18.35	1,102,770	1,162,186	
2019	1,848,653	18.35	1,186,157	1,252,249	
계수	CAGR 18.35% 결정계수 96.93		기울기 83386.1 Y절편 102137.32 CAGR 14.05% 결정계수 0.94	α (평활상수) 0.744 결정계수 0.93	β0 β1 β2 β3 β4 결정계수

확인 입력

〈그림 5.9〉 KMAPS 사용자 직접분석 수요예측 회귀분석 선택

<그림 5.10>의 대화상자에서 커피음료에 영향을 많이 미치는 변수를 GDP지수, 소비자물가지수라고 가정하여 이들을 선택하고 [완료]를 선택하고 [분석]을 클릭하면 <그림 5.11>과 같은 회귀분석 수요예측결과가 산출된다.

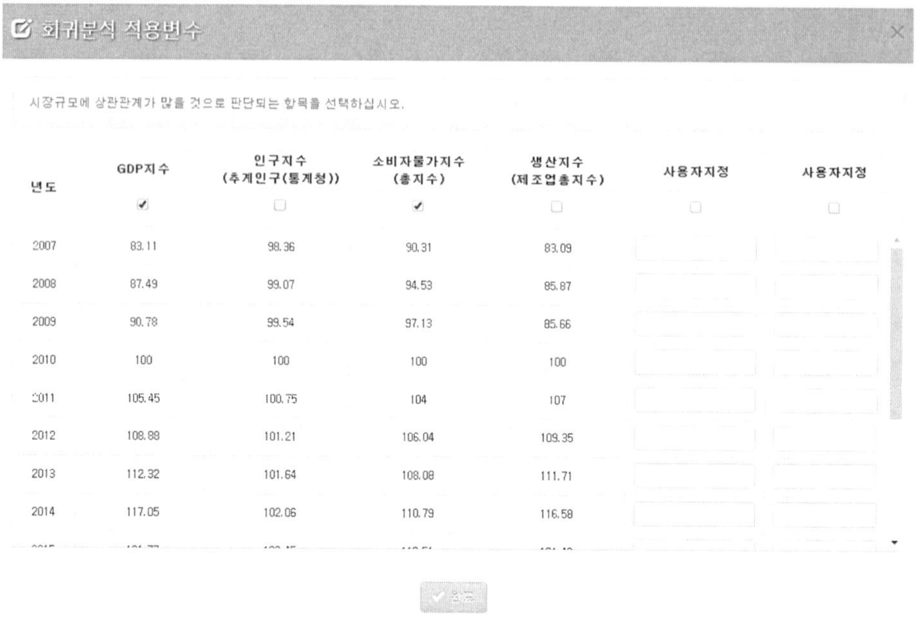

회귀분석 적용변수

시장규모에 상관관계가 많을 것으로 판단되는 항목을 선택하십시오.

년도	GDP지수	인구지수 (추계인구(통계청))	소비자물가지수 (총지수)	생산지수 (제조업총지수)	사용자지정	사용자지정
	☑	☐	☑	☐	☐	☐
2007	83.11	98.36	90.31	83.09		
2008	87.49	99.07	94.53	85.87		
2009	90.78	99.54	97.13	85.66		
2010	100	100	100	100		
2011	105.45	100.75	104	107		
2012	108.88	101.21	106.04	109.35		
2013	112.32	101.64	108.08	111.71		
2014	117.05	102.06	110.79	116.58		

완료

〈그림 5.10〉 KMAPS **회귀분석 수요예측 대화상자**

규모단위 백만 원

사용자 직접 / 보고서 선택

연도	시장규모
2007	244,814
2008	299,520
2009	325,146
2010	350,228
2011	470,679
2012	581,686
2013	750,425
2014	796,102
CAGR	18.35%

연도	평균성장률		선형추세	지수평활	회귀
2015	942,173	18.35	852,612		820,153
2016	1,115,045	18.35	935,998		896,888
2017	1,319,636	18.35	1,019,384		973,622
2018	1,561,766	18.35	1,102,770		1,050,104
2019	1,848,322	18.35	1,186,157		1,126,839
계수	CAGR 18.35%		기울기 83386.1	α (평활상수) 0.1	β0 -2253672.67
	결정계수 96.93		Y절편 102137.32	결정계수	β1 1698.45
			CAGR 14.05%		β2 25257.74
			결정계수 0.94		β3 0
					β4 0
					결정계수 0.9

〈그림 5.11〉 KMAPS 회귀분석 수요예측 결과

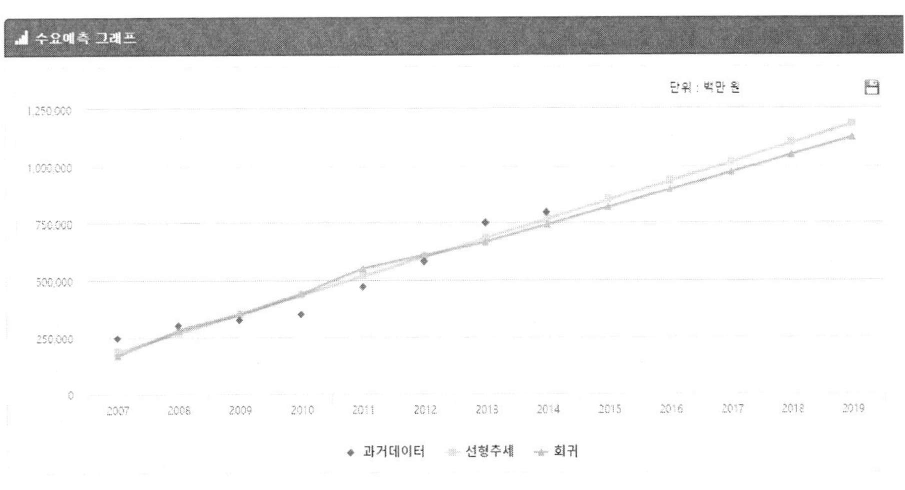

〈그림 5.12〉 KMAPS 회귀분석 수요예측 그래프

참고문헌

교육자료(2001), 기술가치평가 전문가그룹 포럼집, 한국과학기술정보연구원.

교육자료(2000), 기술가치평가 교육자료, 기술가치평가사협회.

김연형(1998), 통계학의 이해와 응용, 형설출판사.

김옥남(2008) 수요예측체계, 어떻게 구축하나, LG Business Insight.

김윤종(2002), 기술시장의 수요예측방법, 특허청.

김윤종 외 1인(2001), 경제와 통계, 지샘.

김윤종 외 2인(2001), 정보생산기술, 교우사.

김윤종 외 4인(1999), 2000년 시장예측 핵심제품 325선, 한국과학기술정보연구원.

김윤종 외 6인(2001), 전산학Ⅱ, 지샘.

문영호(2000), 기술가치 어떻게 평가하나, 한국과학기술정보연구원.

박유성 외 1인(1996), 시계열자료분석, 자유아카데미 .

박현우 외 1인(1992), 신상품 개발을 위한 수요예측 메뉴얼, 산업기술정보원.

삼성경제연구소(2012), 효과적인 수요예측 방법과 사례.

성웅현 (2000), Excel을 활용한 경영정보통계분석, 학문사.

성웅현(2001), 회귀분석: 이론, 방법론, SAS 활용, 법문사.

신승철(1994), 신제품 수요 예측, 금강기획.

유선희 외 7인(2001), 벤처기업 평가모델에관한 연구, 한국과학기술정보원.

이상필 외 7인(1999), 개별기술평가모델연구, 중소기업청.

이우리 외 1인(1991), 예측방법과 응용, 자유아카데미.

조신섭 외 1인(1991), 시계열분석, 율곡출판사.

최병선(1994), 시계열분석입문, 자유아카데미.

Abraham, B. and J. Ledolter(1983), *Statistical Methods for Forecasting*, Wiley.

Box, G.E.P. and G.M. Jenkins(1976), *Time Series Analysis: Forecasting and Control*, Holden-Day.

Jeffrey, S.S.(1996), *Smoothing Methods in Statistics*, Springer.

Nick, T.(1990), *Applied Forecasting Methods*, Prentice-Hall.

CHAPTER

부록 1 산업/시장 수요예측 실무사례

Ⅰ. 광섬유 케이블 제조업

1. 광섬유 케이블 제조업 개요

- **광섬유 케이블 제조업의 한국 표준산업분류 및 해설**

  ▶ 광섬유 케이블 제조업(Manufacture of fibre optic cables, ISIC(2731))은 한국 표준산업분류에서 28301 광섬유 케이블 제조업을 포함하고 있음

  ▶ 광섬유 케이블 제조업(Manufacture of Optical Fiber Cables) : 광섬유에 절연물질을 피복하여 광섬유 절연피복선 또는 절연 광섬유케이블을 제조하는 산업활동을 말한다.

※ 출처 : UNIDO, 통계청, 한국표준산업분류(KSIC)

2. 광섬유 케이블 제조업 시장동향

▪ 광섬유 케이블 제조업의 상위 10개국 시장 규모

▶ 2013년 기준 시장 규모 1위 중국시장 규모는 2008년 116,779(Million $)에서 2013년 242,771(Million $)으로 증가하는 것으로 나타남.

▶ 한국 시장 규모는 2008년 211(Million $)에서 2013년 231(Million $)으로 증가하는 것으로 나타남.

광섬유 케이블 제조업의 상위 10개 국가 시장 규모 (단위 : Million $)

국가	2008	2009	2010	2011	2012	2013
중국	116,779	122,340	157,744	195,217	215,699	242,771
미국	1,858	1,669	1,967	2,431	2,392	1,873
일본	1,668	1,676	1,960	2,060	2,206	2,351
캐나다	1,940	1,314	1,504	2,160	1,940	2,026
체코		1,299	1,609	1,718	1,686	1,895
인도	795	1,498	1,527	2,017	1,196	1,803
인도네시아			1,338	1,227	1,931	1,138
터키		693	951	1,206	824	1,080
프랑스		803	687	626	566	627
대한민국	211	292	612	329	72	231

※ 출처 : UNIDO(United Nations Industrial Development Organization)

3. 광섬유 케이블 제조업 시장규모 예측

▪ 광섬유 케이블 제조업의 상위 10개국 시장 규모 예측

▶ 2021년 기준 시장 규모 1위 중국시장 규모는 2017년 351,057(Million $)에서 2021년 459,343(Million $)으로 증가하는 것으로 나타남.

▶ 한국 시장 규모는 2017년 135(Million $)에서 2021년 39(Million $)으로 감소하는 것으로 나타남.

광섬유 케이블 제조업의 상위 10개 국가 시장 규모 (단위 : Million $)

국가	2017	2018	2019	2020	2021
중국	351,057	378,128	405,200	432,271	459,343
미국	2,535	2,612	2,690	2,767	2,845
일본	2,935	3,081	3,227	3,372	3,518
캐나다	2,364	2,449	2,534	2,618	2,703
체코	2,402	2,529	2,656	2,783	2,910
인도	2,331	2,464	2,596	2,728	2,860
인도네시아	1,465	1,476	1,486	1,496	1,507
터키	1,339	1,404	1,469	1,533	1,598
프랑스	378	331	283	236	189
대한민국	135	111	87	63	39

※ 출처 : UNIDO(United Nations Industrial Development Organization)

3. 광섬유 케이블 제조업 시장규모 예측

▪ 광섬유 케이블 제조업의 상위 10개국 중 한국 시장 점유율

▶ 광섬유 케이블 제조업에서 상위 10개국 중 한국 시장 점유율 변화는 2017년 0.0%에서 2021년 0.0%로 미미할 것으로 예상됨.

광섬유 케이블 제조업의 상위 10개 중 한국 시장 점유율 (단위 :%)

국가	2017	2018	2019	2020	2021
중국	95.7	95.8	96.0	96.1	96.2
일본	0.8	0.8	0.8	0.7	0.7
대한민국	0.0	0.0	0.0	0.0	0.0

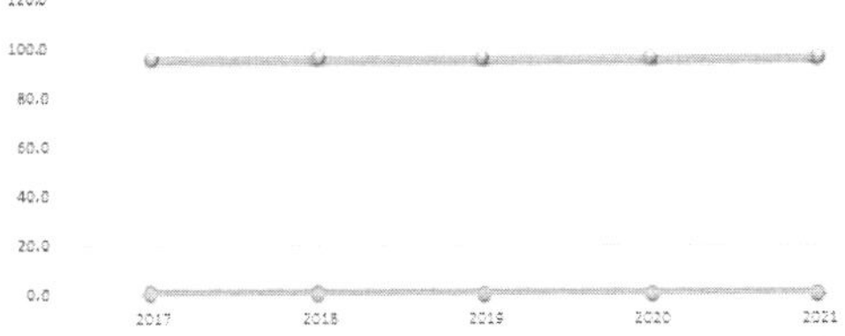

※ 출처 : UNIDO(United Nations Industrial Development Organization)

4. 광섬유 케이블 제조업 기업 정보

▪ 광섬유 케이블 제조업의 상위 20개 기업 매출액 전망

▶ 광섬유 케이블 제조업의 상위 20개 기업시장 현황(2014년 매출액 기준)에서 2010~2014년 평균 매출액 최상위 기업은 독일의 NEXANS DEUTSCHLAND GMBH 기업으로 2010~2014년 평균 매출액은 1,348(Million $)로 나타났으며, 2021년 매출액 전망은 1,381(Million $)로 증가하는 것으로 나타남.

광섬유 케이블 제조업의 상위 20개 기업 현황 및 전망(1~10위 기업) (단위 : Million $)

회사명	국가	2010~2014년 평균	2017	2018	2019	2020	2021
NEXANS DEUTSCHLAND GMBH	독일	1,348	1,367	1,370	1,374	1,377	1,381
TELE-FONIKA KABLE S. A.	폴란드	1,153	809	741	672	603	534
ALCOA-KOFEM LTD.	헝가리	685	791	812	833	854	875
DELPHI HUNGARY AUTOALKATRESZ GYARTO KORLATOLT FELELOSSEGU TARSASAG	헝가리	551	1,075	1,180	1,285	1,390	1,495
SHILPI CABLE TECHNOLOGIES LIMITED	인도	233	762	868	974	1,080	1,186
CHINA FIBER OPTIC NETWORK SYSTEM GROUP LIMITED	홍콩	244	524	580	636	692	749
NISSEI ELECTRIC CO.,LTD.	일본	390	229	193	157	122	86
TONICHI KYOSAN CABLE,LTD.	일본	371	211	179	147	115	82
CABELTE - CABOS ELECTRICOS E TELEFONICOS, S.A.	포르투갈	262	288	293	298	303	308
PRYSMIAN MKM MAGYAR KABEL MUVEK KORLATOLT FELELOSSEGU TARSASAG	헝가리	319	288	282	276	270	263

※ 출처 : ORBIS, Bureau van Dijk

4. 광섬유 케이블 제조업 기업 정보

▪ 광섬유 케이블 제조업의 상위 20개 기업 매출액 전망

▶ 광섬유 케이블 제조업의 상위 20개 기업시장 현황(2014년 매출액 기준)에서 2010~2014년 평균 매출액 최상위 기업은 독일의 NEXANS DEUTSCHLAND GMBH 기업으로 2010~2014년 평균 매출액은 1,348(Million $)로 나타났으며, 2021년 매출액 전망은 1,381(Million $)로 증가하는 것으로 나타남.

광섬유 케이블 제조업의 상위 20개 기업 현황 및 전망(11~20위 기업) (단위 : Million $)

회사명	국가	2010~2014년 평균	2017	2018	2019	2020	2021
NEXANS SWEDEN AB	스웨덴	321	197	173	148	123	98
NISHI NIPPON ELECTRIC WIRE & CABLE CO.,LTD.	일본	258	136	108	81	54	27
SKY FOREVER SUPPLY CHAIN MANAGEMENT GROUP LIMITED	홍콩	46	253	295	336	378	419
EMTELLE HOLDINGS B.V.	네덜란드	153	240	257	274	292	309
ERICSSON MAGYARORSZAG KOMMUNIKACIOS RENDSZEREK KFT	헝가리	169	124	115	107	98	89
PRODUCTORA DE CABLES PROCABLES S.A.S.C.I	콜롬비아	123	170	180	189	199	208
CHINA U-TON HOLDINGS LIMITED	홍콩	44	137	156	175	193	212
BLS POLYMERS LIMITED	인도	64	53	50	48	45	42
ELKA D.O.O.	크로아티아	61	101	111	121	131	141
HIRSCHMANN CAR COMMUNICATION KORLATOLT FELELOSSEGU TARSASAG	헝가리	41	63	68	72	77	81

※ 출처 : ORBIS, Bureau van Dijk

5. 광섬유 케이블 제조업 성장률 비교

▪ 광섬유 케이블 제조업의 UNIDO vs ORBIS 성장률 비교

▶ 광섬유 케이블 제조업의 UNIDO DATA에서 상위 10개국의 연도별 성장률은 2017년 8.1%에서 2021년 6.1%로 -2.0% 감소하는 것으로 나타남.

▶ 광섬유 케이블 제조업의 ORBIS DATA에서 상위 10개 기업의 연도별 성장률은 2017년 2.5%에서 2021년 2.3%로 -0.2% 감소하는 것으로 나타남.

광섬유 케이블 제조업의 성장률 비교

구분		2017	2018	2019	2020	2021
성장률	UNIDO	8.1%	7.5%	7.0%	6.5%	6.1%
	ORBIS	2.5%	2.4%	2.4%	2.3%	2.3%

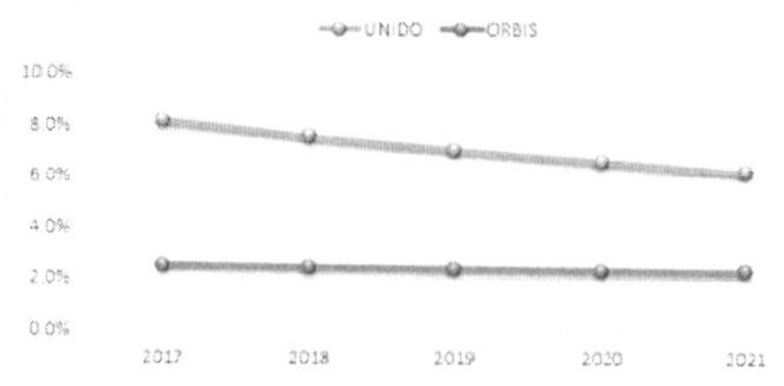

※ 출처 : UNIDO(United Nations Industrial Development Organization), ORBIS, Bureau van Dijk

Ⅱ. 전기조명장치 제조업

1. 전기조명장치 제조 개요

▪ 전기조명장치 제조의 한국 표준산업분류 및 해설

▶ 전기조명장치 제조(Manufacture of electric lighting equipment, ISIC(2740))는 한국 표준산업분류에서 28410 전구 및 램프 제조업, 28421 운송장비용 조명장치 제조업, 28422 일반용 전기 조명장치 제조업, 28423 전시 및 광고용 조명장치 제조업, 28429 기타 조명장치 제조업을 포함하고 있음

▶ 전구 및 램프 제조업(Manufacture of Electric Lamps and Electric Bulbs) : 각종 전구 및 램프를 제조하는 산업활동을 말한다.

▶ 운송장비용 조명장치 제조업(Manufacture of Lighting Equipment for Transportation Fixture) : 차량, 선박, 철도차량, 항공기, 오토바이, 자전거 등 운송장비에 적용되는 조명장치를 제조하는 산업활동을 말한다.

▶ 일반용 전기 조명장치 제조업(Manufacture of General Electric Lighting Fixture) : 실내, 실외를 구분하지 않고 장소나 대상을 밝게 비추는 가정용, 사무실용, 공장용 등의 각종 일반용 전기 조명장치를 제조하는 산업활동을 말한다. 휴대용 조명장치와 비전기식 조명장치 제조는 제외된다.

▶ 전시 및 광고용 조명장치 제조업(Manufacture of Lighting Fixture for Exhibition and Advertisement) : 장소나 대상을 비추는 것이 목적이 아닌 광고용, 전시용의 각종 전기 조명장치를 제조하는 산업활동을 말한다.

▶ 기타 조명장치 제조업(Manufacture of Other Lighting Fixture) : 휴대용 조명장치와 기타 비전기식 조명등 및 조명기구를 제조하는 산업활동을 말한다.

※ 출처 : UNIDO, 통계청, 한국표준산업분류(KSIC)

2. 전기조명장치 제조 시장동향

▪ 전기조명장치 제조의 상위 10개국 시장 규모

▶ 2013년 기준 시장 규모 1위 중국시장 규모는 2008년 56,162(Million $)에서 2013년 112,513(Million $)으로 증가하는 것으로 나타남.

▶ 한국 시장 규모는 2011년 4,317(Million $)에서 2013년 6,258(Million $)으로 증가하는 것으로 나타남.

전기조명장치 제조의 상위 10개 국가 시장 규모 *(단위 : Million $)*

국가	2008	2009	2010	2011	2012	2013
중국	56,162	63,561	77,147	90,392	100,885	112,513
미국	15,951	12,869	12,872	13,706	29,500	31,531
일본	12,760	10,829	13,327	12,872	13,155	13,439
독일	8,878	7,339	7,653	8,688	8,490	8,176
대한민국				4,317	5,288	6,258
이탈리아	5,434	4,093	3,646	4,477	3,873	4,079
프랑스	2,731	3,415	3,476	3,912	3,510	3,571
영국	2,935	2,339	2,055	2,282	2,703	2,943
인도	1,507	1,384	1,965	2,197	2,076	2,412
인도네시아			1,894	2,117	2,377	1,940

※ 출처 : UNIDO(United Nations Industrial Development Organization)

3. 전기조명장치 제조 시장규모 예측

▪ 전기조명장치 제조의 상위 10개국 시장 규모 예측

▶ 2021년 기준 시장 규모 1위 중국시장 규모는 2017년 159,024(Million $)에서 2021년 205,535(Million $)으로 증가하는 것으로 나타남.

▶ 한국 시장 규모는 2017년 10,138(Million $)에서 2021년 14,018(Million $)으로 증가하는 것으로 나타남.

전기조명장치 제조의 상위 10개 국가 시장 규모 *(단위 : Million $)*

국가	2017	2018	2019	2020	2021
중국	159,024	170,652	182,279	193,907	205,535
미국	43,293	46,968	50,643	54,318	57,993
일본	14,572	14,856	15,139	15,422	15,706
독일	8,386	8,414	8,442	8,469	8,497
대한민국	10,138	11,108	12,078	13,048	14,018
이탈리아	3,041	2,852	2,664	2,475	2,286
프랑스	4,349	4,489	4,629	4,770	4,910
영국	2,795	2,834	2,873	2,911	2,950
인도	3,193	3,388	3,583	3,779	3,974
인도네시아	2,301	2,341	2,381	2,421	2,461

※ 출처 : UNIDO(United Nations Industrial Development Organization)

3. 전기조명장치 제조 시장규모 예측

▪ 전기조명장치 제조의 상위 10개국 중 한국 시장 점유율

▶ 전기조명장치 제조에서 상위 10개국 중 한국 시장 점유율 변화는 2017년 4.0%에서 2021년 4.4%로 0.4% 증가하는 것으로 예상됨.

■ *전기조명장치 제조의 상위 10개 중 한국 시장 점유율* *(단위 :%)*

국가	2017	2018	2019	2020	2021
중국	63.3	63.7	64.0	64.3	64.6
미국	17.2	17.5	17.8	18.0	18.2
대한민국	4.0	4.1	4.2	4.3	4.4

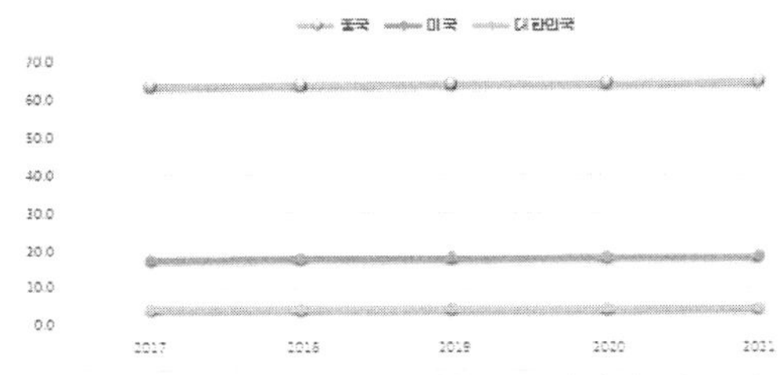

※ 출처 : UNIDO(United Nations Industrial Development Organization)

4. 전기조명장치 제조 기업 정보

▪ 전기조명장치 제조의 상위 20개 기업 매출액 전망

▶ 전기조명장치 제조의 상위 20개 기업시장 현황(2014년 매출액 기준)에서 2010~2014년 평균 매출액 최상위 기업은 독일의 MAHLE BEHR GMBH & CO. KG 기업으로 2010~2014년 평균 매출액은 4,584(Million $)로 나타났으며, 2021년 매출액 전망은 2,398(Million $)로 감소하는 것으로 나타남.

■ *전기조명장치 제조의 상위 20개 기업 현황 및 전망(1~10위 기업)* *(단위 : Million $)*

회사명	국가	2010~2014년 평균	2017	2018	2019	2020	2021
SAS AUTOSYSTEMTECHNIK GMBH & CO. KG	독일	4,400	3,712	3,574	3,436	3,299	3,161
MAHLE BEHR GMBH & CO. KG	독일	4,584	3,370	3,127	2,884	2,641	2,398
NVC LIGHTING HOLDING LIMITED	홍콩	3,085	6,072	6,669	7,267	7,864	8,462
CROMPTON GREAVES LIMITED	인도	2,233	2,239	2,240	2,241	2,243	2,244
HARMAN BECKER AUTOMOTIVE SYSTEMS GMBH	독일	2,002	2,250	2,300	2,350	2,399	2,449
VOSSLOH AG	독일	1,698	1,619	1,603	1,587	1,571	1,555
GS YUASA INTERNATIONAL LTD.	일본	1,529	1,140	1,063	985	907	829
AUTOMOTIVE LIGHTING REUTLINGEN GMBH	독일	1,024	1,378	1,449	1,519	1,590	1,661
TOSHIBA LIGHTING & TECHNOLOGY CORPORATION	일본	1,293	1,148	1,119	1,090	1,061	1,033
CHINA SINGYES SOLAR TECHNOLOGIES HOLDINGS LIMITED	홍콩	543	1,297	1,448	1,599	1,749	1,900

※ 출처 : ORBIS, Bureau van Dijk

4. 전기조명장치 제조 기업 정보

▪ 전기조명장치 제조의 상위 20개 기업 매출액 전망

► 전기조명장치 제조의 상위 20개 기업시장 현황(2014년 매출액 기준)에서 2010~2014년 평균 매출액 최상위 기업은 독일의 MAHLE BEHR GMBH & CO. KG 기업으로 2010~2014년 평균 매출액은 4,584(Million $)로 나타났으며, 2021년 매출액 전망은 2,398(Million $)로 감소하는 것으로 나타남.

■ *전기조명장치 제조의 상위 20개 기업 현황 및 전망(11~20위 기업)* (단위 : Million $)

회사명	국가	2010~2014년 평균	2017	2018	2019	2020	2021
DELPHI HUNGARY AUTOALKATRESZ GYARTO KORLATOLT FELELOSSEGU TARSASAG	헝가리	551	1,075	1,180	1,285	1,390	1,495
TRILUX GMBH & CO. KG	독일	616	714	733	753	772	792
PHILIPS LIGHTING BELGIUM	벨기에	649	385	332	280	227	174
IWASAKI ELECTRIC CO LTD	일본	581	377	337	296	255	215
AUTOMOTIVE LIGHTING BROTTERODE GMBH	독일	414	526	549	571	594	616
EATON ENTERPRISES (HUNGARY) KFT.	헝가리	69	413	482	550	619	688
ENDO LIGHTING CORPORATION	일본	338	470	497	523	550	577
VALEO WISCHERSYSTEME GMBH	독일	370	345	340	335	330	325
PHILIPS MAGYARORSZAG KERESKEDELMI KORLATOLT FELELOSSEGU TARSASAG	헝가리	165	565	644	724	804	884
BORGWARNER ESSLINGEN GMBH	독일	315	342	347	352	358	363

※ 출처 : ORBIS, Bureau van Dijk

5. 전기조명장치 제조 성장률 비교

▪ 전기조명장치 제조의 UNIDO vs ORBIS 성장률 비교

► 전기조명장치 제조의 UNIDO DATA에서 상위 10개국의 연도별 성장률은 2017년 7.2%에서 2021년 5.6%로 -1.6% 감소하는 것으로 나타남.

► 전기조명장치 제조의 ORBIS DATA에서 상위 10개 기업의 연도별 성장률은 2017년 1.5%에서 2021년 1.4%로 -0.1% 감소하는 것으로 나타남.

■ *전기조명장치 제조의 성장률 비교*

구분		2017	2018	2019	2020	2021
성장률	UNIDO	7.2%	6.7%	6.3%	5.9%	5.6%
	ORBIS	1.5%	1.5%	1.5%	1.5%	1.4%

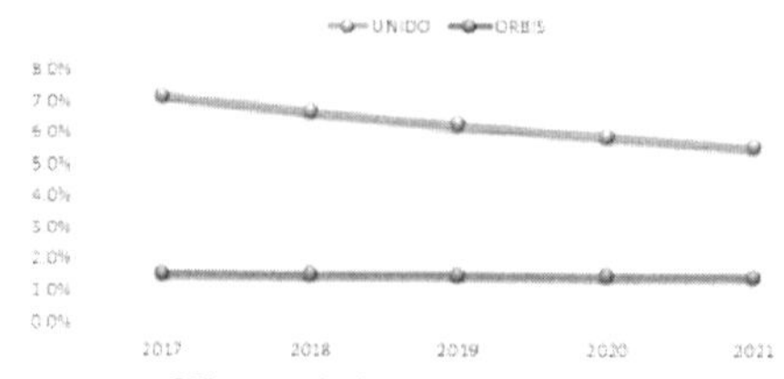

※ 출처 : UNIDO(United Nations Industrial Development Organization), ORBIS, Bureau van Dijk

Ⅲ. 식품포장재

1. 식품포장재 개요

▪ 식품포장재의 산업분류 및 해설

▶ C.제조업 > 23.비금속 광물제품 제조업 > 231.유리 및 유리제품 제조업 > 2319.기타 유리제품 제조업 > 23192.포장용 유리용기 제조업

▶ 포장용 유리용기 제조업 (Manufacture of Glass Containers Blown or Pressed) : 취부, 압출, 사출 및 기타방법으로 성형하여 음·식료품, 화장품, 화공약품 및 기타 상품의 포장 또는 운반용 유리용기 및 관련제품을 제조하는 산업활동을 말한다.

✓ 드링크병제조(유리제), 마개제조(유리제), 맥주병제조(유리제), 병제조(유리제), 보존병제조(유리용기), 술병제조(유리제), 앰플제조(유리제), 약병제조(유리제), 우유병제조(유리제), 운반용기제조(유리제), 운반용유리용기제조, 유리마개류제조(마개,뚜껑등), 유리병제조, 유리앰플제조, 유리용기제조(포장및운반용), 유리운반용기제조, 유리제마개제조, 유리제병제조, 유리제약병제조, 유리제용기제조(식탁및주방용제외), 유리포장용기제조, 유리항아리제조, 음료수병제조(유리제), 투약유리병제조, 포유병제조(유리제), 포장용기제조(유리제), 포장용유리용기제조, 항아리제조(유리제), 화장품용기제조(유리제)

※ 출처 : 통계청, 한국표준산업분류(KSIC)

2. 식품포장재 시장동향

▪ 식품포장재의 연도별 국내시장규모

▶ 포장용 유리용기제조업의 생산액은 2000년 513,670 백 만원에서 2013년 593,278 백 만원으로 소폭 증가하여 장기 연평균 성장률은 0.5%로 나타났으나, 최근 5년의 연평균성장률은 3.9%로 나타남.

▶ 부가가치액은 2000년 326,268 백 만원에서 2013년 270,320 백 만원으로 감소하여 장기 연평균 성장률은 -1.8%로 나타났고, 최근 5년의 연평균 성장률은 -1.2%로 조사됨.

포장용 유리용기 제조업 최근 국내시장 규모 (단위 : 백만원)

연도	생산액	부가가치액
2008	489,261	287,626
2009	473,621	269,220
2010	475,804	251,176
2011	571,257	272,894
2012	598,968	280,804
2013	593,278	270,320

※ 출처 : 통계청, 광업·제조업조사

2. 식품포장재 시장동향

▪ 식품포장재의 생산액과 주요경제지표의 상관분석

▶ 포장용 유리용기 제조업의 생산액과 주요경제지표의 상관관계를 분석한 결과 양의 상관관계를 가진 지표는 GDP +0.52, 인구 +0.50, GDP디플레이터 +0.45로 조사되었고, 음의 상관관계를 가진 지표는 실업률 -0.43, 대미환율 -0.23으로 조사됨

포장용 유리용기 제조업 최근 주요경제지표

연도별	인구	GDP	GDP디플레이터	대미환율	실업률	생산액
	(단위 : 천명)	(단위 : 10억 US$)	(단위 : 2010=100)	(단위 : 대미달러)	(단위 : %)	(단위 : 백만원)
2008	48,949	1,001.7	93.6	1,103.36	3.2	489,261
2009	49,182	902.3	96.9	1,276.35	3.6	473,621
2010	49,410	1,094.3	100.0	1,156.00	3.7	475,804
2011	49,779	1,202.7	101.6	1,107.99	3.4	571,257
2012	50,004	1,222.4	102.6	1,126.76	3.2	598,968
2013	50,220	1,305.4	103.4	1,095.04	3.1	593,278
상관계수	0.50	0.51	0.44	-0.23	-0.42	1.00

2. 식품포장재 시장동향 및 전망

▪ 식품포장재의 연도별 세계시장규모 및 예측

▶ Frost & Sullivan(2011)의 자료에 의하면 Food and Beverage (F&B) Packaging Market의 세계 시장규모는 2007년 10.98 Trillion $ 에서 2010년 12.311 Trillion $로 증가하여 연평균 3.9% 성장하는 것으로 나타남.

식품포장재 최근 세계시장 규모 (단위 : $ Trillion)

연도	시장규모
2007	10.98
2008	12.071
2009	11.637
2010	12.311

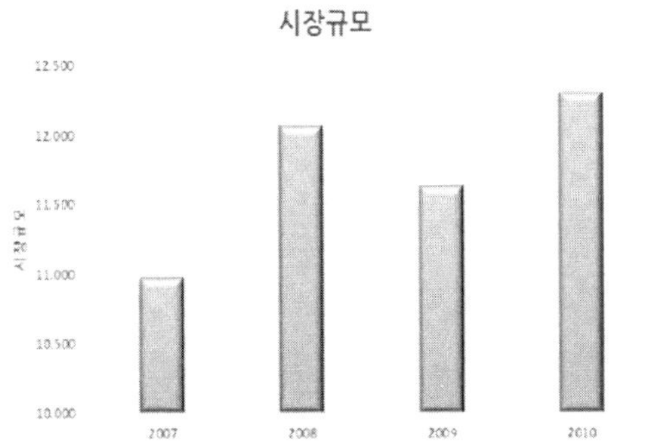

시장규모

※ 출처 : Frost & Sullivan, Challenges Affecting the Food and Beverage (F&B) Packaging Market, 2011.10.12

3. 식품포장재 시장규모 예측

▪ **예측 모형**

▶ 시장규모 예측방법에는 데이터 기반의 시계열 예측과 전문가의 통찰력을 활용한 전문기관의 전망과 각 기업의 사업보고서를 활용하는 예측방법을 동원하여 예측하는 결합예측방법을 이용하였음. 결합예측의 가중 값은 전문가와 실무자가 공감할 수 있는 가중 값을 도출하여 예측하였음.

예측모형 과정

$$F_t = \left((1-\omega)GFOT_t + \omega GFOO_t\right)F_{t-1}$$

- $GFOT_t = \dfrac{FOT_t - FOT_{t-1}}{FOT_t}$ $\qquad GFOO_t = \dfrac{FOO_t - FOO_{t-1}}{FOO_t}$

FOT_t : t기 시계열 모형 예측

FOO_t : t기의 전망값 (기관/기업의 전망평균)

3. 식품포장재 시장규모 예측

▪ **데이터 기반 통계적 예측**

▶ **시계열 모형 예측**

✓ 포장용 유리용기 제조업의 생산액 예측은 최근 5년간 과거 데이터와 패턴이 다르게 나타나 2014년 이후의 시계열 예측은 최근 5년간 데이터를 이용하여 LOG 추세예측 모형으로 예측하였음

✓ 예측결과 2016년에는 643,258 백 만원에서 2020년에는 679,640 백 만원으로 성장하여 연평균 1.4% 증가할 것으로 예측 됨.

포장용 유리용기 제조업 시계열 모형예측 (단위 : 백만원)

연도	시장규모
2015	631,275
2016	643,257
2017	653,826
2018	663,280
2019	671,832
2020	679,640

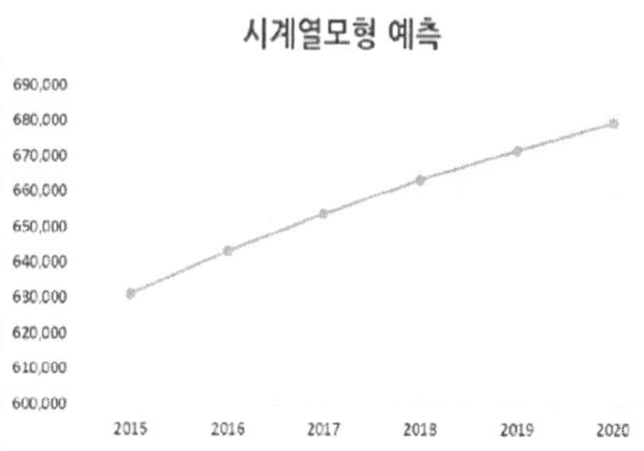

시계열모형 예측

3. 식품포장재 시장규모 예측

▪ 식품포장재 시장규모 전망기반예측결과

▶ Food and Beverage (F&B) Packaging Market, Frost & Sullivan(2011)의 자료에 의하면 세계 시장규모는 2011년 12.942 Trillion $ 에서 2014년 15.326 Trillion $로 증가하여 연평균 5.8% 성장할 것으로 전망함.

▶ 이 성장률을 이용하여 한국의 포장용 유리용기 제조업의 생산액을 예측한 결과 2016년에는 702,611 백 만원에서 2020년에는 880.355 백 만원으로 성장할 것으로 예측 됨

포장용 유리용기 제조업 시장규모 전망기반 예측결과 *(단위 : 백만원)*

연도별	시계열예측	전망기반예측
2015	631,276	664,064
2016	643,258	702,564
2017	653,826	743,295
2018	663,281	786,389
2019	671,833	831,980
2020	679,640	880,215

3. 식품포장재 시장규모 예측

▪ 식품포장재 시장규모 결합 예측결과

▶ 시계열예측과 전망기반예측을 결합예측하기 위하여 시계열예측에 가중값 0.8 전망기반예측에 가중값 0.2를 부여함.

▶ 예측한 결과 포장용 유리용기 제조업의 생산액은 2016년에는 655,119 백만원에서 2020년에는 719,755 백만원으로 성장하여 연평균 2.4% 증가할 것으로 예측 됨.

포장용 유리용기 제조업 결합 예측결과 *(단위 : 백만원)*

연도별	시계열예측	전망기반예측	결합예측결과
2015	631,276	664,064	637,834
2016	643,258	702,564	655,119
2017	653,826	743,295	671,720
2018	663,281	786,389	687,902
2019	671,833	831,980	703,862
2020	679,640	880,215	719,755

4. 주요 품목 국내 생산액

▪ 2013년 기준 생산액

주요 품목 생산액 (단위 : 백만원)

산업분류 코드	품목	생산액
C23192	포장용 유리용기 제조업	593,278
C23192101	일반 유리용기	464,880
C23192102	실험실용 및 약물 포장용 유리용기	126,647

※ 출처 : 통계청, 광업·제조업조사

4. 기타

▪ 관련 기업체 정보

· ㈜ 효성

> 주요 패키징 상품 : 페트병 용기
> 맥주, 음료 페트병 용기 제조 기술력을 통해 페트병 시장의 30% 차지
- 2012년 매출 2,300억 원 수준으로 화학사업 매출의 1/7 수준
> 화학사업 부문 2014년 매출실적 = 1,398,747 백 만원

· CJ 제일제당 ㈜

> 주요 패키징 상품 : 프리미엄 소형 썰은 김치
> 1인 가구 증가 및 김치 섭취량 감소라는 사회적 트렌드 반영
- 어린이용, 노약자용, 여성용, 조리용 간편식용 등 다양한 패키징 개발
> 식품사업 부문 2014년 매출실적 = 3,840,003 백 만원

· 사조산업 ㈜

> 주요 패키징 상품 : 안심따개
> 기존 강철따개 참치 캔이 가지고 있던 위험성을 보완
- 알루미늄 호일을 사용해 뚜껑의 두께가 얇아져 무게가 50% 감소
> 식품사업 부문 수산물캔 품목 2014년 매출실적 = 91,953 백 만원

※ 참고 : 산업통상자원부, 제조업의 숨은 조력자, 패키징 산업, 2014년 보도자료 참고
※ 출처 : 전자공시시스템, 각 기업 2014년 사업보고서 기준

Ⅳ. TFT-LCD

1. TFT-LCD 개요

▪ TFT-LCD의 산업분류 및 해설

▶ C.제조업 > 26.전자부품, 컴퓨터, 영상, 음향 및 통신장비 제조업 > 262.전자부품 제조업 > 2621.평판 디스플레이 제조업 > 26211.액정평판 디스플레이제조업

▶ 액정 평판 디스플레이 제조업(Manufacture of liquid crystal Flat Display Boards) : 각종 형상의 액정 평판디스플레이 모듈 및 부분품을 제조하는 산업활동으로서 전기접속자의 부착여부를 불문한다. 다른 부품이 결합되어 특정 제품화된 경우는 제외한다.

✓ 광전자식시계용액정디바이스제조, 백라이트유니트제조(LCD용), 액정디바이스제조(L.C.D), 액정크리스탈표시단위제조, 액정평판디스플레이제조, 액정표시장치제조, 워드프로세싱용평판디스플레이제조, 전자계산기용액정디바이스제조, 칼라필터제조(LCD용), 텔레비전용액정디바이스제조, LCD제조(액정표시장치)

※ 출처 : 통계청, 한국표준산업분류(KSIC)

2. TFT-LCD 시장동향

▪ TFT-LCD의 연도별 국내시장규모

▶ 액정 평판 디스플레이 제조업의 생산액은 2000년 5,318,033 백 만원에서 2013년 74,721,421 백 만원으로 크게 증가하여 장기 연평균 성장률은 16.7%로 나타났으나, 최근 5년의 연평균성장률은 9.6%로 나타나 성장률이 다소 둔화 됨.

▶ 부가가치액은 2000년 2,966,901 백 만원에서 2013년 31,232,647 백 만원으로 크게 증가하여 장기 연평균 성장률은 14.8%로 나타났고, 최근 5년의 연평균 성장률은 12.7%로 조사됨.

액정 평판 디스플레이 제조업 최근 국내시장 규모 (단위 : 백만원)

연도	생산액	부가가치액
2008	47,147,624	17,161,893
2009	65,251,603	22,479,906
2010	83,495,386	29,801,497
2011	73,255,662	28,606,388
2012	71,619,179	29,673,623
2013	74,721,421	31,232,647

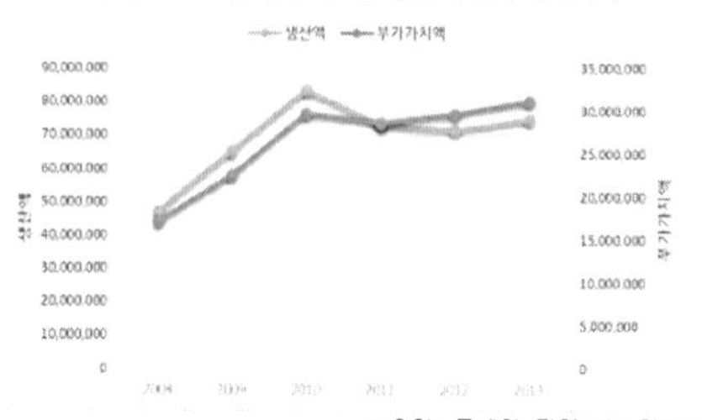

※ 출처 : 통계청, 광업·제조업조사

2. TFT-LCD 시장동향

▪ TFT-LCD의 생산액과 주요경제지표의 상관분석

▶ 액정 평판 디스플레이 제조업의 생산액과 주요경제지표의 상관관계를 분석한 결과 양의 상관관계를 가진 지표는 GDP 디플레이터 +0.98, 인구 +0.96, GDP +0.89로 조사되었고, 음의 상관관계를 가진 지표는 실업률 -0.54, 대미환율 -0.17로 조사됨.

액정 평판 디스플레이 제조업 최근 주요경제지표

연도별	인구 (단위 : 천명)	GDP (단위 : 10억 US$)	GDP 디플레이터 (단위 : 2010=100)	대미환율 (단위 : 대미달러)	실업률 (단위 : %)	생산액 (단위 : 백만원)
2008	48,949	1,001.7	93.6	1,103.36	3.2	47,147,624
2009	49,182	902.3	96.9	1,276.35	3.6	65,251,603
2010	49,410	1,094.3	100.0	1,156.00	3.7	83,495,386
2011	49,779	1,202.7	101.6	1,107.99	3.4	73,255,662
2012	50,004	1,222.4	102.6	1,126.76	3.2	71,619,179
2013	50,220	1,305.4	103.4	1,095.04	3.1	74,721,421
상관계수	0.96	0.89	0.98	-0.17	-0.54	1.00

2. TFT-LCD 시장동향 및 전망

▪ TFT-LCD의 연도별 세계시장규모 및 예측

▶ Frost & Sullivan(2013)의 자료에 의하면 Total LCD Market의 세계 시장규모는 2009년 70.63 Billion $ 에서 2012년 94.16 Billion $로 증가하여 연평균 10% 성장하는 것으로 나타남.

■ *LCD 최근 세계시장 규모* *(단위 : 백만불, %)*

연도	시장규모
2009	70.63
2010	74.41
2011	82.54
2012	94.16

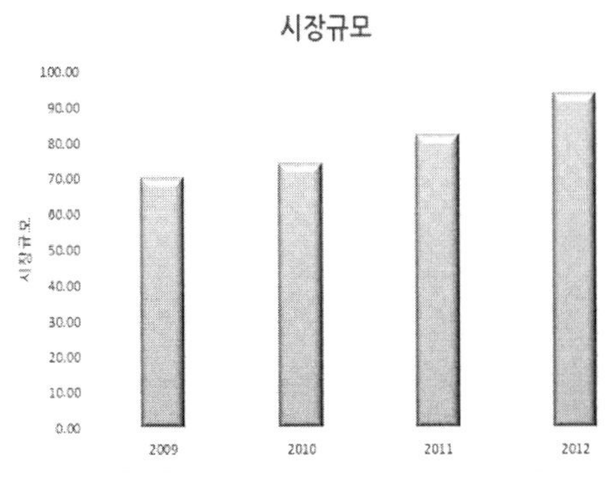

※ 출처 : Frost & Sullivan, Analysis of the Global LCD Market, 2013.05

3. TFT-LCD 시장규모 예측

▪ 예측 모형

▶ 시장규모 예측방법에는 데이터 기반의 시계열 예측과 전문가의 통찰력을 활용한 전문기관의 전망과 각 기업의 사업보고서를 활용하는 예측방법을 동원하여 예측하는 결합예측방법을 이용하였음. 결합예측의 가중 값은 전문가와 실무자가 공감할 수 있는 가중 값을 도출하여 예측하였음.

예측모형 과정

$$F_t = \left((1-\omega)GFOT_t + \omega GFOO_t\right)F_{t-1}$$

- $GFOT_t = \dfrac{FOT_t - FOT_{t-1}}{FOT_t}$ $\qquad GFOO_t = \dfrac{FOO_t - FOO_{t-1}}{FOO_t}$

  FOT_t : t기 시계열 모형 예측

  FOO_t : t기의 전망값 (기관/기업의 전망평균)

3. TFT-LCD 시장규모 예측

▪ 데이터 기반 통계적 예측

▶ **시계열 모형 예측**

✓ 액정 평판 디스플레이 제조업의 생산액은 최근 성장세가 둔화되어 2014년 이후의 시계열예측은 2010년을 제외하고 LOG 추세예측 모형으로 예측하였음.

✓ 예측결과 2016년에는 87,485,521 백 만원에서 2020년에는 94,498,323 백 만원으로 성장하여 연평균 1.9% 증가할 것으로 예측 됨.

액정 평판 디스플레이 제조업 시계열 모형예측 *(단위 : 백만원)*

연도	시장규모
2015	85,289,583
2016	87,485,521
2017	89,471,989
2018	91,285,493
2019	92,953,754
2020	**94,498,323**

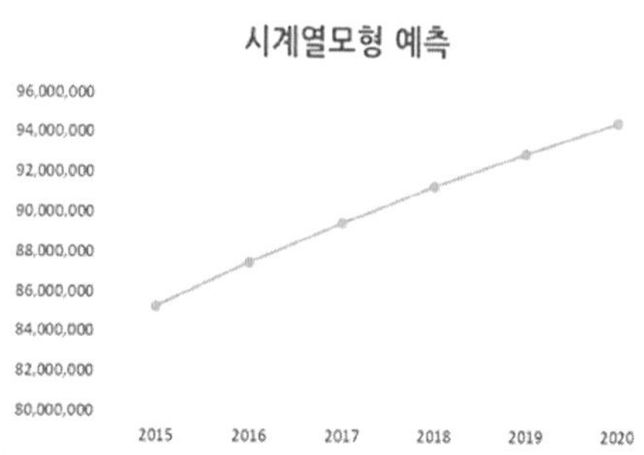

3. TFT-LCD 시장규모 예측

▪ TFT-LCD 시장규모 전망기반 예측결과

▶ LCD Market , Frost & Sullivan(2013)의 자료에 의하면 한국 시장규모는 2015년 73.27 Billion $ 에서 2019년 190.22 Billion $로 증가하고, 2009년에서 2019년까지 연평균 22.7% 성장할 것으로 전망함.

▶ 이 성장률을 이용하여 한국의 액정 평판 디스플레이 제조업의 생산액을 예측한 결과 2016년에는 138,031,692 백만원에서 2020년에는 312,865,058 백만원으로 성장할 것으로 예측 됨.

액정 평판 디스플레이 제조업 시장규모 전망기반 예측결과 *(단위 : 백만원)*

연도별	시계열예측	전망기반예측
2015	85,289,583	**112,495,266**
2016	87,485,521	**138,031,692**
2017	89,471,989	**169,364,886**
2018	91,285,493	**207,810,715**
2019	92,953,754	**254,983,747**
2020	94,498,323	**312,865,058**

3. TFT-LCD 시장규모 예측

▪ TFT-LCD 시장규모 결합 예측결과

▶ 데이터 기반예측과 전망기반예측을 결합예측하기 위하여 데이터기반예측에 가중 값 0.8 전망기반예측에 가중 값 0.2(Frost & Sullivan(2013)의 전망이 2년 전 전망이고, 현재의 경제상황과 실제 데이터를 고려하여 가중 값을 낮게 부여함.)를 부여함.

▶ 결합예측 결과 액정 평판 디스플레이 제조업의 생산액은 2016년에는 101,952,329 백 만원에서 2020년에는 139,651,849 백 만원으로 성장하여 연평균 8.2% 증가할 것으로 예측됨.

액정 평판 디스플레이 제조업 시장규모 결합 예측결과 *(단위 : 백만원)*

연도별	시계열예측	전망기반예측	결합예측결과
2015	85,289,583	112,495,266	**92,460,142**
2016	87,485,521	138,031,692	**101,952,329**
2017	89,471,989	169,364,886	**107,482,498**
2018	91,285,493	207,810,715	**115,831,725**
2019	92,953,754	254,983,747	**127,226,042**
2020	94,498,323	312,865,058	**139,651,849**

4. 주요 품목 국내 생산액

▪ 2013년 기준 생산액

주요 품목 생산액 *(단위 : 백만원)*

산업분류 코드	품목	생산액
C26211	액정 평판 디스플레이 제조업	74,721,421
C26211101	노트북용LCD	7,422,501
C26211102	TV용 LCD	30,045,424
C26211103	모니터용 LCD	9,499,954
C26211109	기타 LCD	5,709,910
C26211901	LCD용 컬러 필터	766,663
C26211902	LCD용 백라이트 유니트(BLU)	2,754,366
C26211907	LCD편광필름	6,194,197
C26211909	기타 액정표시장치 부품	2,459,247

※ 출처 : 통계청, 광업·제조업조사

4. 기타

▪ 관련 기업체 정보

• LG 디스플레이㈜

- 경기변동의 특성 - 경기변동에 민감하게 반응하는 장치산업의 특성, 패널업체들의 설비투자 확대 및 가동률 조정으로 수요와 공급간 불균형이 주기적으로 반복
- 주요 생산업체 대부분 아시아지역 위치, 업계 성장 둔화로 업체별 차이는 있으나 2011년 이후 전반적인 생산능력 증대 속도 감소
- 2014년 대형 Dislplay 패널 기준(9"이상) 세계시장 점유율 = 26.9% (매출액 기준)

  ※ 출처 : Display Search , 14.Q4
- Display 부문 2014년 매출실적 = 264,555 백 만원

• 삼성디스플레이

- 산업의 특성 - TFT-LCD 는 전기소비량이 적으며 가볍고 얇으면서 높은 해상도 구현, 최근 모니터용 제품은 CRT를 대부분 대체하였고, LCD TV 보급률도 높아짐에 따라 성장률 둔화
- TFT-LCD, OLED 등 디스플레이 패널 생산, 대부분의 제품 수출을 통하여 해외로 판매
- 2014년 디스플레이 세계시장 점유율 = 20.70% (금액 기준)

  ※ 출처 : Display Search
- 삼성디스플레이 2014년 매출실적 = 25,646,109 백 만원

※ 참고 : 한국표준산업분류 기준, 액정평판디스플레이 제조업 기업체 기준
※ 출처 : 전자공시시스템, 각 기업 2014년 사업보고서 기준

V. 타이어

1. 타이어 개요

▪ 타이어의 산업분류 및 해설

▶ C.제조업 > 22. 고무제품 및 플라스틱제품 제조업> 221. 고무제품 제조업 > 2211. 고무 타이어 및 튜브 생산업 > 22111. 타이어 및 튜브 제조업

▶ 타이어 및 튜브 제조업 (Manufacture of Tires and Tubes) : 각종 차량, 항공기용 공기 쿠션 또는 솔리드 고무타이어, 자전거, 이륜자동차용 타이어, 튜브 및 타이어 재생용 부분품을 생산하는 산업활동을 말한다.

✓ 고무제공기타이어(신품)제조, 고무제솔리드타이어제조, 고무제품제조(타이어), 고무타이어재생용캐멀제조(백스트립), 고무타이어제조(차량,완구용등), 공기쿠션제조(차량및항공기용), 공기타이어제조(재생타이어제외), 교환성타이어트래드제조, 농업용차량타이어제조, 모터사이클용타이어제조, 모터사이클용튜브제조, 버스용타이어제조, 버스용튜브제조, 산업용차량타이어제조, 산업용차량튜브제조, 손수레타이어제조, 솔리드고무타이어제조, 솔리드타이어제조, 승용차용타이어제조, 승용차용튜브제조, 인너튜브제조, 자전거용타이어제조, 자전거용튜브제조, 캐멀백스트립제조(타이어재생용), 쿠션고무타이어제조, 쿠션타이어제조, 타이어및튜브제조, 타이어제조(신품), 타이어트레드제조, 타이어플랩제조(휠에부착), 택시타이어제조, 튜브(이너튜브)제조, 튜브제조(고무제), 트럭용타이어제조, 트럭용튜브제조, 항공기용타이어제조, 항공기용튜브제조, 화물차용타이어제조, 화물차용튜브제조

※ 출처 : 통계청, 한국표준산업분류(KSIC)

2. 타이어 시장동향

▪ 타이어의 연도별 국내시장규모

▶ 타이어 및 튜브 제조업의 생산액은 2000년 2,763,094 백만원에서 2013년 7,650,288 백만원으로 크게 증가하여 장기 연평균 성장률은 8.4%로 나타났으나, 최근 5년의 연평균성장률은 5.8%로 나타나 성장률이 다소 둔화됨

▶ 부가가치액은 2000년 1,340,268 백만원에서 2013년 3,286,765 백만원으로 크게 증가하여 장기 연평균 성장률은 5.8%로 나타났고, 최근 5년의 연평균 성장률은 4.7%로 조사되었다.

타이어 및 튜브 제조업 최근 국내시장 규모 (단위 : 백만원)

연도	생산액	부가가치액
2008	5,779,378	2,608,374
2009	5,403,937	1,988,067
2010	6,895,075	2,515,474
2011	7,884,832	3,135,901
2012	8,112,352	3,473,697
2013	7,650,288	3,286,765

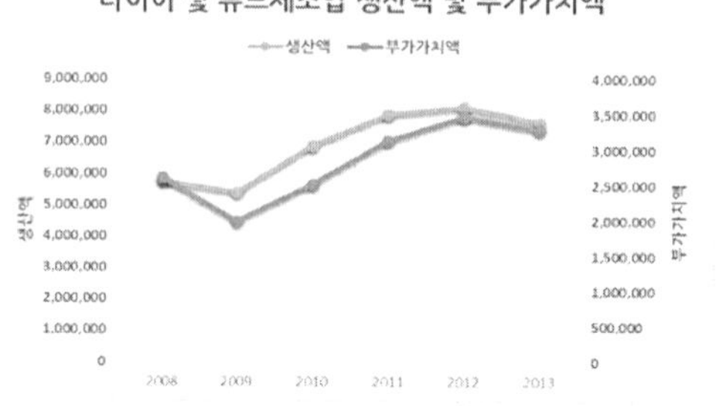

※ 출처 : 통계청, 광업·제조업조사

2. 타이어 시장동향

▪ 타이어의 생산액과 주요경제지표의 상관분석

▶ 타이어 및 튜브 제조업의 생산액과 주요경제지표의 상관관계를 분석한 결과 양의 상관관계를 가진 지표는 인구 +0.97, GDP디플레이터 +0.97, GDP +0.91로 조사되었고, 음의 상관관계를 가진 지표는 실업률 -0.60, 대미환율 -0.18로 조사됨.

타이어 및 튜브 제조업 최근 주요경제지표

연도별	인구	GDP	GDP디플레이터	대미환율	실업률	생산액
	(단위 : 천명)	(단위 : 10억 US$)	(단위 : 2010=100)	(단위 : 대미달러)	(단위 : %)	(단위 : 백만원)
2008	48,949	1,001.7	93.6	1,103.36	3.2	5,779,378
2009	49,182	902.3	96.9	1,276.35	3.6	5,403,937
2010	49,410	1,094.3	100.0	1,156.00	3.7	6,895,075
2011	49,779	1,202.7	101.6	1,107.99	3.4	7,884,832
2012	50,004	1,222.4	102.6	1,126.76	3.2	8,112,352
2013	50,220	1,305.4	103.4	1,095.04	3.1	7,650,288
상관계수	0.97	0.91	0.97	-0.18	0.60	1.00

2. 타이어 시장동향 및 전망

▪ 타이어의 연도별 세계시장규모 및 예측

▶ Frost & Sullivan(Strategic Analysis of the Global Tire Materials Market, 2015.02)에 의하면 2014년 세계 시장규모는 21.37 Billion $로 제시되었고, 2021년까지 7.1% 성장하는 것으로 전망함.

■ *타이어 최근 세계시장 규모* (단위 : $ Billion, %)

연도	매출액	성장률
2014	21.37	6.3
2015	22.74	6.4
2016	24.23	6.6
2017	25.88	6.8
2018	27.72	7.7
2019	29.79	7.5
2020	32.02	7.5
2021	34.46	7.6

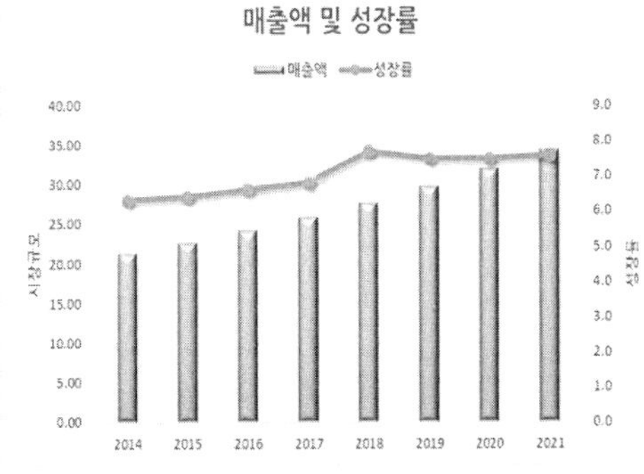

※ 출처 : Frost & Sullivan , Strategic Analysis of the Global Tire Materials Market, 2015.02

3. 타이어 시장규모 예측

▪ 예측 모형

▶ 시장규모 예측방법에는 데이터 기반의 시계열 예측과 전문가의 통찰력을 활용한 전문기관의 전망과 각 기업의 사업보고서를 활용하는 예측방법을 동원하여 예측하는 결합예측방법을 이용하였음. 결합예측의 가중 값은 전문가와 실무자가 공감할 수 있는 가중 값을 도출하여 예측하였음.

예측모형 과정

$$F_t = \big((1-\omega)GFOT_t + \omega GFOO_t\big)F_{t-1}$$

- $GFOT_t = \dfrac{FOT_t - FOT_{t-1}}{FOT_t}$ $\qquad GFOO_t = \dfrac{FOO_t - FOO_{t-1}}{FOO_t}$

FOT_t : t기 시계열 모형 예측

FOO_t : t기의 전망값 (기관/기업의 전망평균)

3. 타이어 시장규모 예측

▪ 데이터 기반 통계적 예측

▶ **시계열 모형 예측**

✓ 타이어 및 튜브 제조업의 생산액 과거 13년간 선형추세를 유지하고 있어 2014년 이후의 시계열예측은 선형추세모형으로 예측함.

✓ 예측결과 2016년에는 9,263,376 백만원에서 2020년에는 11,030,864 백만원으로 성장하여 연평균 4.5% 증가할 것으로 예측 됨.

■ *타이어 및 튜브 제조업 시계열 모형예측*

(단위 : 백만원)

연도	시장규모
2015	8,821,504
2016	9,263,376
2017	9,705,248
2018	10,147,120
2019	10,588,992
2020	11,030,864

3. 타이어 시장규모 예측

▪ 타이어 시장규모 전망기반예측결과

▶ Total Tire Materials Market, Frost & Sullivan(2015)의 자료에 의하면 세계시장은 2014년 21 Billion $ 에서 2021년 34 Billion $로 증가하고, 2014년에서 2021년까지 연평균 7.1% 성장할 것으로 전망함.

▶ 이 성장률을 이용하여 한국의 타이어 및 튜브 제조업의 생산액을 예측한 결과 2016년에는 9,388,819 백만원에서 2020년에는 12,336,403 백만원으로 성장할 것으로 예측 됨.

타이어 및 튜브 제조업 시장규모 전망기반 예측결과 *(단위 : 백만원)*

연도별	시계열예측	전망기반예측
2015	8,821,504	**8,769,333**
2016	9,263,376	**9,388,819**
2017	9,705,248	**10,052,067**
2018	10,147,120	**10,762,168**
2019	10,588,992	**11,522,432**
2020	11,030,864	**12,336,403**

3. 타이어 시장규모 예측

▪ 타이어 시장규모 결합 예측결과

▶ 시계열예측과 전망기반예측을 결합예측하기 위하여 시계열예측에 가중값 0.7 전망기반예측에 가중값 0.3를 부여함.

▶ 예측한 결과 타이어 및 튜브 제조업의 생산액은 2016년에는 9,301,009 백만원에서 2020년에는 11,422,525 백만원으로 성장하여 연평균 5.3% 증가할 것으로 예측 됨.

타이어 및 튜브 제조업 결합 예측결과 *(단위 : 백만원)*

연도별	시계열예측	전망기반예측	결합예측결과
2015	8,821,504	8,769,333	**8,805,853**
2016	9,263,376	9,388,819	**9,301,009**
2017	9,705,248	10,052,067	**9,809,293**
2018	10,147,120	10,762,168	**10,331,634**
2019	10,588,992	11,522,432	**10,869,024**
2020	11,030,864	12,336,403	**11,422,525**

4. 주요 품목 국내 생산액

▪ 2013년 기준 생산액

주요 품목 생산액 *(단위 : 백만원)*

산업분류 코드	품목	생산액
C22111	타이어 및 튜브 제조업	7,650,288
C22111101	승용차타이어	6,571,241
C22111102	버스 및 화물차 타이어	-
C22111103	모터사이클타이어	74,448
C22111109	기타 자동차 타이어	-
C22111110	자동차 튜브	312,357
C22111201	자전거 타이어	-
C22111209	기타 비동력식 차량의 타이어 및 튜브	6,309
C22111900	타이어 및 튜브 부속품	61,657

※ 출처 : 통계청, 광업·제조업조사

4. 기타

▪ 관련 기업체 정보

· 한국타이어㈜

- 세계 타이어 산업은 수요량을 초과한 성숙기 진입한 상태, 중국은 급속한 경제성장과 함께 기하급수적인 수요 증가를 가져올 '자동차 대중화 시대'를 맞이하여 타이어 산업은 지속적인 성장 예측
- 2014 글로벌 타이어 기업 순위 = 7위 (2013년 매출액 기준) ※ 출처 : Tire Business, 2014
- 타이어 부문 2014년 매출실적 = 6,422,575 백만원

· 금호타이어㈜

- 타이어 수요는 자동차 판매에 영향을 많이 받음, 자동차 수요와 달리 경기침체기에도 상대적으로 안정적인 매출 유지
- 2014 글로벌 타이어 기업 순위 = 13위 (2013년 매출액 기준) ※ 출처 : Tire Business, 2014
- 타이어 부문 2014년 매출실적 = 3,393,845 백만원

· 넥센타이어㈜

- 타이어 산업은 대표적이 장치산업으로 대규모 자본이 필요로 하는 산업이므로 신규업체의 진입장벽이 높은 편
- 국내 타이어 시장은 넥센타이어를 포함한 한국타이어, 금호타이어가 전체시장의 약 75%이상 과점 형태
- 타이어 부문 2014년 매출실적 = 2,328,520 백만원

※ 출처 : 전자공시시스템, 각 기업 2014년 사업보고서 기준

Ⅵ. 화물자동차 운송 및 택배

1. 화물자동차 운송 및 택배 개요

▪ 화물자동차 운송 및 택배의 산업분류 및 해설

▶ H. 운수업 > 49.육상운송 및 파이프라인 운송업 > 493.도로 화물 운송업 > 4931 화물자동차 운송업

▶ 화물자동차 운송업(Freight Trucking) : 화물자동차를 이용하여 화물을 운송하는 산업활동을 말한다.

✓ 49311. 일반 화물자동차 운송업(General Freight Trucking) : 각종 일반 화물자동차를 이용하여 화물을 운송하는 산업활동을 말한다.

✓ 49312. 용달 및 개별 화물자동차 운송업(Freight Trucking By Small Truck and Self-Management) : 소형 화물자동차(1톤 이하) 및 중형화물자동차(1톤 초과 5톤 미만)를 이용하여 화물을 운송하는 산업활동을 말한다.

▶ H. 운수업 > 49.육상운송 및 파이프라인 운송업 > 494.소화물 전문 운송업 > 4940 소화물 전문 운송업 > 49401.택배업

▶ 택배업 (Door to Door Transport) : 대도시 지역이나 도시간으로 소화물을 택배 서비스 제공하는 산업활동을 말한다. 이러한 사업체는 택배지역 수집 및 배달을 포함하는 네트워크 시스템을 형성하며 육상, 수상, 항공 수송 수단이 결합되어 수행될 수 있다.

※ 출처 : 통계청, 한국표준산업분류(KSIC)

2. 화물자동차 운송 및 택배 시장동향

▪ 화물자동차 운송 및 택배의 연도별 국내시장규모

▶ 화물자동차 운송업의 매출액은 2000년 231,254 백만원에서 2013년 3,564,822 백만원으로 크게 증가하여 장기 연평균 성장률은 19.3%로 나타났고, 최근 5년의 연평균성장률은 14.0%로 조사됨.

■ *화물자동차 운송업 최근 국내시장 규모* (단위 : 백만원)

연도	매출액
2008	1,853,497
2009	2,388,343
2010	2,451,734
2011	3,030,224
2012	3,355,104
2013	3,564,822

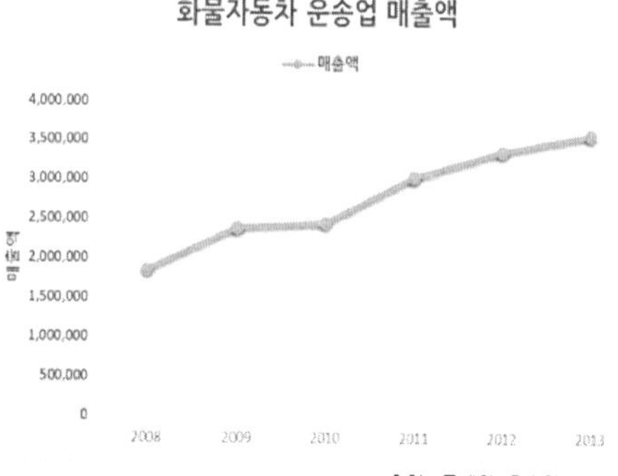

※ 출처 : 통계청, 운수업조사

2. 화물자동차 운송 및 택배 시장동향

▪ 화물자동차 운송 및 택배의 매출액과 주요경제지표의 상관분석

▶ 화물자동차 운송업의 매출액과 주요경제지표의 상관관계를 분석한 결과 양의 상관관계를 가진 지표는 GDP디플레이터 +0.98, 인구 +0.99, GDP +0.93로 조사되었고, 음의 상관관계를 가진 지표는 실업률 -0.62, 대미환율 -0.21로 조사됨.

■ *화물자동차 운송업 최근 주요경제지표*

연도별	인구 (단위 : 천명)	GDP (단위 : 10억 US$)	GDP디플레이터 (단위 : 2010=100)	대미환율 (단위 : 대미달러)	실업률 (단위 : %)	매출액 (단위 : 백만원)
2008	48,949	1,001.7	93.6	1,103.36	3.2	1,853,497
2009	49,182	902.3	96.9	1,276.35	3.6	2,388,343
2010	49,410	1,094.3	100.0	1,156.00	3.7	2,451,734
2011	49,779	1,202.7	101.6	1,107.99	3.4	3,030,224
2012	50,004	1,222.4	102.6	1,126.76	3.2	3,355,104
2013	50,220	1,305.4	103.4	1,095.04	3.1	3,564,822
상관계수	0.84	-0.40	-0.43	-0.07	0.86	1.00

2. 화물자동차 운송 및 택배 시장동향 및 전망

▪ 화물자동차 운송 및 택배의 연도별 세계시장규모 및 예측

▶ Armstrong & Associates의 자료에 의하면 3자 물류시장의 세계 시장규모는 2009년 507 Billion $이며, 2013년 703 Billion $으로 증가하는 것으로 나타남.

화물자동차 운송 및 택배 최근 세계시장 규모 (단위 : $ Billion)

연도	시장규모
2009	507
2010	550
2011	616
2012	685
2013	703

※ 출처 : Armstrong & Associates, 2005~2013

3. 화물자동차 운송 및 택배 시장규모 예측

▪ 예측 모형

▶ 시장규모 예측방법에는 데이터 기반의 시계열 예측과 전문가의 통찰력을 활용한 전문기관의 전망과 각 기업의 사업보고서를 활용하는 예측방법을 동원하여 예측하는 결합예측방법을 이용하였음. 결합예측의 가중 값은 전문가와 실무자가 공감할 수 있는 가중 값을 도출하여 예측하였음.

예측모형 과정

$$F_t = \left((1-\omega)GFOT_t + \omega GFOO_t\right)F_{t-1}$$

- $GFOT_t = \dfrac{FOT_t - FOT_{t-1}}{FOT_t}$ $\qquad GFOO_t = \dfrac{FOO_t - FOO_{t-1}}{FOO_t}$

FOT_t : t기 시계열 모형 예측

FOO_t : t기의 전망값 (기관/기업의 전망평균)

3. 화물자동차 운송 및 택배 시장규모 예측

▪ 데이터 기반 통계적 예측

▶ **시계열 모형 예측**

✓ 화물자동차 운송업의 매출액은 지속적으로 성장추세가 이어지고 있으나 최근 성장추세가 둔화되어 2014년 이후의 시계열예측은 로그추세모형으로 예측하였음.

✓ 예측한 결과 2016년에는 4,504,357 백만원에서 2020년에는 5,624,029 백만원으로 성장하여 연평균 5.7% 증가할 것으로 예측 됨.

화물자동차 운송업 시계열 모형예측 *(단위 : 백만원)*

연도	시장규모
2015	4,209,853
2016	4,504,357
2017	4,792,789
2018	5,075,393
2019	5,352,400
2020	5,624,029

3. 화물자동차 운송 및 택배 시장규모 예측

▪ 화물자동차 운송 및 택배 시장규모 전망기반예측결과

▶ 3자 물류시장, Armstrong & Associates의 자료에 의하면 세계시장은 2010년 550 Billion $ 에서 2013년 703 Billion $로 증가하고, 2010년에서 2013년까지 연평균 8.5% 성장할 것으로 전망함.

▶ 이 성장률을 이용하여 한국의 화물자동차 운송업의 매출액을 예측한 결과 2016년에는 4,556,491 백만원에서 2020년에는 6,320,537 백만원으로 성장할 것으로 예측 됨.

화물자동차 운송업 시장규모 전망기반 예측결과 *(단위 : 백만원)*

연도별	시계열예측	전망기반예측
2015	4,209,853	4,198,553
2016	4,504,357	4,556,491
2017	4,792,789	4,944,944
2018	5,075,393	5,366,514
2019	5,352,400	5,824,024
2020	5,624,029	6,320,537

3. 화물자동차 운송 및 택배 시장규모 예측

▪ 화물자동차 운송 및 택배 시장규모 결합 예측결과

- ▶ 시계열예측과 전망기반예측을 결합예측하기 위하여 시계열예측에 가중값 0.6 전망기반예측에 가중값 0.4를 부여함.
- ▶ 예측한 결과 화물자동차 운송업의 매출액은 2016년에는 4,525,211 백만원에서 2020년에는 5,902,632 백만원으로 성장하여 연평균 6.9% 증가할 것으로 예측 됨.

화물자동차 운송업 결합 예측결과 (단위 : 백만원)

연도별	시계열예측	전망기반예측	결합예측결과
2015	4,209,853	4,198,553	**4,205,333**
2016	4,504,357	4,556,491	**4,525,211**
2017	4,792,789	4,944,944	**4,853,651**
2018	5,075,393	5,366,514	**5,191,841**
2019	5,352,400	5,824,024	**5,541,050**
2020	5,624,029	6,320,537	**5,902,632**

4. 기타

▪ 관련 기업체 정보

• 현대글로비스㈜

- ➢ 종합물류사업 - 경제 전반을 구성하는 물적요소들의 흐름에 관련된 사업으로 생산지에서부터 소비지까지 물품과 정보의 흐름과 저장이 효율적으로 이루어 질 수 있도록 계획, 통제, 실행하는 프로세스
- ➢ 국내외 시장여건 - 국내 물류시장 매출액은 2012년 47.1조원 규모로 추정되며, 유럽발 경기침체 등에도 불구하고 2011년 44.6조원과 비교할 때 약 5.5% 성장하였으며, 종합물류기업은 소비침체에 따른 저단가 출혈 경쟁속에서도 해외시장 개척 등에 힘입어 12%의 비교적 높은 성장을 기록
- ➢ 물류부문 2014년 매출실적 = 7,162,818 백만원

• CJ대한통운㈜

- ➢ 택배사업부문 - 시대적인 물류환경의 변화에 부응하여 탄생한 것이므로 대중화의 속도에 따라 홈쇼핑 및 인터넷 쇼핑의 발전 등 생산자와 소비자간 유통 단계 축소에 따른 구조개선과 고객서비스의 질적인 향상에 크게 기여
- ➢ 산업의 특성 - 국내 택배시장의 경기변동은 뚜렷하지 않으나, 통상적으로 설 이후부터 여름휴가철(3월~8월)까지는 상대적인 비수기이고 추석 이후 이듬해 설까지 대단위의 물량이 발생
- ➢ 택배사업 부문 2014년 매출실적 = 1,248,606 백만원

• 롯데로지스틱스㈜

- ➢ 물류산업 - 생산자에서 소비자에 이르는 과정에서 원자재, 제품, 상품의 운송과 보관서비스를 제공하는 산업, 물류산업의 범위는 개별 고객기업들의 조달, 생산, 보관, 유통관리 및 수배송 서비스
- ➢ 국내외 시장여건 - 고객기업들이 국내외 시장에서 우위를 선점하기 위하여 물류비 절감 및 핵심역량 강화에 집중함에 따라 제3자 물류시장은 점차 증대될 것으로 예상
- ➢ 롯데로지스틱스 2014년 매출실적 = 2,251,507 백만원

※ 출처 : 전자공시시스템, 각 기업 2014년 사업보고서 기준

Ⅶ. 플라스틱성형

1. 플라스틱성형 개요

▪ 플라스틱성형의 산업분류 및 해설

▶ C.제조업 > 22.고무제품 및 플라스틱제품 제조업 > 222.플라스틱제품 제조업 > 2225.플라스틱 발포 성형제품 제조업 > 22250.플라스틱 발포 성형제품 제조업

▶ 플라스틱 발포 성형제품 제조업(Manufacture of Foamed Plastic Products) : 원료상태의 플라스틱 물질을 발포 성형하여 판, 관, 용기 등 각종 용도의 발포 성형제품을 제조하는 산업활동을 말한다. 건축용, 포장용, 기계장비 조립용 등 각종 용도의 발포 성형제품 제조를 포함하며, 구입한 발포 원단을 성형하여 발포 성형제품을 제조하는 경우도 포함된다.

✓ 경성플라스틱발포성형제품제조, 발포성형플라스틱제품제조, 발포스티로폼제조, 발포스티로폼제품제조, 발포폴리스틸렌제조, 발포폴리에틸렌시트제조, 스티렌발포제품제조, 스티로폼제조, 스폰지제조(플라스틱제), 연성플라스틱발포제품제조, 연질플라스틱발포제품제조, 우레탄발포제품제조, 정형스티로폼제품제조, 짐포장용스티로폼제조, 폴리스티렌발포제품제조(판, 시트, 스트립), 폴리에틸렌폼제조(발포제품), 폴리우레탄발포제품제조, 폴리우레탄폼제조(발포제품), 플라스틱발포성형제품제조, 플라스틱발포제품제조, 플라스틱스폰지제조

※ 출처 : 통계청, 한국표준산업분류(KSIC)

2. 플라스틱성형 시장동향

▪ 플라스틱성형의 연도별 국내시장규모

▶ 플라스틱 발포 성형제품 제조업의 생산액은 2000년 1,093,763 백만원에서 2013년 3,109,110 백만원으로 크게 증가하여 장기 연평균 성장률은 6.7%로 나타났고, 최근 5년의 연평균성장률은 9.0%로 나타남.

▶ 부가가치액은 2000년 403,283 백만원에서 2013년 919,629 백만원으로 크게 증가하여 장기 연평균 성장률은 5.3%로 나타났고, 최근 5년의 연평균 성장률은 4.8%로 조사됨.

■ *플라스틱 발포 성형제품 제조업 최근 국내시장 규모* *(단위 : 백만원)*

연도	생산액	부가가치액
2008	2,018,257	726,474
2009	1,948,039	651,585
2010	2,292,154	809,584
2011	2,654,409	813,600
2012	2,970,268	926,433
2013	3,109,110	919,629

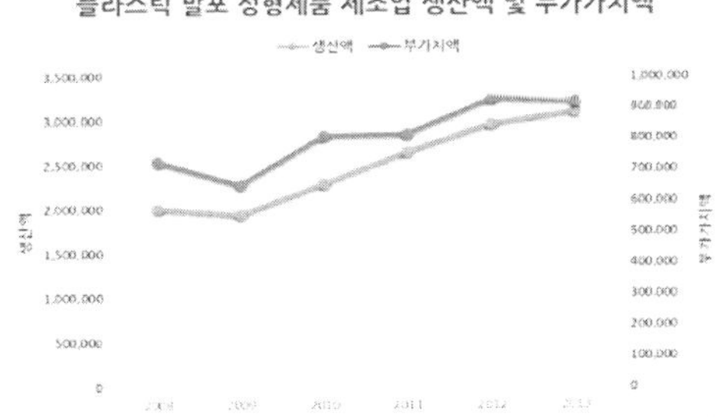

※ 출처 : 통계청, 광업·제조업조사

2. 플라스틱성형 시장동향

▪ 플라스틱성형의 생산액과 주요경제지표의 상관분석

▶ 플라스틱 발포 성형제품 제조업의 생산액과 주요경제지표의 상관관계를 분석한 결과 양의 상관관계를 가진 지표는 GDP디플레이터 +0.94, 인구 +0.96, GDP +0.96로 조사되었고, 음의 상관관계를 가진 지표는 실업률 -0.71, 대미환율 -0.38로 조사됨.

■ *플라스틱 발포 성형제품 제조업 최근 주요경제지표*

연도별	인구	GDP	GDP디플레이터	대미환율	실업률	생산액
	(단위 : 천명)	(단위 : 10억 US$)	(단위 : 2010=100)	(단위 : 대미달러)	(단위 : %)	(단위 : 백만원)
2008	48,949	1,001.7	93.6	1,103.36	3.2	2,018,257
2009	49,182	902.3	96.9	1,276.35	3.6	1,948,039
2010	49,410	1,094.3	100.0	1,156.00	3.7	2,292,154
2011	49,779	1,202.7	101.6	1,107.99	3.4	2,654,409
2012	50,004	1,222.4	102.6	1,126.76	3.2	2,970,268
2013	50,220	1,305.4	103.4	1,095.04	3.1	3,109,110
상관계수	0.96	0.96	0.94	-0.38	-0.71	1.00

2. 플라스틱성형 시장동향 및 전망

▪ 플라스틱성형의 연도별 세계시장규모 및 예측

▶ 중소기업청(2013)의 자료에 의하면 플라스틱 금형 시장현황 및 전망의 세계 시장규모는 2012년 538,496 억 원이며, 2016년 642,166 억 원으로 증가하는 것으로 나타남.

■ *플라스틱 성형 최근 세계시장 규모* *(단위 : 억 원)*

연도	시장규모
2012	538,496
2013	562,728
2014	588,051
2015	614,513
2016	642,166

※ 출처 : 중소기업청, 중소기업 통합기술로드맵, 2013

3. 플라스틱성형 시장규모 예측

▪ 데이터 기반 통계적 예측

▶ **시계열 모형 예측**

✓ 플라스틱 발포 성형제품 제조업의 생산액은 최근 성장세가 둔화되어 2014년 이후의 시계열예측은 로그추세 모형으로 예측하였음.

✓ 예측한 결과 2016년에는 3,430,955 백만원에서 2020년에는 3,733,139 백만원으로 성장하여 연평균 2.1% 증가할 것으로 예측 됨.

■ *플라스틱 발포 성형제품 제조업 시계열 모형예측* *(단위 : 백만원)*

연도	시장규모
2015	3,331,437
2016	3,430,955
2017	3,518,736
2018	3,597,259
2019	3,668,291
2020	3,733,139

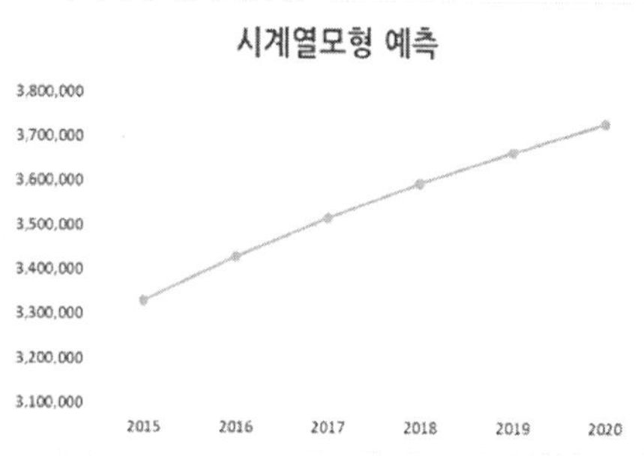

3. 플라스틱성형 시장규모 예측

▪ 플라스틱성형 시장규모 전망기반예측결과

- ▶ 플라스틱 금형 시장현황 및 전망, 중소기업청(2013)의 자료에 의하면 세계시장은 2012년 538,496 억 원에서 2016년 642,166 억 원로 증가하고, 2012년에서 2016년까지 연평균 4.5% 성장할 것으로 전망함.
- ▶ 이 성장률을 이용하여 한국의 플라스틱 발포 성형제품 제조업의 생산액을 예측한 결과 2016년에는 3,548,009 백만원에서 2020년에는 4,231,063 백만원으로 성장할 것으로 예측 됨.

플라스틱 발포 성형제품 제조업 시장규모 전망기반 예측결과 (단위 : 백만원)

연도별	시계열예측	전망기반예측
2015	3,331,437	**3,395,225**
2016	3,430,955	**3,548,009**
2017	3,518,736	**3,707,669**
2018	3,597,259	**3,874,513**
2019	3,668,291	**4,048,865**
2020	3,733,139	**4,231,063**

3. 플라스틱성형 시장규모 예측

▪ 플라스틱성형 시장규모 결합 예측결과

- ▶ 시계열예측과 전망기반예측을 결합예측하기 위하여 시계열예측에 가중값 0.6 전망기반예측에 가중값 0.4를 부여함.
- ▶ 예측한 결과 플라스틱 발포 성형제품 제조업의 생산액은 2016년에는 3,477,776 백만원에서 2020년에는 3,932,309 백만원으로 성장하여 연평균 3.1% 증가할 것으로 예측 됨.

플라스틱 발포 성형제품 제조업 결합 예측결과 (단위 : 백만원)

연도별	시계열예측	전망기반예측	결합예측결과
2015	3,331,437	3,395,225	**3,356,952**
2016	3,430,955	3,548,009	**3,477,776**
2017	3,518,736	3,707,669	**3,594,309**
2018	3,597,259	3,874,513	**3,708,160**
2019	3,668,291	4,048,865	**3,820,521**
2020	3,733,139	4,231,063	**3,932,309**

4. 주요 품목 국내 생산액

▪ 2013년 기준 생산액

■ *주요 품목 생산액* *(단위 : 백만원)*

산업분류 코드	품목	생산액
C2225	플라스틱 발포 성형제품 제조업	3,109,110
C22250101	폴리스티렌 발포제품	2,093,634
C22250102	우레탄 발포제품	867,331
C22250109	기타 플라스틱 발포제품	178,787

※ 출처 : 통계청, 광업·제조업조사

4. 기타

▪ 관련 기업체 정보

• 현대자동차㈜

- ➢ 차량부문 - 제조에 철강, 화학, 비철금속, 전기, 전자, 고무, 유리, 플라스틱 등의 산업과 2만여 개의 부품을 만드는 부품 업체 연계
- ➢ 주요원재료 플라스틱 2014년 가격 = 1,563 $/Ton
- ➢ 연구개발 - 진공성형을 이용한 다층구조 NVH FELT 개발 (CARPET 흡음재 성형 FELT 적용으로 NVH성능 향상)
- ➢ 차량부문 2014년 매출실적 = 53,335,050 백만원

• 에이테크솔루션㈜

- ➢ 금형부문 - 금형의 응용분야는 매우 광범위하여 공산품의 80% 이상이 금형에 의해 생산되며 특히 기계, 전기, 전자, 통신, 반도체, 자동차, 항공기산업 등의 제조업에서 금형기술은 부품을 대량생산하는 필수적인 생산수단이 되는 생산기초요소기술로서 금형의 품질이 관련제품의 품질과 제조원가에 직접적인 영향을 주는 기반기술
- ➢ 산업의 특성 - 금형산업은 대량생산을 위한 필수적인 도구이므로 제조기업의 경기변동에 따라 금형경기가 좌우. 전방산업으로서 자동차, 항공기, 반도체, 가전제품, 완구류 등의 전산업분야의 공업제품이 금형에 의해 생산되기 때문에 산업전반의 경기변동에 영향
- ➢ 에이테크솔루션 2014년 매출실적 = 217,287 백만원

※ 참고 : 중소기업청, 2013 중소기업기술로드맵, 제조기반
※ 출처 : 전자공시시스템, 각 기업 2014년 사업보고서 기준

참고 문헌

특허청(2002), 신기술동향조사보고서-최신 광이용 측정장치, 2002.11, p131.

자료: Smart Fibers, "Technology & Applications"

테크노 트렌드, KISTI, 2006.

WIPS 특허데이터베이스.

전자공시시스템(2007), 현대건설과 지에스건설의 사업보고서.

통계청, 건설업통계조사.

한국기술거래소(2004), IT리포트 "Fabry-Perot 광섬유센서".

한국센서연구조합의 자료.

한국전자산업진흥회, 전자전기제조업실태조사.

한국엔지니어링진흥협회(2007), 과학기술부의 엔지니어링 중장기 기술개발로드맵 (연구기관: 한국과학기술기획평가원).

통계청, 서비스업통계조사.

한국엔지니어링진흥협회, 전문분야별 수주실적현황.

통계청(2008), "광업·제조업[산업총조사]".

통계청, 국가통계포털(www.kosis.kr).

건교부, R&D 정책 인프라사업연구개발계획서.

기술평가유통시스템, 기술가치평가시스템.

CHAPTER

부록 2 제품 매출액 수요예측 실무사례

이 장에서 소개되는 제품의 매출액 수요예측 실무 사례는 실제로 기업에서 활용된 보고서의 일부이다. 기업의 정보보호를 위하여 부득하게 5년 전의 보고서를 편집하여 수록하였다. 그러나 매출액 예측의 좋은 사례이다.

1. 광섬유 복합 강연선 수요예측

1.1 시장개요

(1) 시장의 정의

수요예측 대상제품은 광섬유 복합 강연선으로 교량의 보수보강과 지반굴착 및 사면의 보수보강에 사용되는 PS텐던의 장력을 광섬유센서를 이용하여 모니터링할 수 있는 스마트텐던[1] 제품이다.

이 제품의 적용으로 광섬유 브래그 격자 센서를 보호함과 동시에 매우 효율적이고 정확한 구조물의 변형률 측정이 가능하여 구조물의 손상과 열화 정도를 측정할 수 있는 장단기 계측 데이터를 이용하여 교량, 빌딩, 댐 등의 수명예측이 가능하고 안전성 평가가 가능하다.

---

1) 구조물을 받치는 힘을 가하기 위하여 사용되는 긴장재에 센서를 삽입하여 변형률 측정이 가능한 것.

수요예측 대상제품은 표준산업분류의 건축기술, 엔지니어링 및 기타 과학기술 서비스업의 엔지니어링 서비스업에 속하는 기술집약적 산업이다. 수요예측 대상제품시장의 전방산업은 건설업 중 토목시설물건설업이며, 후방산업은 광센서 산업과 제1차 금속산업의 철강선 제조업으로 구성된다.

수요예측 대상제품시장에 후방산업의 영향은 크지 않다고 판단되나, 전방산업이 바로 수요처이며, 전방산업에 의해 시장의 규모가 결정되므로 수요예측 대상제품시장이 엔지니어링 서비스업에 속하지만 토목시설물건설업에 의해 시장규모가 결정되므로 전방산업인 토목시설물건설업과 후방산업인 광센서 산업과 계측기 산업 그리고 수요예측 대상제품시장이 속하는 엔지니어링 서비스업에 대하여 검토하기로 한다.

(2) 산업동향

전자공시시스템의 2007년 현대건설과 지에스건설의 사업보고서의 내용을 토대로 건설업의 특징과 동향을 요약하면 다음과 같다. 건설업은 토지와 자본, 노동 등 제반 생산요소를 투입하여, 건설시설물을 생산하는 산업으로 기본적인 주거환경의 조성에서부터 국가 기간산업인 도로, 항만, 철도의 건립까지 폭넓은 영역을 가졌으며, 산업분류 기준으로 보면 3차 산업에 해당된다. 건설산업기본법상 건설업은 토목, 건축, 산업설비, 조경, 환경 시설 등 시설물의 설치, 유지·보수, 해체 등의 전통적인 영역에서 점차 시설물의 전 생애주기에 걸친 모든 활동까지 포괄하는 광의적인 영역으로 확대되고 있다. 과거에는 직접적인 시공과 감리 등의 hardware적인 요소가 건설 산업의 기본적인 특징이었다면 지금은 시공의 전 단계인 기획, F/S, 설계와 시공 후의 영역인 시운전, 유지·보수 등의 software적인 요소도 중요한 부가가치 창출 요소로 인식되고 있다.

한편, 건설산업이 다른 산업과 구별되는 주요 특징으로는 다수의 생산주체가 참여함으로써 전후방 연관효과가 크고, 선계약 후생산 방식으로 진행되며, 건설기간의 장기성으로 인하여 수요와 공급의 시차성이 크다는 점이 있다. 건설산업은 경제 전체적인 성장과 밀접한 관련이 있기 때문에, 현재의 국제 경제 및 국내거시경제 지표의 악화가 건설산업전체에 영향을 미칠 것으로 예상되며, 정부의 강력한 부동산 안정화 정책으로 인해 국내 민간 주택시장이 과거보다는 침체될 것으로 예상된다.

하지만, 국민소득 증대로 인한 복합레저단지, 관광단지의 수요 증가 및 국제대회 유치, 행정중심 복합도시, 혁신도시, 기업도시 조성 등으로 인해 다양한 성장의 기회가 제공될 것으로 예상된다.

또한 신정부의 대운하 사업 등 대규모의 공공발주 및 민간자본유치 사업 등으로 인해서 꾸준한 성장의 기회가 있을 것으로 예상되며, 고성장이 지속되고 있는 동남아시아지역 및 고유가로 인한 풍부한 오일머니의 중동지역으로 인해 해외건설시장이 지속적으로 성장할 것으로 예상되어 성장의 기회가 지속적으로 있을 것으로 기대된다.

건설산업은 수주산업으로서 정부의 사회간접시설에 대한 투자 규모, 타산업의 경제활동 수준 및 기업의 설비투자 등에 의하여 생산활동이 파생되므로 경기전·후방에 파급효과가 큰 산업이다.

통계청의 건설업통계조사에 의하면 토목시설물건설업의 매출액규모는 다음과 같다.

<**표** 7-1> **토목시설물건설업의 매출액규모**

산업별	2001년	2002년	2003년	2004년	2005년	2006년
건설업	105,349,471	114,121,028	127,149,270	139,251,721	142,622,781	151,359,705
종합건설업	51,870,761	56,773,771	62,232,800	66,793,548	69,542,522	75,599,676
토목건설업	17,267,882	16,975,846	14,459,106	15,940,545	15,764,046	19,532,659
토목시설물 건설업	16,803,832	16,455,252	13,924,317	15,174,011	14,555,596	18,798,320

건설업의 매출규모는 2001년 105조 3,495억원에서 연평균 7.5% 성장하여 2006년에는 151조 3,597억원이 되었고, 종합건설업은 건설업의 49.1%의 비중을 차지하고 있으며, 2001년 51조 8,708억원에서 연평균 7.8% 성장하여 2006년에는 75조 5,997억원이 되었다. 토목건설업은 종합건설업의 26.1%의 비중을 차지하고 있으며, 2001년 17조 2,679억원에서 연평균 2.5% 성장하여 2006년에는 19조 5,327억원이 되었으며, 토목시설물 건설업은 토목건설업의 95.8%의 비중을 차지하고 있으며, 2001년 16조 8,038억원에서 연평균 2.3% 성장하여 2006년 18조 7,983억원이 되었다. 토목시설물 건설업의 성장이 다른 건설부문에 비하여 성장속도가 느린 것으로 나타났다.

수요예측 대상제품의 후방산업인 광섬유센서의 산업동향은 다음과 같다. 한국기술거래소(2004)의 IT리포트 "Fabry-Perot 광섬유센서"에 의하면 센서시장은 용도별로 산업, 가전, 정보로 구분되는데, 정보부문의 신장세가 가장 현저하다. 측정대상별로는 온도, 자계·자속, 위치·변위, 광강도·광속·적외선이 가장 많으며, 특히 자계·자속 센서의 신장세가 현저하다. 현 단계에서는 물리센서가 수량, 금액면에서 실용되고 있는 센서 전체의 90% 이상을 차지하고 있다. 한편 물리센서의 가격은 전체적으로 낮아지는 경향이 있으며, 화학센서는 점차 수요가 높아지고 있는데, 특히 의료용 화학센서에서 수요상승경향이 두드러지고 있다. 한편 측정재료별로는 본 기술과 같은 광섬유를 이용한 센서 시스템이 향후 기존시장 대체 및 센서 계측분야 신규시장 개척을 통하여 상당한 성장세를 보일 것으로 관련 업계는 전망하고 있다.

한국센서연구조합의 자료에 의하면, 국내 센서 전체 시장규모는 2001년 4,331억원(수입 56.2%) 2002년 4,753억원(수입 50.4%), 2003년 5,425억원(수입 74.4%)에 이르며, 이중 광센서 부문은 2001년 412억원(수입 46.9%) 2002년 509억원(수입 52.7%), 2003년 586억원이며, 2006년 약 660억원에 이를 것으로 전망하고 있다. 센서와 연관성이 깊은 계측기기의 규모는 1998년 3조 1,800억원(수입 54.3%), 1999년 3조 6,380억원(수입 55.7%), 2000년 4조 7,970억원(수입 64.9%)으로 내수시장이 크게 형성되어 있으나, 수입의존도가 상당히 높은 편이며 특히, 광센서 분야의 수입증가는 반도체 및 광통신 산업의 선진화와 연구차원의 고급계측기 및 센서의 수요가 증가하고 있음에도 불구하고 국내 기술수준 미약으로 공급하지 못하고 있는 것이 주된 원인으로 판단된다. 한국센서연구조합에 따르면, 국내 센서 관련 연구개발, 제조생산업체는 약 300개 업체이며, 외국기업의 국내지사, Reseler 등을 포함하면 약 500개 업체로 시장규모가 큰 만큼 경쟁 또한 치열한 것으로 분석되고 있다. 광센서기술 응용분야는 아직 시장형성 전단계로 경쟁체제를 이루고 있지는 않지만, 파이버컴의 '광분포 온도측정시스템' 개발, 인터액트와 한국표준과학연구원 산업측정표준부 비파괴계측그룹(권일범 박사팀)의 '광섬유 동적 변형률 센서시스템' 공동 개발, 한국과학기술원 항공우주공학과 스마트구조 및 복합재료연구실(홍창선 교수팀)의 '대형구조물 모니터링 안전진단시스템' 개발, 포스컴의 '광 침입자 감지 시스템' 개발, 한국전기연구원과 한국광통신의 '침입감시용 광스펙클 방식 광섬유 센서시스템' 개발, 한국전기연구원의 '광섬유 유지보수용 OTDR 국산화' 개발 /'2km급 분포형 광온도 센서 시스템' 개발 등 광센서기술을 응용한 제품 개발이 활발히 진행되고 있어 조만간 시장 선점을 위한 국내외 기업간 경쟁이 치열해질 것으로 전망된다.

세계 계측기기 및 센서 시장의 70% 이상을 미국, 독일, 영국, 일본 등의 선진국이 점유하고 있으며, 미국은 고정도 전자 및 광 계측기기 관련 세계 최대 기술보유국이다. 영국은 유럽의 최대 계측기기 생산국가로 EU시장의 전체 30%를 점유하고 있으며, 독일과 프랑스는 공정제어기기 분야의 강자로 EU 전체 수요의 1/3을 공급하고 있다. 세계 센서시장의 2001년 기준 점유율을 보면 북미가 35.4%, 유럽이 37.3%로 대다수를 차지하고 있고, 아시아·태평양이 19.5%, 기타 7.8%를 차지, 북미, 유럽에 비해 열세를 면치 못하고 있다. 세계 센서 시장 규모는 2000년 216억불(광센서 8.9억불)에서 2001년 232억불(9.6억불), 2003년 247억불(10.3억불), 2004년 262억불(11억불)로 연평균 성장률 7.2%(8.8%)를 유지하고 있으며, 이를 감안할 때 2010년 센서시장은 430억불로 전망된다. 본 기술과 밀접한 관련이 있는 산업용 광계측기기 시장규모는 1999년 약 80억불에서

2004년 140억불, 2009년 180억불, 2014년 250억불에 이를 것으로 전망하고 있다. 광섬유 센서를 양산 판매하고 있는 대표적인 업체로는 3M, Blue Road Research, SMARTEC, ROCTEST, O/E LAND, Micron Optics, SmartFBG 등 몇몇 기업이 있으나, 대부분이 광필터 등의 통신용 부품으로 FBG를 제작하는 상황이며, FBG를 물리량 측정센서로서 이용하는 시스템의 판매 보급은 아직 미흡한 상황이다. 이와 같이 광센서기술분야가 아직 시장이 크게 형성되지는 않았지만, 밀접히 관련된 산업이 꾸준히 성장세를 유지하고 있고, 특히 고정밀도, 고정확도 등을 제공할 수 있는 장점을 갖추고 있어 기존시장 대체 및 신규수요 창출로 조만간 상당한 규모의 시장을 형성하고, 기존 센서시스템의 성장속도를 앞설 것으로 전망된다.

한국전자산업진흥회의 전자전기제조업실태조사에 의하면 계측기는 중량계, 온도계, 기압계, 습도계, 속도계, 유량압력계, 전기계측기, 전자계측기, 기타계측기로 구분되어 시장규모자료가 발표되어 수요예측 대상제품의 시장을 추정하기 어렵다. 계측기 시장규모는 2001년 1조 3,541억원(수입비중 75%)에서 2006년에는 2조 7,034억원(수입비중 68%)이 되어 연평균 14.8%로 빠르게 성장하고 있으나, 수입비중이 매우 높다.

과학기술부의 엔지니어링 중장기 기술개발로드맵(연구기관: 한국과학기술기획평가원, 한국엔지니어링진흥협회, 2007.12)에 의하면 엔지니어링 산업은 인적자원과 과학기술의 전문지식을 이용하여 경제적으로 유·무형의 재화를 창출하는 종합적인 시스템 산업으로 SOC·플랜트·건축물 등의 건설과정에서 시공을 제외한 타당성 조사·설계·감리 등을 통칭하는 산업이다. 엔지니어링 산업은 기술집약적인 고부가가치 산업으로 장기간에 걸친 경험과 축적된 기술이 경쟁력의 관건이 되며, 국가기술 개발력 및 국가경쟁력을 대표하는 산업이다.

통계청의 서비스업통계조사에 의하면 엔지니어링서비스업의 매출액은 2003년 4조 4,555억원에서 2006년에는 6조 260억원으로 연평균 10.6%로 빠르게 성장하였다. 엔지니어링서비스업은 건물 및 토목 엔지니어링서비스업이 58.5%, 환경상담 및 엔지니어링서비스업이 4.8%, 기타 엔지니어링서비스업이 36.7%

의 비중을 차지하고 있다.

한국엔지니어링진흥협회의 전문분야별 수주실적현황에 의하면 2007년 국내 수주실적은 토목품질시험분야 123억원, 건설안전 11억원, 비파괴검사 596억원으로 조사되었다.

1.2 시장규모 및 특성

(1) 시장규모

수요예측 대상제품은 표준산업분류의 건축기술, 엔지니어링 및 기타 과학기술 서비스업의 엔지니어링 서비스업에 속하지만 구체적인 시장규모에 대한 자료가 없고 시장규모 추정이 어려워, 최종 적용되어 판매되는 제품이 강연선이므로 이 제품의 시장규모를 이용하여 수요예측 대상제품의 시장규모를 파악하기 위하여 표준산업분류의 제1차금속산업의 철강선 제조업에 속하는 표준산업분류코드 D27123103인 PC강선 제조업의 시장규모를 조사하면 다음과 같다.

통계청의 "광업·제조업[산업총조사]"(2008)에 의하면 PC강선(PC강연선 포함)은 프리스트레스트 콘크리트(Prestressed Concrete)를 만드는 데 사용되는 고장력의 강선으로 원재료는 특수선재, 피아노선재이며 도로포장, 저장탱크, 철도침목, 전주 및 파일 등에 사용되는 제품이다. 국내 PC강선(PC강연선 포함)의 시장현황을 살펴보기 위해 통계청의 "광업·제조업통계조사 보고서[품목편]"를 분석한 결과는 <표 7-2>와 같다.

<표 7-2> **국내 PC강선(PC강연선 포함) 시장현황**

품목	구분	2003년	2004년	2005년	2006년	전년대비 증가율
PC 강선 (PC 강연선 포함)	사업체수(개소)	5	8	6	6	0.0%
	생산액(백만원)	55,448	61,787	62,713	63,356	1.0%
	출하액(백만원)	56,273	61,986	62,130	64,032	3.1%

자료출처: 통계청, "광업·제조업통계조사 보고서[품목편]", 2008. 1.

국내 PC강선(PC강연선 포함)의 2006년도 사업체수는 6개소로, 2003년의 5개소와 비교하여 20.00% 증가하였으나, 2005년도의 6개소와 비교하여 동일하였다. 2006년도 생산액은 634억원으로, 2005년의 627억원에 비해 1.03% 증가하였고, 2004년부터 2006년까지 추세는 둔화추세로 분석되며, 생산액의 연평균 성장률(CAGR)을 분석해 보면, 2004년부터 2006년까지 CAGR(1.26%)은 2003년부터 2006년까지의 CAGR(4.54%)보다 둔화되었다.

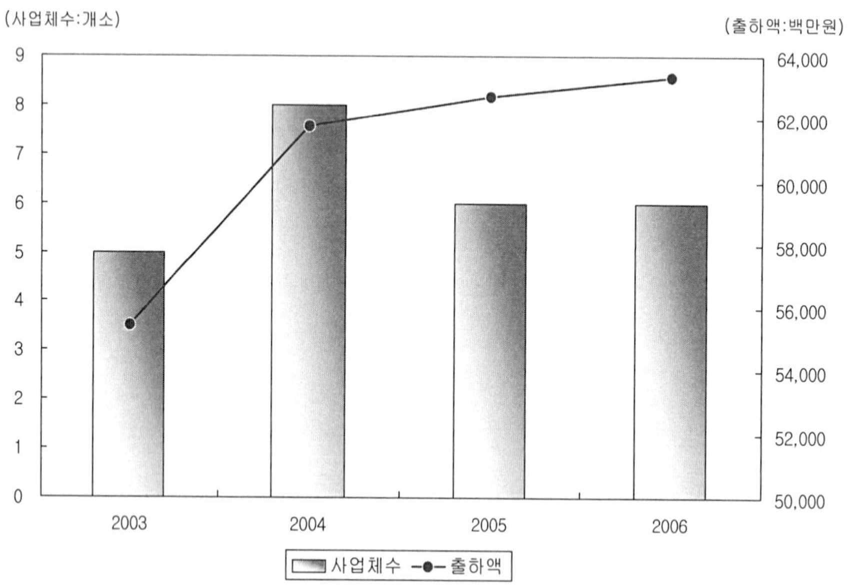

〈그림 7.1〉 **국내 PC강선(PC강연선 포함) 시장현황 그래프**

2006년도 출하액은 640억원으로, 2005년의 621억원에 비해 3.06% 증가하였고, 2004년부터 2006년까지 추세는 둔화추세로 분석되며, 출하액의 연평균 성장률(CAGR)을 분석해 보면, 2004년부터 2006년까지 CAGR(1.64%)은 2003년부터 2006년까지의 CAGR(4.40%)보다 둔화되었다.

〈표 7-3〉 PC강선의 연도별 시장 통계 (단위: 톤)

시점	생산량		출하량				재고량	
	-	전년대비 증감율	-	전년대비 증감율	내수	수출	-	전년대비 증감율
2000 년	149,301	-	149,420	-	108,984	40,436	5,066	-
2001 년	125,634	-15.85%	124,879	-16.42%	84,187	40,692	5,820	14.88%
2002 년	161,501	28.55%	159,719	27.90%	101,162	58,557	9,122	56.74%
2003 년	163,793	1.42%	167,628	4.95%	121,886	32,071	5,418	-40.61%
2004 년	161,939	-1.13%	159,562	-4.81%	122,412	37,150	4,775	-11.87%
2005 년	175,926	8.64%	174,590	9.42%	126,432	48,158	5,920	23.98%
2006 년	168,006	-4.50%	168,965	-3.22%	128,930	40,035	5,652	-4.53%
2007 년	143,687	-14.48%	155,635	-7.89%	123,090	32,545	4,203	-25.64%

〈표 7-4〉 PC강선의 연도별 시장통계 분석 (단위: 톤)

구분	생산량		출하량		재고량	
	연평균	연평균 성장율	연평균	연평균 성장율	연평균	연평균 성장율
2004 년~2007 년	162,390	-3.91%	157,550	-0.83%	5,747	-4.16%
2005 년~2007 년	162,540	-9.63%	166,397	-5.58%	5,258	-15.74%

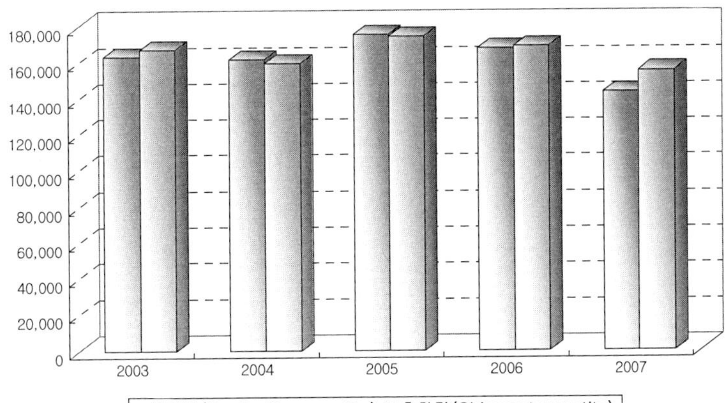

〈그림 7.2〉 PC강선의 연도별 시장 통계 그래프

국내 PC강선의 2007년도 생산량은 143,687톤으로, 2006년의 168,006톤에 비해 -14.48% 감소하였고, 2005년부터 2007년까지 추세는 지속적인 감소추세로 분석되며, 생산량의 연평균 성장률(CAGR)을 분석해 보면, 2005년부터 2007년까지 CAGR(-9.63%)은 2004년부터 2007년까지의 CAGR(-3.91%)보다 둔화되었다. 국내 PC강선의 2007년도 출하량은 155,635톤으로, 2006년의 168,965톤에 비해 -7.89% 감소하였고, 2005년부터 2007년까지 추세는 지속적인 감소추세로 분석되며, 출하량의 연평균 성장률(CAGR)을 분석해 보면, 2005년부터 2007년까지 CAGR(-5.58%)은 2004년부터 2007년까지의 CAGR(-0.83%)보다 둔화되었다.

(2) 시장규모추정

수요예측 대상제품의 원재료가 PC강선에 포함되지만, 광섬유센서를 이용하여 모니터링할 수 있는 광섬유 복합 강연선으로 PC강선의 일부인 강연선에 한하여 적용되고 용도가 PC합성거더교, 사면안정앵커, 흙막이벽 앵커, 통신선로, 철도선로, 해양구조물의 고정용 Mooring 케이블이다. 이러한 용도에 활용되는 강연선과 계측기 시장규모를 이용하여 수요예측 대상제품의 시장규모를 추정할 수 있으나, 이와 같은 상세한 시장규모는 발표되지 않으므로 시장규모 추정이 어렵다.

이와 같은 상황에서 시장규모의 추정은 강연선의 시장규모에서 전문가의 직관적인 비율추정 혹은 본 기술제품이 적용되는 사용처에 대한 세밀한 분석을 통한 시장규모추정이 가능하다. 전자의 방법이 시장규모추정이 용이하지만 자의적인 요소가 너무 많고, 후자의 방법은 시간과 노력이 너무 많이 소요된다. 본 평가보고서에서는 후자의 방법으로 수요처의 일부를 분석하여 시장규모를 추정하기로 한다.

광섬유 복합 강연선의 주요 수요처는 PC합성거더교, 사면안정앵커, 흙막이벽앵커, 통신선로, 철도선로, 해양구조물의 고정용 Mooring 케이블 등이므로 PC합성거더교에 사용되는 광섬유 복합 강연선 수요를 추정하고 이 수요의 4배(강연선 제조업체에 문의)를 전체시장수요로 추정하기로 한다.

통계청의 국가통계포털(www.kosis.kr)의 자료에 의하면 우리나라의 교량길이와 개소는 <표 7-5>와 같다.

<표 7-5> 우리나라 교량 총연장과 개소

연도별	총개소(개)	총연장(m)	신설개소(개)	신설총연장(m)
1994 년	13,628	762,519		
1995 년	13,912	810,529	284	48,010
1996 년	14,659	882,366	747	71,837
1997 년	14,939	932,478	280	50,112
1998 년	15,270	1,009,482	331	77,004
1999 년	15,615	1,081,978	345	72,496
2000 년	16,117	1,188,775	502	106,797
2001 년	17,150	1,315,079	1,033	126,304
2002 년	20,219	1,684,994	3,069	369,915
2003 년	21,117	1,764,272	898	79,278
2004 년	22,159	1,908,190	1,042	143,918
2005 년	22,871	1,986,708	712	78,518
2006 년	23,805	2,139,127	934	152,419

우리나라 교량의 총 개소는 2000년 16,117개에서 연평균 6.7% 증가하여 2006년 23,805개로 47.7% 증가하였고, 총연장은 2000년 1,188,775m에서 연평균 10.3% 증가하여 2006년 2,139,127m로 80.0% 증가하였다. 2000년부터 2006년까지 연평균 신설교량 수는 1,170개이고, 신설교량의 총연장은 151,021m로 나타나 신설교량 1개당 길이는 129m로 조사되었다.

수요예측 대상제품은 콘크리트 빔에 사용되고 콘크리트 빔은 전체 교량의 50% 이상을 차지하고 있으며, 평균적으로 다리길이 30m당 1개의 광센서가 소요되고, 물가정보에 의하면 강연선 30m의 가격은 6만원이고, FBG센서의 가격이 5만원이므로, 광섬유 복합 강연선의 30m당 제조원가는 11만원으로 추정된다.

현재 강연선의 변형률 계측에 사용되고 있는 Tensmeg sensor의 가격이 30만원인 점을 고려하면, Tensmeg sensor 보다 경쟁력이 있고, 강연선이 포함되어있는 광섬유 복합 강연선의 30m당 가격을 26만원으로 가정하여도 합리적이고 경쟁력있는 가격으로 분석된다. 이를 이용하여 최근 6년간 신규교량에 사용되는 연평균 광섬유 복합 강연선시장규모를 추정하면 다음과 같다.

((151,021÷2)÷30)×260,000=654,425,571원

또한 콘크리트 빔 교량의 내용연수가 30년이지만, 최근 교량 외장형 텐던에 의한 교량보강 수요가 크고 스마트텐던에 의한 모니터링에 대한 관심이 고조되는 것을 고려하여 교량 개보수에 소요되는 시장규모는 신규교량에 사용되는 연평균 광섬유 복합 강연선시장규모의 10%로 가정한다. 따라서 교량에 사용되는 광섬유 복합 강연선시장규모는 7억원 규모로 추정된다.

따라서 광섬유 복합 강연선이 적용 가능한 시장수요는 28억원 규모로 파악되며, PC강선의 시장규모가 640억원인 점을 고려하면 과대추정 되지 않은 것으로 분석된다.

1.3 시장동향

(1) 국내외 시장동향

현재 국내의 주요 교량에는 상시 계측 모니터링 시스템이 구축되어 있으며, 이를 통하여 구조물의 상태를 파악하여 안전도 평가에 대한 객관성을 부여하고 대상구조물의 거동이력을 확보하고 있다. 현재 사용되는 계측용 센서는 주로 전기저항식으로 이루어져 부식, 전자기영향, 작업성 등 여러 가지 문제점들을 내포하고 있어 최근에는 실구조물의 거동을 모니터링하기 위해서 내구성과 장기적인 안전성 등을 고려한 광섬유격자를 이용한 센서와 계측시스템이 각광을 받고 있다.

최근 광섬유센서를 교량에 적용하는 분야에 대한 연구가 활발히 진행되고 있다. (주)아이세스의 경우 광섬유 센서를 이용한 온라인 안전진단 시스템 구축 가능성 검토를 위하여 FBG센서를 축소모형 강트러스트 교량의 계측에 적용한 결과 우수한 계측결과를 얻었으며, 한국표준과학원, 한국과학기술원 등에서 연구가 수행 중이다. 특히 현대건설기술연구소에서 FBG 변형률 센서를 이용하여 수직 처짐을 추정하는 연구를 남해대교를 대상으로 실험하였다.

경쟁대상이 되는 국내 주요업체는 외부 긴장재를 이용한 PSC-Beam교 보강 공법인 MK공법으로 경쟁력이 있는 민경기술(주), FBG센서 전문기업으로 본 기술제품과 경쟁 혹은 수요처가 될 수 있는 (주)아이세스, 광섬유센서 기반 사면 모니터링 기술을 보유하고 있는 GMG 등이 있다.

1990년대 후반부터 본격적으로 수행되어 온 광섬유센서의 구조물 계측분야로써의 응용은 2000년대에 이르러 미국, 유럽, 일본 등의 선진국에서 활발하게 진행되고 있다. 미국의 경우 광섬유 전문기업인 Blue Road Research, Innovative FBG 등이 활동 중이며, 유럽에는 스위스의 Smartec SA, 벨기에의 FOSS 등이 활발하게 기술개발 및 사업화에 투자하고 있다.

이와 같이 선진국의 동향은 구조물의 상시계측분야에 대한 필요성이 충분히 인식되어있어 광섬유센서를 이용한 계측시스템이 상업화 단계에 진입했다.

FBG 센서와 같은 광섬유센서를 토목구조물에 가장 활발하게 이용하는 나라는 스위스와 중국이며, 스위스는 정부의 지원으로 개발된 광섬유센서를 1990년대 후반부터 토목구조물에 적용하고 있으며 SMARTEC과 같은 회사를 통해 전 세계에 보급하고 있다.

중국에서는 전 국가시설물의 안전모니터링을 위하여 광섬유센서를 활용하도록 국가정책을 시행하면서 토목구조물에 대한 응용기술이 지속적으로 개발되고 있다.

(2) 국내외 업체 경쟁현황

수요예측 대상제품시장의 제품현황은 다음과 같다.

<표 7-6> 수요예측 대상제품시장의 제품현황

구분	Tensmeg sensor	진동현식 변형률계	FBG센서
제조사	캐나다 RST Instruments. (국내공급: 이제이텍)	(주)이스인스트루먼트	MICRON OPTICS (미국) 에프비지테크(한국)
용도	7-wire strand 의 변형률 계측	케이블 장력계, 파일·강재 변형률	변형률계측 온도계측
계측 원리	외력에 의한 변위를 전기저항의 변화로 출력 (스트레인게이지와 동일)	양쪽으로 구속된 강선의 자유진동 수에 따라 강선의 장력이 변화하므로, 진동현의 진동 수를 측정하여 변형률을 측정함.	광섬유코어에 새겨진 Bragg 격자에서 반사되는 빛의 파장 변화를 측정하여 변형률 측정
단가	30 만원	4 만원	5 만원

수요예측 대상제품의 SWOT 분석결과는 다음과 같다.

<표 7-7> 수요예측 대상제품의 SWOT **분석**

<강점>	<약점>
· 텐던의 장력을 광섬유센서로 모니터링할 수 있는 원천기술 확보 · 기술의 검증을 위한 기초연구 수행 · 사업화를 위한 토목계측 및 분석과 관련된 전문인력 확보 · 기존 구조물 계측시스템과 함께 사용할 수 있어 보다 효과적인 안전점검 및 유지관리 가능	· 생산/시공 원가분석, 시험시공 등 사업화를 위한 추가기술개발 필요 · 신규인력 미확보 · 사업화를 위한 기반 장비 등 인프라 미확보
<기회>	**<위협>**
· 시설문 안전관리에 대한 관심 고조 · 시설물 안전관리 법규정비	· 기존시장에 진입장벽 존재 · 중국의 우수기술 유입 가능성 존재

수요예측 대상제품시장의 제품현황과 수요예측 대상제품의 SWOT 분석결과 수요예측 대상제품의 경쟁우위성이 있다고 평가되며, 스마트텐던의 시장규모가 크지 않은 점, 구조물의 상시계측시장이 태동기인 점과 적용산업이 건설업종인 점을 고려하여 수요예측 대상제품의 경제적 수명은 10년으로 가정한다.

1.4 수요전망

(1) 시장수요예측

수요예측 대상제품의 시장수요는 시장규모 추정에서 설명한 바와 같이 신설교량의 총연장에 비례하여 결정되며, 최근 6년간 평균 시장규모는 28억원으로 파악되었고, 신설교량의 총연장이 연평균 10.3% 증가하였으므로 이를 적용하여 시장수요를 예측할 수 있다. 그러나 기술수명이 10년이므로 시장규모가 10년간 연평균 10.3% 성장하는 것으로 가정하는 것은 기술가치평가의 보수주의적 관점에서 허용되기 어려우므로 5년간은 연평균 10.3% 성장하고 나머지 5년간은 선형(정량)으로 성장하는 것으로 가정한다.

이와 같은 가정으로 2010년부터 2019년까지 수요예측 대상제품의 시장수요를 예측하면 <표 7-8>과 같다.

수요예측 대상제품의 시장규모는 2006년 28억원에서 매년 10.3%의 성장으로 2014년에는 61억원, 그 후 연평균 7.9%의 성장으로 2019년에는 90억이 될 것으로 예측되었다.

<표 7-8> **수요예측 대상제품 시장규모예측(백만원)**

연도별	시장규모	성장률
2006 년	2,800	10.3%
2007 년	3,088	10.3%
2008 년	3,407	10.3%
2009 년	3,757	10.3%
2010 년	4,144	10.3%
2011 년	4,571	10.3%
2012 년	5,042	10.3%
2013 년	5,561	10.3%
2014 년	6,134	10.3%
2015 년	6,707	9.3%
2016 년	7,280	8.5%
2017 년	7,853	7.9%
2018 년	8,426	7.3%
2019 년	8,998	6.8%

(2) 시장점유율 추정

수요예측 대상제품의 SWOT 분석결과 강점과 약점의 비중이 동등한 점, 제품경쟁력 분석결과 다른 제품에 비하여 우수한 점, 시장규모가 크지 않아 대기업의 진입가능성이 희박한 점 그리고 국내의 경쟁업체가 2~3개로 적은 점을 고려하여 도달 가능한 시장점유율을 낙관적 40%, 중립적 30%, 비관적 20%로 가정한다. 수요예측 대상제품의 시제품 생산에는 아직 2년 정도 기간이 필요하고, 유통망 구축 및 신뢰성 확보 등에 어려움이 있어 예상시장점유율에 도달하기까지 소요기간이 있을 것으로 가정하여 로지스틱함수로 연도별 시장점유율을 예측하면 다음과 같다.

비관적 시장점유율 t=0.2/(1+EXP(3.0931-0.8788×t)) R2=0.9985

중립적 시장점유율 t=0.3/(1+EXP(3.2369-0.9652×t)) R2=0.9955

낙관적 시장점유율 t=0.4/(1+EXP(3.1458-0.9105×t)) R2=0.9987

<**표** 7-9> **시나리오별 시장점유율**

연도별	비관적	중립적	낙관적
2010 년	2.0%	2.8%	3.9%
2011 년	4.2%	6.4%	8.4%
2012 년	7.8%	12.5%	15.9%
2013 년	12.1%	19.5%	24.9%
2014 년	15.7%	24.9%	32.1%
2015 년	18.0%	27.8%	36.4%
2016 년	19.1%	29.1%	38.5%
2017 년	19.6%	29.7%	39.4%
2018 년	19.8%	29.9%	39.7%
2019 년	19.9%	30.0%	39.9%

(3) 매출액 예측 결과

예측된 수요예측 대상제품의 시장규모와 <표 7-9>의 비관적 시장점유율을 이용하여 수요예측 대상제품의 비관적 매출액을 예측한 결과는 다음의 <표 7-10>과 같다.

<표 7-10> **비관적 추정매출액(백만원)**

연도별	시장규모	시장점유율	추정매출액	성장률
2010 년	4,144	2.0%	82	-
2011 년	4,571	4.2%	190	133.3%
2012 년	5,042	7.8%	391	105.4%
2013 년	5,561	12.1%	672	71.8%
2014 년	6,134	15.7%	964	43.5%
2015 년	6,707	18.0%	1,205	25.0%
2016 년	7,280	19.1%	1,391	15.4%
2017 년	7,853	19.6%	1,541	10.8%
2018 년	8,426	19.8%	1,672	8.5%
2019 년	8,998	19.9%	1,794	7.3%

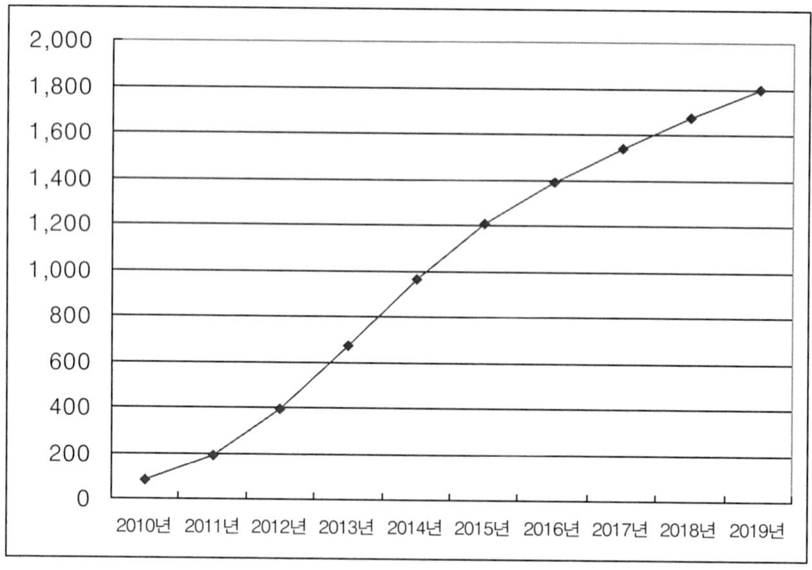

〈그림 7.3〉 **비관적 추정매출액(백만원)**

예측된 수요예측 대상제품의 시장규모와 <표 7-9>의 중립적 시장점유율을 이용하여 수요예측 대상제품의 중립적 매출액을 예측한 결과는 다음과 같다.

<표 7-11> 중립적 추정매출액(백만원)

연도별	시장규모	시장점유율	추정매출액	성장률
2010 년	4,144	2.8%	116	-
2011 년	4,571	6.4%	292	151.4%
2012 년	5,042	12.5%	628	115.1%
2013 년	5,561	19.5%	1,086	72.8%
2014 년	6,134	24.9%	1,528	40.7%
2015 년	6,707	27.8%	1,867	22.2%
2016 년	7,280	29.1%	2,121	13.6%
2017 년	7,853	29.7%	2,330	9.8%
2018 년	8,426	29.9%	2,517	8.0%
2019 년	8,998	30.0%	2,695	7.1%

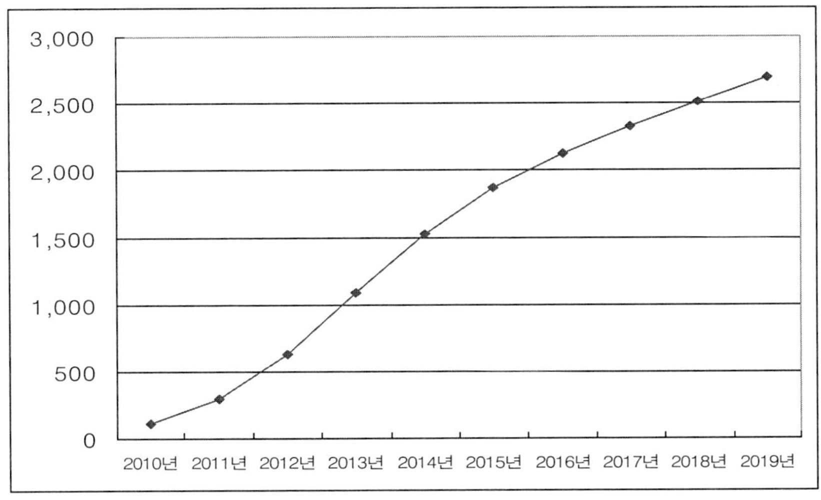

〈그림 7.4〉 중립적 추정매출액(백만원)

예측된 수요예측 대상제품의 시장규모와 <표 7-9>의 낙관적 시장점유율을 이용하여 수요예측 대상제품의 낙관적 매출액을 예측한 결과는 다음과 같다.

<표 7-12> **낙관적 추정매출액(백만원)**

연도별	시장규모	시장점유율	추정매출액	성장률
2010 년	4,144	3.9%	160	-
2011 년	4,571	8.4%	384	139.7%
2012 년	5,042	15.9%	802	109.0%
2013 년	5,561	24.9%	1,383	72.3%
2014 년	6,134	32.1%	1,971	42.5%
2015 년	6,707	36.4%	2,442	23.9%
2016 년	7,280	38.5%	2,801	14.7%
2017 년	7,853	39.4%	3,092	10.4%
2018 년	8,426	39.7%	3,349	8.3%
2019 년	8,998	39.9%	3,590	7.2%

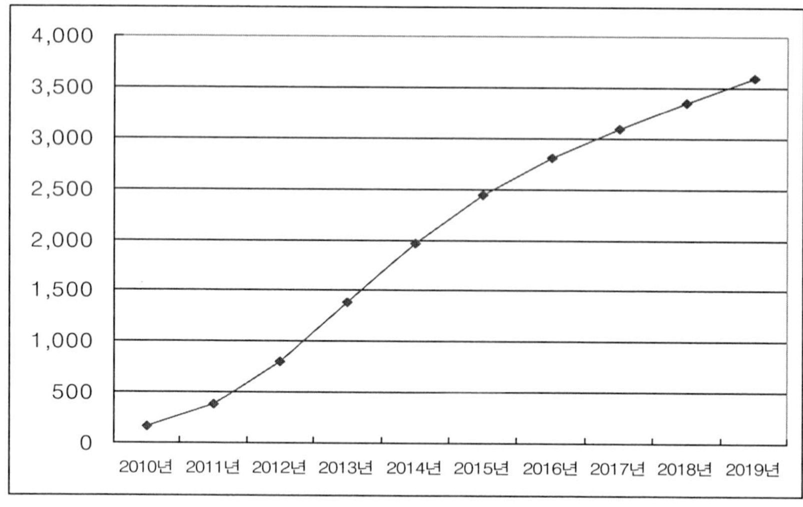

〈그림 7.5〉 **낙관적 추정매출액(백만원)**

2. 음질개선 소프트웨어 수요예측

2.1 산업분석

음질개선 소프트웨어는 잡음환경에서 잔재잡음과 음성왜곡을 극소화 시키고 사용자에게 최적의 개선된 음성을 제공하는 기술로 실시간 현재 프레임에서 수행 가능한 독창직인 알고리즘으로 낮은 계신 비용과 적은 메모리를 요구하여 소프트웨어 타입의 상용화가 가능한 소프트웨어이다.

이 소프트웨어는 한국표준산업분류(KSIC)에서 소프트웨어 개발 및 공급업(582)에 속하며 세분류로는 컴퓨터용의 시스템소프트웨어, 응용 소프트웨어 및 게임용 소프트웨어 등 범용성 소프트웨어를 개발 및 공급하는 산업활동과 컴퓨터 이외의 기기나 시스템에 내장하는 임베디드용의 소프트웨어를 개발·공급하는 산업활동인 시스템·응용 소프트웨어 개발 및 공급업(5822)으로 분류된다.

해외 분류체계(ISIC, HS Cord 등)와 연계성을 유지하고 있는 정보통신산업동일분류체계(TTS잠정표준:KO-09.0002)에 따르면 평가대상기술은 패키지소프트웨어(31)의 시스템소프트웨어(311)내 유틸리티소프트웨어(3113)와 임베디드소프트웨어(34)의 어플리케이션(3410)에 적용 가능한 기술이다.

음질개선 소프트웨어가 속한 패키지소프트웨어산업과 궁극적으로 진입할 임베디드 소프트웨어 산업의 동향은 다음과 같다.(2007 소프트웨어 산업백서, 소프트웨어산업진흥원)

2006년 국내 패키지 SW 생산액 규모는 2005년 3조1천804억원에서 17.2% 감소한 2조9천246억원에 이르는 것으로 집계됐다. 2002년 이후 2006년까지 국내 패키지 SW 생산액은 지속적으로 감소하는 추세다. 2003년부터 2005년까지는 16.3%, 17.2%씩 감소한 반면, 2005년 대비 2006년에는 8.0%로 감소폭이 다소 줄어들었다.

2002년부터 2006년까지 5년간의 연평균 패키지 SW 생산액 성장률은 -10.5%로, 2002년 이후 패키지 SW 생산액이 감소세를 보이고 있다. 한 때 두 자릿수에 달했던 감소율이 2006년 들어 완화된 것은 국내 기업들이 SW투자에 대한 유보상태가 조금 나아지고 있음을 시사한다.

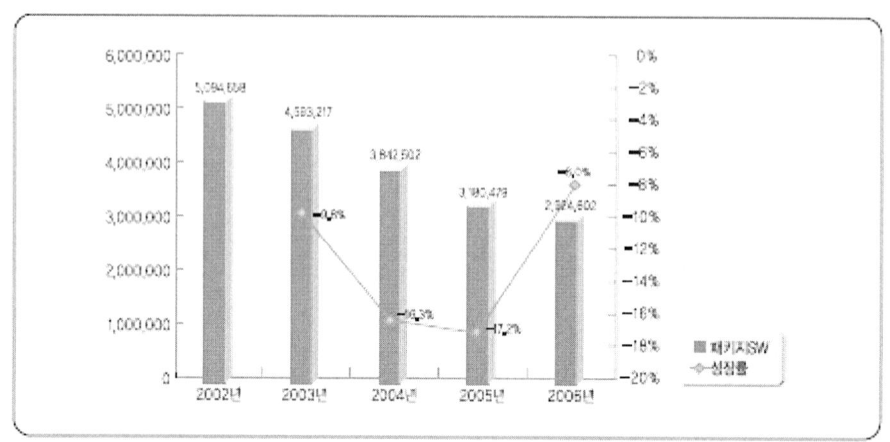

(자료 : 한국정보통신산업협회(KAIT))
주) 2006년 패키지 SW 생산액은 잠정치임

〈그림 7.6〉 **국내 패키지** SW **생산액 규모(단위: 백만원)**

국내 패키지 SW는 크게 시스템 SW, 개발용 SW, 응용 SW, 기타 SW로 구성된다. 전체 패키지 SW 생산액 중 비중이 가장 높은 분야는 응용 SW부문이다. 응용 SW분야는 2006년 전체 패키지 SW 생산액의 50%를 차지했다. 업무와 관련한 SW인 응용 SW가 국내 패키지 SW 생산액에서 가장 높은 비중을 차지했으며 시스템 SW, 개발용 SW, 기타 SW가 각각 33.3%, 10.0%, 6.7%로 뒤를 이었다.

패키지 SW 분야별 생산액 비중은 2005년과 비슷하며 개발용 SW가 2005년 이후 10%이하로 비중이 감소했으며 기타 패키지 SW가 점차 비중이 확대돼 2002년 3.8%에서 2006년 10%로 높아졌다.

<표 7-13> **패키지** SW **분류체계**

대분류	중분류
시스템 SW	운영체계(OS), 통신 SW, 유틸리티 SW, 시스템관리 SW, 정보보호 SW, 미들웨어, 기타 시스템 SW
개발용 SW	프로그램개발용 언어, 프로그램 및 콘텐츠 개발용 도구, 프로젝트 관리용 소프트웨어, DBMS, 기타 개발용 SW
응용 SW	일반 사무용 SW, 기업관리 SW, 과학용 SW, 기타 응용 SW
기타 패키지 SW	기타 패키지 SW

자료: 한국정보통신산업협회(KAIT).

2007년 상반기 국내 패키지 SW 생산을 보면, 응용 SW가 52.1%, 시스템 SW가 33.8%, 기타 SW가 7.2%, 개발용 SW가 6.8%로 집계됐다. 2004년을 기점으로 비중이 감소한 개발용 SW의 경우 생산액을 보면, 2004년까지 5천억원을 유지하다가 2005년과 2006년에는 각각 2천억원으로 규모가 줄어들었다.

전반적으로 패키지 SW 생산액이 감소하는 가운데 기타 SW는 2002년 2천억원에서 2006년 3천억원으로 꾸준히 성장하는 것으로 나타났다. 이는 임베디드 SW 등 새로운 분야의 패키지 SW가 증가하면서 나타나는 현상이다.

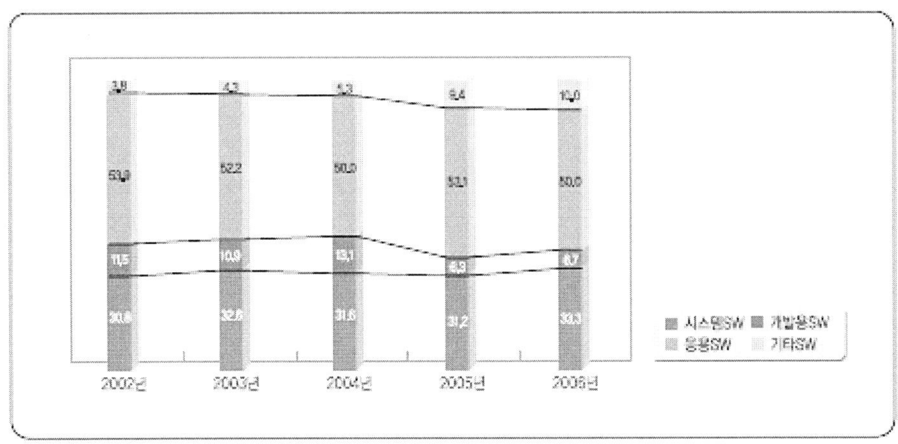

(자료 : 한국정보통신산업협회(KAIT))

〈그림 7.7〉 **국내 패키지** SW **생산액 분야별 비중(단위:**%)

패키지 SW 분야별 성장세를 보면, 시스템 SW, 개발용 SW, 응용 SW가 2002년부터 2006년까지 5년간 연평균 마이너스 성장세를 보였으며 기타 패키지만 연평균 8.4% 성장했다. 또한 시스템 SW 가운데 정보보호 SW와 미들웨어 분야는 증가세를 보이고 있다. 보안의 중요성이 강조되고 여러 시스템의 통합이 활발히 이뤄지며 미들웨어의 수요가 증가하고 있어 전체 패키지 SW 생산액이 감소하는 것과 대비를 이룬다.

2007년 국내 패키지 SW 시장은 ERP, 업무프로세스관리(BPM), 서비스지향 아키텍처 등이 시장을 주도했다. ERP가 국내에 첫 선을 보인지 10년이 지나 초기 ERP를 도입했던 기업들은 확장, 업그레이드 수요가 증가하고 있으며 삼성전자, LG전자와 같은 대기업들은 글로벌 ERP 프로젝트를 추진하고 있다. BPM 시장은 국내 SW기업들이 선전하는 분야로 핸디소프트가 선두에 있으며 SOA는 전 업종에 걸쳐 이슈가 되는 분야다.

<**표** 7-14> **국내 패키지** SW **생산액**(**단위**: **조원**, %)

구분	2002	2003	2004	2005	2006	CAGR	전년대비 증감률
시스템 SW	1.6	1.5	1.2	1	1	-11.1	-4.9
성장률		-6.3	-20.0	-16.6	0	-	-
개발용 SW	0.4	0.6	0.5	0.5	0.2	-24.0	-11.1
성장률		-16.7	0	-58.7	0	-	-
응용 SW	2.8	2.4	1.9	1.7	1.5	-14.4	-5.9
성장률		-14.3	-20.8	-10.5	-11.7	-	-
기타 패키지	0.2	0.2	0.2	0.3	0.3	10.7	-18.1
성장률		0	0	50	0	-	-
합계	5.1	4.6	3.8	3.2	2.9	-13.2	-6.9
성장률		-9.8	-17.4	-15.7	-9.4	-	-

자료: 한국정보통신산업협회(KAIT).

국내 패키지 SW 시장에서 두각을 나타내는 국내 기업으로는 티맥스소프트, 안철수연구소, 한글과컴퓨터 등이 있으며 ERP 등 주요 분야에서는 국산 패키지 SW기업보다는 글로벌 기업들이 선점한 상태다.

국산 SW기업 가운데 안철수연구소, 누리텔레콤, 지어소프트, 이수유비케어, 엠앤소프트 등은 2007년 상반기의 매출이 전년 동기 대비 두 자릿수 이상 증가했다. 반기 매출이 100억원이 넘는 SW기업은 소프트포럼 등 8개사에 이른다.

국내 SW시장의 규모에 비해 영세 중소 SW기업들이 난립해 낮은 품질과 저가 위주의 과당경쟁이 불가피하며 그 결과 수익성이 악화되는 악순환이 이어지고 있다. 또한 ERP, 공급망관리(SCM) 등의 분야에서는 외국계 SW기업들이 선점하고 있어 국내 SW기업들의 상황은 더욱 어려워지고 있다. 국내 패키지 SW 시장은 외국계 SW기업이 80% 가까운 시장을 점유하고 있어 국내 SW기업은 후발주자로 시장 진입에도 어려움을 겪고 있다.

<**표** 7-15> 2007**년 상반기 주요 패키지** SW **기업실적**(**단위**: **백만원**, %)

기업명	2005년	2006년	2007년 상반기	'06년 상반기 대비 '07년 상반기 증가율
티맥스소프트	38,664	63,475	-	-
안철수연구소	40,159	43,537	25,428	15.5
한글과컴퓨터	36,028	43,271	19,694	-11.8
인피니트테크놀로지	24,310	33,704	-	-
누리텔레콤	18,840	30,598	8,152	16.7
지어소프트	21,133	30,105	18,001	36.2
핸디소프트	24,603	28,033	15,834	27.9
이수유비케어	19,956	26,357	18,349	48.7
엠엔소프트	10,063	25,921	-	-
비트컴퓨터	21,245	21,415	11,283	14.6
지오텔	15,063	20,771	7,261	-15.8
더존디지털웨어	18,198	19,970	10,693	1.4
더존디스	14,670	17,051	8,558	-2.8

X인터넷과 같은 새로운 분야에서 국내 SW기업이 두각을 나타내고 있다. 투비소프트, 인스웨이브 등은 외국계 SW기업이 선점한 국내 SW시장에서 틈새

시장을 발굴해 세력을 확장하고 있는 대표적인 기업이다.

이밖에도 정부의 굿소프트웨어(GS) 인증과 공공기관의 적극적인 도입으로 국산 SW기업들의 성장에 기폭제 역할을 할 것으로 기대된다. 2007년 정부통합전산센터, 환경부 등이 GS인증을 받은 국산 SW를 도입했으며 2008년에는 이 같은 사례가 더욱 늘어날 전망이다.

국내 시스템 SW 생산액은 2006년 9천681억원으로 2005년 1천30억원에 비해 6% 감소한 것으로 집계 됐다. 국내 시스템 SW 생산액은 2002년부터 2006년까지 5년간 지속적으로 감소하는 상황이며 연평균 11% 감소한 것으로 나타났다. 2004년 대비 2005년의 시스템 SW 생산액 감소율이 -16.6%인 것에 비해 2005년 대비 2006년의 감소율은 -6%로 감소폭이 다소 둔화됐다.

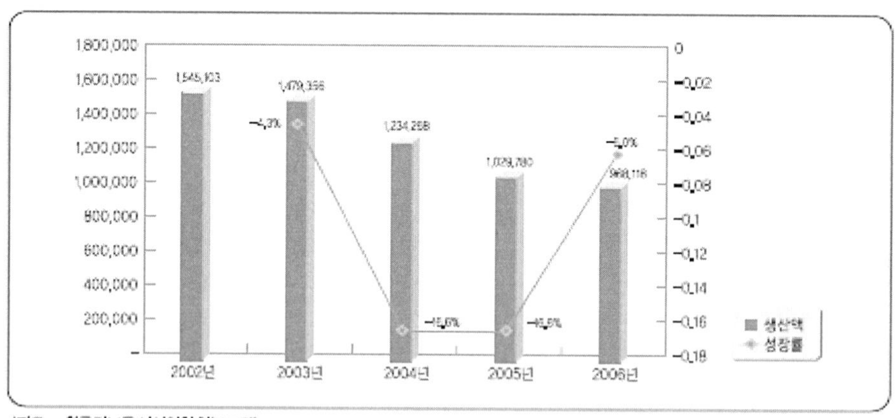

(자료 : 한국정보통신산업협회(KAIT))

〈그림 7.8〉 **국내 시스템** SW **생산액 규모 및 추이**(**단위: 백만원**)

시스템 SW 생산액의 분야별 비중을 보면, 2006년 정보보호 SW가 49.9%로 가장 높으며 다음으로 통신 SW가 15%로 나타났다. 정보보호 SW는 2002년 시스템 SW 생산액에서 26.2%를 차지했으나 점차 비중이 증가했다. 정보보호 SW는 보안관리 SW, 침입탐지 SW, 안티바이러스/스팸차단 SW, 암호 및 인증 SW, 기타 정보보호 SW로 구성된다. 한편, 운영체계(OS)는 2006년 11.1%로 나타났으며 최근 5년간 10% 내외의 비중을 보였다.

임베디드SW는 다양한 산업 분야의 디지털 제품에 내장되어 기본기능 및 부가기능을 제공함으로써 제품의 경쟁력과 부가가치를 높이는 소프트웨어이다. 산업간 기술융합에 의한 다양한 서비스를 시·공간의 제약 없이 제공하기 위해 전자제어기기의 고기능화·고성능화를 목적으로 내장된 소프트웨어이다.

특히"한국의 유비쿼터스는 금속 인쇄술에 이어 전 세계가 두 번째로 한국에 크게 신세지는 IT 부문의 혁명적 성과"라고 했던 엘고어 전 미국부통령의 평가처럼 국내 융합 산업의 성장은 빠른 속도로 진행되고 있다. 그 중에서도 IT와 정보화의 발달로 시·공간의 제약 없이 개인에게 차별화된 멀티미디어 서비스를 고속화된 유·무선 융합망에 접속되는 복합형 단말기에 의해 제공되는 장래 u-Society 구현에서 임베디드 SW가 핵심 요소 기술이다.

이미 해외 주요 국가들도 임베디드 SW 발전을 위해 정부 차원에서 적극 추진하고 있는데 미국의 경우 군사·과학용 임베디드 SW를 차세대 핵심분야로 선정하고 NSF(National Science Foundation), DARPA(Defence Advanced Research Projects Agency)를 통하여 막대한 투자를 하고 있고 유럽도'성장을 위한 지식기반의 유럽연구지역 구축'을 목표로 FP7(Framework Programme)이라는 정책아래 IST(Information Society Technologies)를 통해 임베디드 SW 연구개발에 투자하고 있으며, 인도는 SW 고급인력의 양성 및 SW 품질인증(CMMI 등) 체제를 구축하여 외주용역 개발 중심의 임베디드SW 산업을 활성화하고, 중국조차 차세대 성장동력인 863 정책 과제의 중심이 임베디드 SW에 있음을 규정하고 통신, 휴대폰 등의 다양한 임베디드 시스템에 리눅스 적용을 적극 유도하는 등 국가 차원에서 임베디드 SW 산업을 육성하고 있다.

임베디드 SW 산업은 임베디드 SW를 제작하는 SW개발기업, SW를 메모리 등에 탑재하는 모듈 기업, SoC(System on Chip) 등을 활용해 최종 제품을 생산하는 시스템 개발기업으로 구성된다. 임베디드 SW는 최종 제품의 고부가가치 실현을 위한 중간재 성격의 원천 SW로 모든 가치사슬과 연관되어 전후방 효과가 매우 큰 요소기술이다. 임베디드 SW를 통해 이들 3개의 기업군이 산업의 가치사슬을 형성하고 이들 간의 업무 협조를 통해 임베디드 SW 산업 자체의 경쟁력이 향상된다.

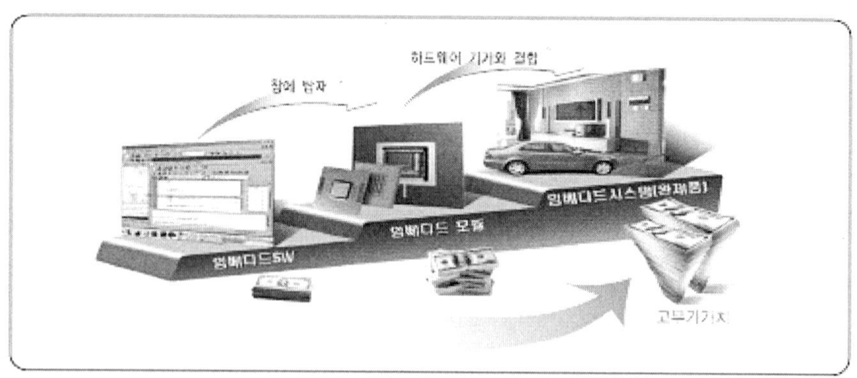

〈그림 7.9〉 **임베디드** SW **산업의 가치사슬**

(자료: 2006 소프트웨어 산업백서)

<그림 7.9>에서 보는 바와 같이 임베디드 SW는 주로 마이크로프로세서를 가진 칩에 탑재돼 임베디드 모듈을 구성하고 이 같은 다양한 임베디드 모듈을 사용하여 최종 제품인 임베디드시스템을 생산한다. 이를 통해 SW에서 최종제품까지 새로운 부가가치를 창출하게 된다.

임베디드 소프트웨어는 통신 인프라와 제조업을 기반으로 기존에 산업용 기기 제어에서 각종 디지털 정보가전 기기, 자동 센서 장비 등으로 적용이 확산되면서 앞으로 다가올 유비쿼터스 시대의 핵심 기술로 대두되고 있다. 앞으로 다가올 유비쿼터스 시대는 사용자들이 언제, 어디서나 통신이 가능한 단말을 통해 도로, 건물, 시설물 등이 상호 융합된 지능형 인프라로 구성된 환경을 이용하게 될 것이다. 이를 위해, 자동차, 의료, 건설 등 다양한 산업 영역별로 더욱 고도화된 지능형 시스템이 요구되며, 임베디드 소프트웨어 비중이 점차 커지면서 제품의 핵심 경쟁력이 하드웨어 생산에서 소프트웨어 기술로 이동하고 있다.

정부는 2006년 임베디드SW 시제품 제작을 지원하기 위해 수요기업인 시스템기업, SoC 업체와 협력하여 솔루션을 개발함으로써, 라이선스 기반의 안정적인 성장기반을 확보했다.

네오엠텔은 국제표준 모바일 2D 벡터 그래픽 솔루션의 시제품을 개발해 삼성전자, LG전자, KT, SK텔레콤 등과 협업을 통해 상용화 작업을 진행하고 있다. 더블유알지는 DVB-H 미들웨어의 임베디드 환경을 탑재해 삼성전자, 프랑스의 Sagem, 미국의 모토로라 등과 미들웨어 탑재를 추진 중이다. 넥스트리밍은 TCC7820용 지상파 DMB 솔루션을 개발해 중국의 롱치어, TCOMT, SIMCOM 등과 미국의 모토로라, 국내 펜텍, 디자인하우스 등과 DMB 솔루션으로 탑재하기 위한 계약을 체결했다.

<표 7-16> **국내 임베디드SW 생산추정액(단위: 백만달러)**

구분	2004	2005	2006	2007	2008	2009	2010	CAGR
데이터 처리장치	618	640	668	676	734	723	728	2.8%
통신기기	1,552	1,697	1,883	2,055	2,524	2,757	2,769	10.1%
정보가전	656	3,066	3,658	3,787	3,679	3,832	3,857	34.3%
자동차 전자제어	453	486	520	575	663	761	852	11.1%
산업 전자제어	1,050	1,110	1,208	1,253	1,237	1,267	1,247	2.9%
항공군사 전자제어	411	431	466	538	552	590	561	5.3%
합계	4,740	7,429	8,401	8,884	9,388	9,932	10.012	13.3%

* ITEA 임베디드SW 적용률(%) 포함.
자료: 가트너 2005.5, 한국전자통신연구원(ETRI) 재편집.

국내 임베디드SW 총생산액은 2006년 84억달러이며 2010년에는 100억달러 규모로 성장할 전망이다. 그러나 전체시장의 12.5%만이 외주 시장으로, 이 시장은 약 1조원으로 추정된다. 임베디드SW 용역 시장이 8천 320억원, 라이선스가 1천 680억원으로 나뉜다. 비중으로 보면, 자체개발 87.5%, 용역개발 10.5%, 라이선스/로열티 개발 2.0%로 구성된다.

총 1조원의 시장에 약 540개의 공급자가 존재하며 업체당 평균 18억원의 매출이 가능한 시장규모로 영세한 상황이다. 이 가운데 제조사 등 임베디드SW 수요기업은 약 490개로 추정된다. 라이선스·로열티 시장은 1천680억원으로 이 시장의 87%는 글로벌 벤더가 차지하고 있어 국내 기업의 몫은 총 220억원 규모이다.

2004년부터 2010년까지의 국내 임베디드SW 생산액 연평균 성장률은 13.3%로 예상된다. 이 기간 동안 연평균 성장률이 가장 높은 분야는 정보가전으로 34.3%에 이르며 2010년 37억달러를 웃돌 것으로 전망된다. 통신기기, 정보가전, 자동차 전자제어 분야에서 임베디드SW 생산액이 비약적으로 증가하며 데이터 처리장치와 산업전자제어 분야에서는 각각 2.8%, 2.9%의 연평균 성장률을 나타내며 꾸준히 증가하고 있다.

임베디드SW 전문기업은 일회성 용역 위주의 사업 추진으로 수익 기반이 약하므로 신규 서비스를 위한 새로운 솔루션개발에 소극적으로 기술 축적에 의한 성장기반이 취약하다.

하드웨어 단말기, SoC와 밀접하게 연관되어 개발이 필요한 임베디드SW(운영체제, VM 등)은 제조사, 이통사 등과 전략적 협력이 필요하나 국내업체의 기술력, 품질의 신뢰성부족 등으로 어려움을 겪고 있다. 또한 국내 단말제조사의 수출모델에 탑재되는 대부분의 솔루션이 외산 제품으로 국산 우수 솔루션의 해외진출 판로개척에 어려움을 겪고 있다.

임베디드SW의 주요 벤더를 보면, 운영체제에서 퀄컴, 심비안, 마이크로소프트, 팜, N비디아 등의 글로벌 벤더와 MDS, 아이지시스템, 이노피아테크, 엠텍비전 등의 국산 벤더들이 있다. VM(Virtual Machine)에서는 에스머텍, 애플릭스, 썬마이크로시스템즈, 퀄컴 등의 글로벌 벤더와 XEC, 아로마소프트, 벨록스소프트, 신지소프트 등의 국산 벤더로 나뉜다. 애플리케이션에서는 오픈웨어, 에릭슨, 텔레카, 인프라웨어, 지오텔, 인티큐브, 모빌탑 등이 있으며 멀티미디어/3D에서는 심비안, 노키아, 네오엠텔, 디지털아리아 등이 있다. 보안분야에는 맥아피, 안철수연구소와 같은 기존 보안 벤더들이 진입한 상태다.

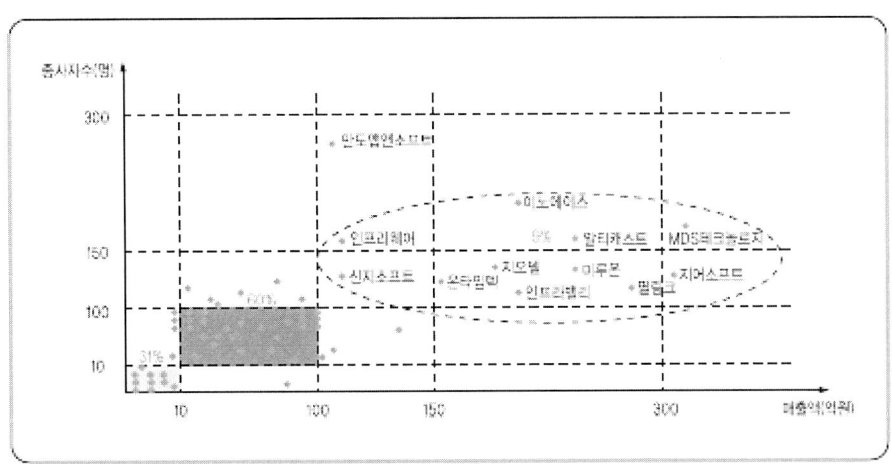

(자료 : 한국정보산업연합회(KESIC), 2007년 산업실태 조사)

〈그림 7.10〉 **국내 임베디드 SW 기업분포현황**

전체적으로 벤더들을 보면, 퀄컴, 노키아, 에릭슨 등 모바일 관련 글로벌 벤더가 각 분야에 해당하는 제품들로 골고루 포진해 있음을 알 수 있다. 그밖에 마이크로소프트와 썬마이크로시스템즈와 같은 대형 IT벤더도 이 시장에 뛰어들었다.

국내 임베디드SW벤더 가운데 전체의 9%만이 매출액이 100억원을 넘으며 60%는 10억원에서 100억원 미만의 매출을 달성하고 있다. 31%는 연 매출이 10억원 미만으로 나타났다. 이들 기업의 영업이익률은 평균 10%로 영세한 상황이다. 세계 임베디드SW 최상위 기업의 경우 매출액 2천억원, 영업이익률 30% 이상인 점을 감안했을 때 국내 임베디드SW기업이 뒤쳐지고 있음을 알 수 있다. 또한 운영체제, 개발도구, 핵심 IP 기술은 대부분 글로벌 벤더에 의존하고 있으며 공급 기업의 3분의 2 이상이 유무선 통신 및 정보가전 분야에 쏠려있어 과당경쟁이 불가피한 상황이다.

정보기기의 다양화 및 보급·확산이 지속됨에 따라 임베디드SW가 탑재되는 제품은 급속히 증가할 것으로 예상된다. EU보고서에 따르면, 세계 임베디드시스템 수량은 2003년 80억개에서 2010년 160억개로 늘어나고 2015년에는 400억개에 이를 전망이다. 세계 시장은 각 산업분야가 비교적 골고루 성장하는 반면 국내 임베디드SW 시장은 정보가전, 자동차 및 통신기기 분야를 중심으로 성장할 것으로 예상된다.

<표 7-17> 임베디드SW 2004~2010년 산업 분야별 성장률 전망

구분	데이터 처리장치	통신기기	정보가전	자동차 전자제어	산업 전자제어	항공군사 전자제어	2004-2010 CAGR(%)
세계	3.8	5.8	4.8	5.4	3.8	1.5	3.9
국내	2.8	10.1	34.3	11.1	2.9	5.3	13.1

자료: 가트너 2006, 한국전자통신연구원(ETRI) 재편집.

임베디드SW 기술은 기기의 지능화, 네트워킹 및 융복합화를 지원하는 방향으로 발전하면서 유비쿼터스 컴퓨팅 시대를 앞당기는 데 기여할 것으로 전망된다. 굴삭기, 선박 등은 현재는 하드웨어 단독으로 기능을 수행하는 단계에 있으나 조만간 SW에 의한 지능화 단계로 진입할 것으로 보인다. 텔레매틱스, MP3 플레이어 등은 네트워크 연결 단계로 진입하고 있으며 휴대폰/스마트폰, DMB, 디지털홈은 융복합화 단계에 본격적으로 진입했다.

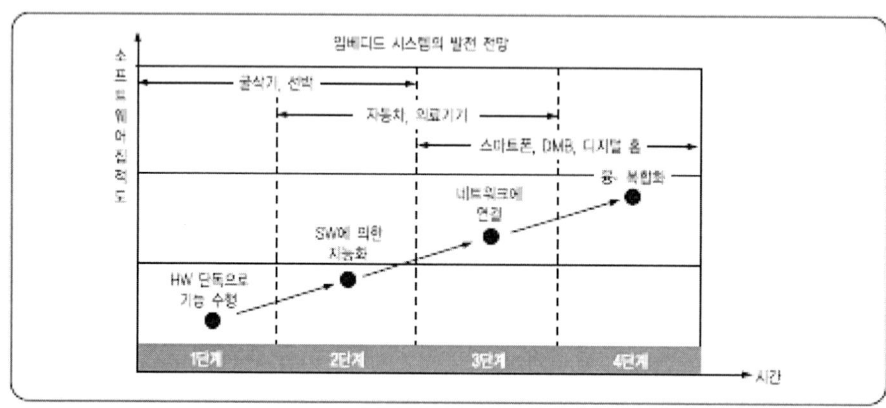

(자료 : 한국소프트웨어진흥원(KIPA))

〈그림 7.11〉 임베디드시스템 발전 전망

2.2 시장환경

본 소프트웨어은 산업분류 측면에서는 패키지소프트웨어산업과 임베디드 소프트웨어 산업에 속하지만 본 기술이 적용되어 출하되는 제품은 휴대폰과 블루투스와 통신기기 및 음성포탈과 콜 센터 등이다.

본 소프트웨어은 현재 상용화 가능한 단계이지만 매출이 발생하지 않은 상태이고 현재 적극적으로 마케팅하고 있는 시장이 휴대폰 시장이며 이 시장이 다른 분야에 비하여 월등히 큰 비중을 차지하므로 휴대폰에 탑재되어 판매되는 시장에 한정하여 본 소프트웨어의 시장규모 및 매출액을 추정하기로 한다.

본 소프트웨어의 시장규모 및 매출액을 추정하기 위하여 먼저 전방산업인 휴대폰 시장동향 및 환경을 분석하기로 한다.

휴대폰 산업동향(전자부품연구원, 2008)에 의하면 휴대폰 산업은 대표적인 전자산업으로써 이동통신 서비스 산업을 전방산업으로 반도체, 전자재료/소재, 디스플레이 등의 부품·소재산업과 임베디드 S/W산업을 후방산업으로 하는 전후방 효과가 매우 큰 산업이다. 또한 기술과 제품의 컨버전화스화가 급속히 진행되고 있어 기존 산업과의 접목으로 새로운 형태의 제품이 속속 출현하고 있으며, 제품 수명주기가 짧아 신규 및 대체 수요가 지속적으로 발생하고 있는 산업이다.

휴대폰을 구성하는 주요부품으로는 디스플레이 장치(STN/TFT-LCD, OLED), 베이스밴드 칩, 영상 센서(CCD, CMOS), 카메라 모듈, MPEG 칩, 음원 칩과 안테나, 전지, 금형, 도료 등을 들 수 있다.

휴대폰은 USB, 블루투스, 무선 네트워크 접속, 디지털 카메라, MP3, FM, 지상파 및 위성 DMB, 와이브로, GPS 등이 부가되고 있어 휴대용 유비쿼터스 멀티미디어 복합 단말기로의 진화 선상에 있다.

휴대폰은 중점기능에 따라 MP3 재생이 가능한 MP3폰, 게임기능 중심의 게임폰, 디지털카메라 기능이 추가된 카메라폰, DMB 시청이 가능한 DMB폰 등으로 분류된다.

휴대폰 산업은 HSDPA, 와이브로 등 통신/네트워크의 광대역화 DMB, DVB-Hc등 휴대용 방송서비스의 본격화와 동영상·게임 등 멀티미디어 콘텐츠의 활용도 증가로 향후 시장 전망이 밝다.

휴대폰 단말기는 부품의 복합화와 모듈화 및 고화질화를 통해 향후 고기능, 다기능, 경박단소화가 될 것으로 추정되는 바, 이의 제약조건인 전력소비와 복잡성 및 크기의 소형화가 향후 연구의 주된 초점이 될 것으로 예상된다.

세계 휴대폰 생산 규모는 2003년 5억대를 돌파 후, 2006년 10억 1천 4백만대로 10억 돌파, 3년 만에 2배 이상 시장이 확대되었다.

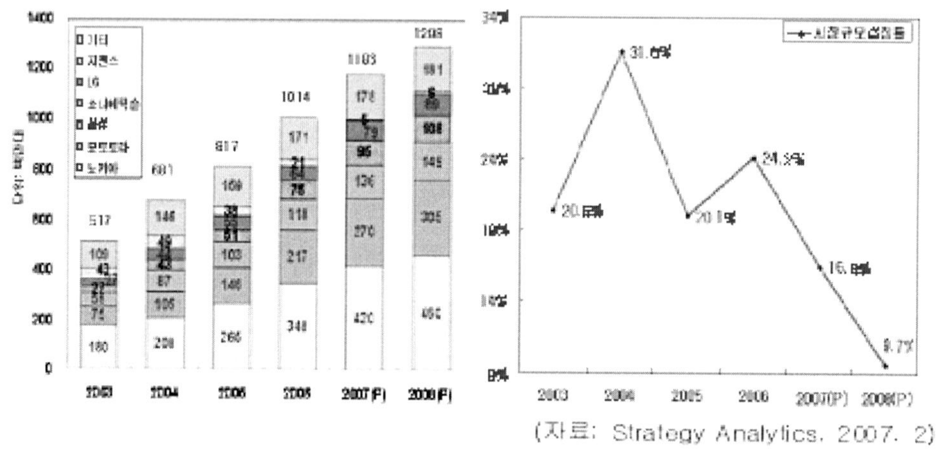

(자료: Strategy Analytics, 2007. 2)

〈그림 7.12〉 세계시장 생산대수 및 성장률 전망

세계 휴대폰 시장은 중국, 아태지역 및 동유럽 등 신흥 시장의 급성장과 서유럽, 북미시장과 같은 기존 선진시장의 교체 수요 증가로 인해 2006년까지 매년 20%를 상회하는 성장세를 기록하였으나, 2007년을 기점으로 시장 성장률이 감소하여 '08년엔 증가율이 9.7%로 예상된다.

최근 휴대폰 시장의 큰 변화로는 가속화되는 노키아 등 Big 5업체의 과점화와 가격 경쟁 심화를 들 수 있다. 이로 인해 중소 휴대폰 제조업체들의 입지는 더욱 약화될 전망이다.

생산대수기준으로 Big 5업체인 노키아, 모토롤라, 삼성, 소니에릭슨, LG의 점유율은 '03년 70.6%에서 '06년 81%로 확장되는 과점화 추세를 보이며, Big 5업체의 생산액은 '06년 기준 1,120억 달러, '07년에는 18%가 증가한 1,320억 달러로 추정된다.

2007년 휴대폰 시장의 주요 성장 동력은 신흥 시장의 수요에 대응하는 저가폰과 선진 시장의 디자인 중심인 중·고가폰이다. 2002년부터 2004년까지는 휴대폰에 멀티미디어 기능을 접목시킨 삼성전자, LG전자와 같은 멀티미디어 기술 선도업체가 부각된 반면, 2005년 이후로는 디자인의 중요성이 강조되는 동시에 신흥지역 중심으로 저가시장이 부각되면서 노키아와 모토로라가 강세를 보이고 있다.

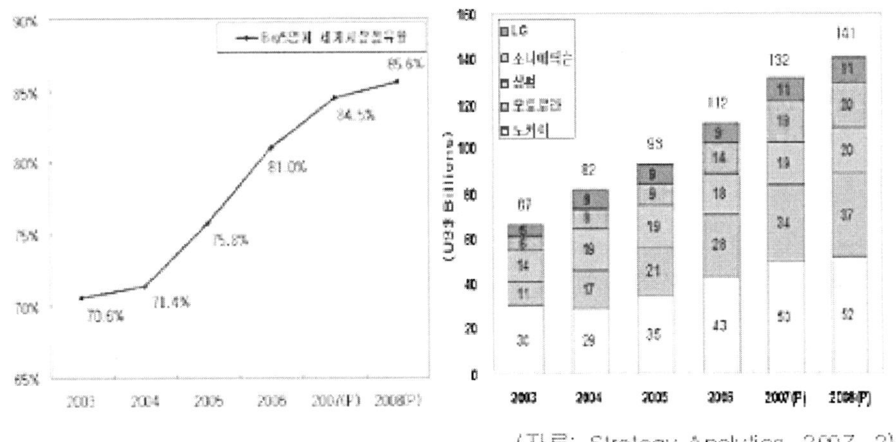

(자료: Strategy Analytics, 2007. 2)

그림 7.13 Big 5 업체의 세계 시장 점유율과 생산액

남미, 인도, 중국, 중동, 동유럽, 아프리카 등 신흥시장의 높은 성장세로 휴대폰시장의 성장 동력이 저가폰 시장으로 전이 중이며, 이로 인해 주요 휴대폰 기업들이 대량 생산과 현지화에 적합한 글로벌 소싱 방식을 채용 중이며 원가 절감이 산업경쟁력의 결정적 요소로 자리 잡고 있다.

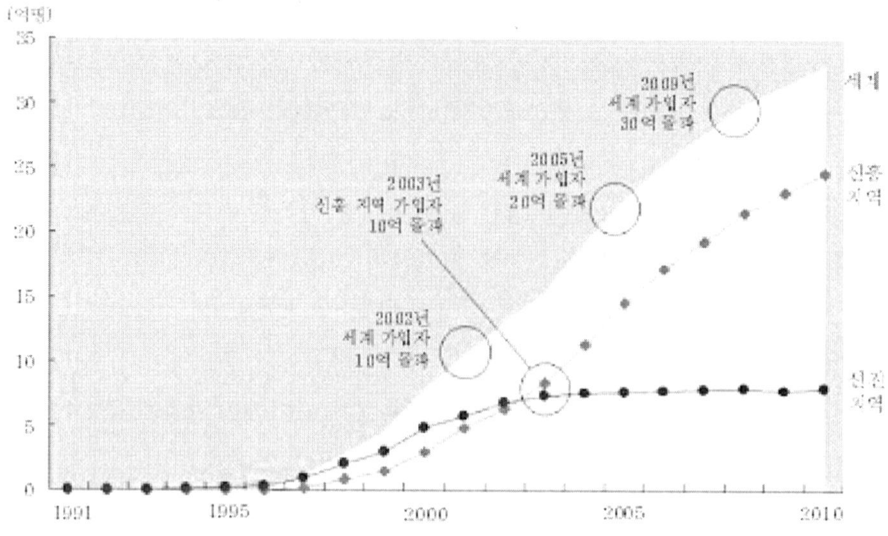

(자료 : LG경제연구원 재인용, 2005

〈그림 7.14〉 이동통신 서비스 가입자 전망

이동통신가입자 수의 경우, 1993년 35만명에서 10년이 지난 2004년말 13억명을 넘어 가입자 수가 30배 이상 증가하였고, 2007년에는 28.3억명으로 추정된다. 2007년 1월을 기준으로 이동통신 서비스 가입자가 1억명 이상인 국가는 총 5개로 중국, 미국, 러시아, 인도, 일본순이다. 중국은 06년말 4억 3천만명으로 세계 최대의 이동통신서비스 가입국가이며, 그 뒤로 미국이 06년 말 기준 2억 3천만명, 인도 1억 4천2백만명이다. 인도의 현재 휴대폰 보급률은 14% 수준으로 인도시장은 여전히 성장가능성이 큰 매력적 시장으로 판단된다.

휴대폰 산업동향(전자부품연구원, 2008)에 의하면 휴대폰 주요 제조업체의 동향은 다음과 같다.

(1) 노키아

2007년 현재 노키아는 세계 휴대폰시장에서의 36%의 시장점유율을 차지고 있으며, ‘07년 중국, 아태지역 및 북미시장을 중심으로 경쟁력이 있는 제품을 출시하며 공격적인 마케팅 전략을 구사하여, 휴대폰 사업 이외에도 네트워크 사업에서 선전하여 총 매출액의 21%를 차지하였다.

생산원가 절감을 통해 중저가 및 중고가 해외시장에서의 노키아 점유율이 증가하였고, 모토로라·인텔과 모바일 DTV얼라이언스를 구축하여 모바일 방송 표준인 DVB-H를 북미시장에 확산시키기 위해 노력 중이다.

(2) 삼성전자

휴대폰 사업 분야 매출액은 ‘06년 기준 17조 규모로, 해외 생산거점을 확보하여 원가 경쟁력 증대를 도모하고, 글로벌 소싱체제를 확대 중이다.

<**표** 7-18> ‘07**년 삼성전자 생산 현황 전망**

’07년 전체 생산 목표	3G폰	주요 생산기지	해외 생산비중
1억 6000만대 이상 (세계시장 점유율 2위 달성)	1,820만대+α	한국: 구미, 중국: 텐진, 선전, 브라질: 캄파나스 인도: 구루가온 베트남: 공장건설 검토 중	50% 이상

자료: 전자신문, 2007.4.26.

개도국 등 신흥 저가시장 대응을 위해 부품구매량을 20~30% 늘려 매스마켓 전략 추진하고 있으며, 글로벌 마케팅은 현지 시장과 소비자의 요구를 철저하게 분석하여 반영하는 현지 마케팅 전략에 주력하며 브랜드이미지 향상에 노력하고 있다.

(3) LG전자

‘06년 CDMA 방식 휴대폰을 3,850만대(시장점유율 22.3%)를 판매하여 ’05년에 이어 세계CDMA 시장에서 1위를 달성하였으며 세계 휴대폰 시장 점유율 5위를 차지하였다.

최근 고가 브랜드 마케팅에 주력하여 고가 휴대폰 주력 제품인 초콜릿폰, 샤인폰 등이 판매 호조를 이루고 있다. '07년 1분기 ASP(Average Selling Price)가 USD 158달러로 삼성전자의 평균치인 155달러 보다 높아졌다.

<표 7-19> '07년 LG전자 생산 현황 전망

'07년 전체 생산 목표	주요 생산기지	해외 생산비중
7,700만대 이상	한국(평택), 멕시코(멕시칼리), 중국(칭다오, 옌타이), 브라질(따우파떼), 인도(뉴델리, 푸네), 베트남(하노이), 제조자개발생산(OEM)방식 생산: 대만, 이란	45% 이상

자료: 업체 조사 및 전자신문자료 재구성, 2007.5.

(4) 팬택

팬택은 제품 라인업 조정으로 전체 생산량은 늘지 않을 예정이며, 국내 공장을 증설하여 싱귤러 등 글로벌 사업자에게 공급할 제품을 생산 준비 중이다.

<표 7-20> '07년 팬택 생산 현황 전망

'07년 전체 생산 목표	주요 생산기지	해외 생산비중
1,600만대 이상	한국: 김포, 중국(합작회사): 다롄, 우루무치(현재 가동 안 함)	40% 이상

자료: 업체 조사 및 전자신문자료 재구성, 2007.

2.3 시장규모 및 성장성

음질개선 소프트웨어는 잡음환경에서 잔재잡음과 음성왜곡을 극소화 시키고 사용자에게 최적의 개선된 음성을 제공하는 기술로 실시간 현재 프레임에서 수행 가능한 독창적인 알고리즘으로 낮은 계산 비용과 적은 메모리를 요구하여 소프트웨어 타입의 상용화가 가능한 소프트웨어이다. 이와 같은 소프트웨어에 대한 공인시장통계자료는 없고, 음질개선 소프트웨어의 최대 전방산업이고 현재 적극적으로 마케팅하여 매출이 가시화되고 있는 시장이 휴대폰 시장이므로 휴대폰에 탑재되어 판매되는 시장에 한정하여 본 소프트웨어의 시장규모를 추정하기로 한다.

전자부품연구원의 전자정보센터 자료 「2008년 휴대폰 산업동향」에서 제시한 Strategy Analytics 자료에 의하면 2007년도 전 세계 휴대폰 출하대수는 11억 8300만대로 집계되었다. 이는 휴대폰 시장조사 업체들의 예상치를 웃도는 수치로 2006년 10억 1400만대에서 16.7% 증가하였다.

2003년부터 2007년까지의 휴대폰 출하량을 이용하여 2007년 성장이 둔화되는 시점으로 가정하고 2014년까지 휴대폰 출하량을 로지스틱 모형으로 예측하면 다음과 같다.

$$\text{휴대폰 출하량}t = 1{,}700/(1+\mathrm{EXP}(1.2357-0.4046\times t)) \qquad R^2=0.9979$$

<**표** 7-21> **세계 휴대폰 출하량 예측**

연도별	출하량(백만대)	증가율
2003	517.0	
2004	681.0	31.7%
2005	817.0	20.0%
2006	1014.0	24.1%
2007	1183.0	16.7%
2008	1298.0	9.7%
2009	1413.6	8.9%
2010	1497.5	5.9%
2011	1559.3	4.1%
2012	1603.5	2.8%
2013	1634.4	1.9%
2014	1655.6	1.3%

세계 휴대폰 출하량을 로지스틱 모형으로 예측한 결과 2007년부터 증가율이 낮아져 2008년에는 2007년에 비하여 9.7% 증가한 1298.0 백만대가 될 것으로 예측되고, 2014년에는 1,655.6 백만대가 될 것으로 예측되었다.

현재 MSM칩 내에 잡음제거기능이 탑재되어 있어, 음질개선 소프트웨어와 같은 음질개선기능은 먼저 고가폰 시장에 진입가능하고 향후 중가폰까지 진입할 수 있다고 가정한다. 전자신문의 기사에 의하면 2007년 국내 휴대폰 시장에서 고가품은 6%, 중가폰는 34%, 저가폰은 60%로 조사되었다.

이 자료를 근거로 2007년부터 2014년까지 음질개선기능적용 휴대폰비율을 loglinear 함수로 계산하여 음질개선기능적용 휴대폰수를 추정한 결과는 다음과 같다.

$$\text{음질개선기능적용휴대폰비율}(t)=0.06+0.28*\ln(t)/1.9459$$

<표 7-22> 음질개선적용 휴대폰시장 추정

연도별	핸드폰 출하량(백만대)	음질개선 적용비율	음질개선적용휴대폰 (백만대)
2007	1,183.0	0.060	71
2008	1,298.0	0.153	199
2009	1,413.6	0.208	294
2010	1,497.5	0.247	369
2011	1,559.3	0.277	431
2012	1,603.5	0.301	483
2013	1,634.4	0.322	526
2014	1,655.6	0.340	563

음질개선SW의 가격은 휴대폰이 3G로 진화되면서 베이스밴드의 통합칩화가 빠르게 진행되고 있기 때문에 기존의 부품 공급자와 수요자 관계가 재편될 가능성이 크고, 저가폰에 주로 탑재되는 통합칩의 기본적인 컨셉이 저가화이므

로 원가절감이 중요한 잇슈로 떠오르고 있어 음질개선SW의 가격은 저렴해질 것으로 분석된다.

Strategic Analytics(2006)의 자료에 의하면 2000년 $219였던 휴대폰의 ASP (Average Sales Price)가 2005년에는 $156로 6년 사이에 약 30%가 감소했고, 2004년 이후 휴대폰 ASP의 하락률이 둔화되고 있는데, 이는 mobile TV폰, 카메라폰 , 컬러폰과 같은 복합 기능폰 들의 물량이 늘어나면서 휴대폰의 재료비에 따른 ASP 상승 때문으로 분석된다.

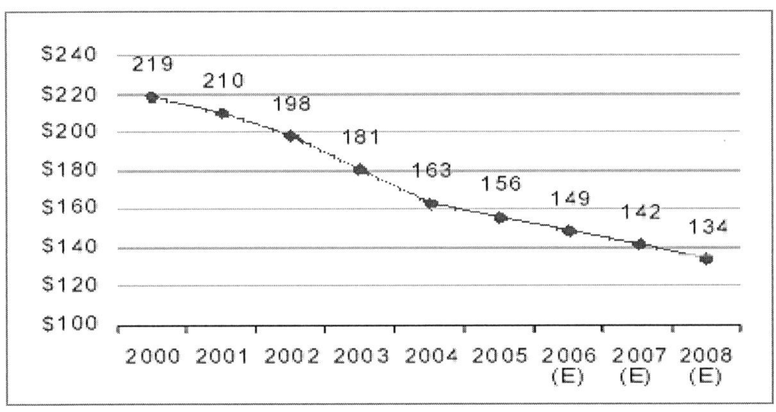

〈그림 7.15〉 휴대폰 평균판매가격 추이

업계 전문가의 견해에 의하면 퀄컴의 MSM 칩내 잡음제거 알고리즘에 대한 로열티가 약 400원이고, 평가대상기술의 적용으로 마이크 1개를 절약할 수 있으므로 마이크 단가 400원을 고려하여 음질개선 소프트웨어의 가격을 800원으로 가정한다.

Strategic Analysis(2006)의 휴대폰 평균판매가격 추이에서 가격 하락폭이 크지 않았던 2004년부터 2008년까지 휴대폰 평균판매가격 추이와 같은 수준으로 음질개선 소프트웨어의 단가가 낮아진다고 가정하면 연평균 4.78% 낮아져 2014년에는 596원이 될 것으로 추정된다.

따라서 앞에서 예측된 음질개선기능적용 휴대폰 출하량과 가격을 곱하여 휴대폰 음질개선SW 시장규모를 예측한 결과 휴대폰 음질개선SW 세계시장규모는 2008년 1,592억원에서 연평균 13.2%로 성장하여 2014년에는 3,356억원이 될 것으로 전망된다.

<표 7-23> 휴대폰 음질개선SW 세계시장규모 예측

연도별	음질개선적용휴대폰 출하량(백만대)	음질개선SW 단가	음질개선SW 시장규모 (백만원)	성장률
2008	199	800	159,221	-
2009	294	762	223,900	40.6%
2010	369	725	267,938	19.7%
2011	431	691	298,019	11.2%
2012	483	658	317,699	6.6%
2013	526	626	329,583	3.7%
2014	563	596	335,666	1.8%

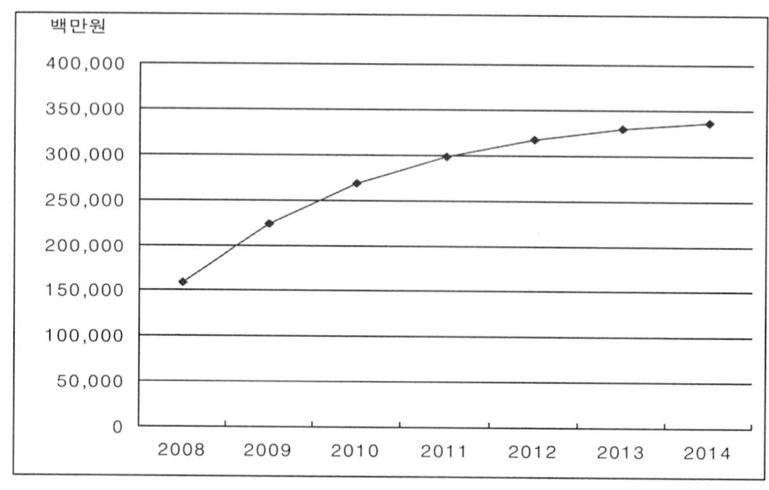

〈그림 7.17〉 휴대폰 음질개선SW 세계 시장규모

2.4 시장 경쟁력

본 소프트웨어과 경쟁이 되는 제품들의 특징은 다음과 같다.

국내에는 경쟁대상소프트웨어이 없고 세계적인 경쟁제품은 다음과 같다.

· 1VOICE: Qualcomm에 인수된 Softmax 제품으로 S^3 블라인드-소스 신호 분리기술을 적용하였고, 전용프로세서기반 SW이다.
2마이크 사용.

· CVC: CSR(UK)에 인수된 Clarity Technologies 제품으로 공명 및 잡음제거 기술을 적용하였고, 칩에 내장되었다.
2마이크 사용.

· Audience A1010: Google이 주도하는 OHA의 멤버인 Audience 제품으로 청각 특성을 고려한 기술로 칩에 내장되었다.
2마이크 사용.

앞에서 검토한 경쟁제품들과의 시장 경쟁력을 분석하면 다음과 같다.

<표 7-24> **음질개선 소프트웨어의 시장경쟁력 분석**

강점(Strengthes)	강도 (1~5)	약점(Weaknesses)	강도 (1~5)
· 공용 프로세서기반 SW	3	· 인지도가 낮다	5
· 1마이크 사용	4	· 파트너 취약	4
· 송신/수신 모두 지원	4	· 권리대처능력 취약	3
· 사용시간 연장	3	· 실제 사용된 실적이 없어 현실적으로 소비자측면에서 입증이 어려움	4
· 비정상잡음변화에 빠른 적응	3	· 관련 산업에서 시장진출 경험이 없어 마케팅 능력이 미흡하다.	4
		· 매출실적이 없다.	5
소계	17	소계	25
종합 · 약점 대비 강점은 25점 대 17점으로 경쟁력 지수는 $\frac{\ln(17)}{\ln(25)}$=0.88로 시장에 진입 가능한 수준임.			

2.5 평가대상 소프트웨어의 시장점유율 추정

평가대상 소프트웨어의 시장경쟁력 분석결과 경쟁력지수는 0.88로 나타났고, 휴대폰에 탑재된다는 점을 고려하여 국내 휴대폰 업체의 세계 시장점유율을 근거로 추정하기로 한다.

IDC(2008,4)의 보고서에 의하면 2008년 1분기 주요 휴대폰업체의 시장점유율은 노키아 39.6%, 삼성전자 15.9%, 모토로라 9.4%, LG전자 8.4%, 소니에릭슨 7.6%로 나타났다. 또한 팬택의 자료에 의하면 올해 판매 목표가 1,000만 대로 세계 시장점유율은 약 1% 정도이다.

평가대상제품의 시장경쟁력지수가 0.88이므로 팬택의 시장점유율을 중간적 목표시장점유율로 가정하고, 팬택의 50%를 보수적 목표시장점유율, LG전자의 시장점유율을 낙관적 목표시장점유율로 가정한다. 평가대상 기술업체의 경우 평가대상 소프트웨어 관련 산업의 시장에 진출하여 적정수준의 시장점유율을 확보한 경험이 없으므로 유통망 구축 및 신뢰성 확보 등에 어려움이 있어 예상 시장점유율에 도달하기까지 소요기간이 있을 것으로 가정하여 연도별 시장점유율을 로지스틱함수로 예측하면 다음과 같다.

<표 7-25> **평가대상 소프트웨어 시장점유율 예측**

연도별	보수적	중간적	낙관적
2009	0.27%	0.29%	0.52%
2010	0.40%	0.54%	2.21%
2011	0.47%	0.78%	5.52%
2012	0.49%	0.91%	7.66%
2013	0.50%	0.97%	8.25%
2014	0.50%	0.99%	8.37%

2.6 평가대상 소프트웨어의 매출액 추정

휴대폰 음질개선SW 세계시장규모와 추정된 시장점유율을 이용하여 평가대상 소프트웨어의 매출액을 예측하면 다음과 같다.

<표 7-26> **평가대상 소프트웨어의 매출액 추정(단위:백만원)**

연도별	휴대폰 음질개선SW 세계시장규모	보수적		중간적		낙관적	
		시장 점유율	매출액	시장 점유율	매출액	시장 점유율	매출액
2009	223,900	0.27%	598.1	0.29%	645.5	0.52%	1,171.3
2010	267,938	0.40%	1,081.6	0.54%	1,457.9	2.21%	5,920.5
2011	298,019	0.47%	1,398.7	0.78%	2,320.3	5.52%	16,456.0
2012	317,699	0.49%	1,560.6	0.91%	2,897.3	7.66%	24,327.4
2013	329,583	0.50%	1,639.9	0.97%	3,191.3	8.25%	27,194.3
2014	335,666	0.50%	1,676.1	0.99%	3,319.7	8.37%	28,101.6

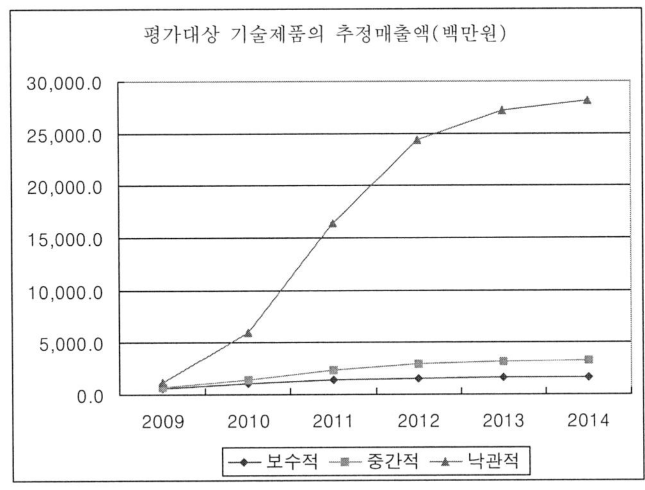

〈그림 7.18〉 **추정매출액**

저자 약력

저자 / 김 윤 종

▶ 약 력

성균관대학교 경상대학 통계학과 졸업

성균관대학교 대학원 통계학과 졸업(경제학 석사 통계학 전공)

성균관대학교 대학원 통계학과 졸업(경제학 박사 응용통계 전공)

현재: 용인대학교 물류통계정보학과 교수

기술거래사/기업기술가치평가사

▶ 주요저서

「통계학개론」, 탐진, 1996

「2000년 시장예측 핵심제품 325선」, 한국과학기술정보연구원, 1999

「2002년 시장예측 핵심제품 325선」, 진한도서, 2000

「경제와 통계」, 지샘, 2001

「정보생산기술」, 교우사, 2001

「전산학Ⅱ」, 지샘, 2001

「기술시장의 수요예측방법」, 특허청, 2002

「경제 경영자료의 통계적 분석」, 지샘, 2003